V&R

Albrecht Peters

Kommentar zu Luthers Katechismen

Band 3: Das Vaterunser

Herausgegeben von Gottfried Seebaß

Vandenhoeck & Ruprecht
in Göttingen

Die Deutsche Bibliothek – CIP-Einheitsaufnahme

Peters, Albrecht:
Kommentar zu Luthers Katechismen / Albrecht Peters. Hrsg.
von Gottfried Seebass. – Göttingen: Vandenhoeck und
Ruprecht.
Bd. 3. Das Vaterunser. – 1992
ISBN 3-525-56182-2

Satz: Dörlemann-Satz, Lemförde
Druck und Bindearbeiten: Hubert & Co., Göttingen

Inhalt

Vorwort

Die ersten kritischen Reaktionen auf das Erscheinen des ersten Bandes haben mir bestätigt, daß es eine gute Entscheidung war, den nachgelassenen Kommentar von Albrecht Peters zu Luthers Katechismen herauszubringen. Und so folgt denn, nicht ganz ein Jahr nach dem Erscheinen des zweiten, der dritte Band, der der Auslegung des Vaterunsers gewidmet ist.

Entstehung und Charakter des Kommentars sind im Vorwort zum ersten, die Vorreden und die Zehn Gebote behandelnden Band kurz dargelegt worden. Dort finden sich auch die Grundsätze, nach denen das Manuskript überarbeitet wurde. Die Überarbeitung hat für diesen wie für die beiden vorangegangenen Bände wieder mein Assistent, Herr Jürgen Kaiser, vorgenommen, dem ich für diese Arbeit sehr herzlich danke.

Für den Benutzer ist der Hinweis angebracht, daß Seiten- und Zeilenangaben in den Anmerkungen ohne nähere Bestimmungen stets die Bekenntnisschriften der evangelisch-lutherischen Kirche, herausgegeben im Gedenkjahr der Augsburgischen Konfession 1930 (4. durchgesehene und danach weitere Auflagen, Göttingen 1959), meinen. Bei Verweisen auf Werke Luthers wurde stets der Kurztitel der entsprechenden Schrift hinzugefügt, auf die sich Band- und Seitenangabe der Weimarer Ausgabe der Werke Luthers beziehen. Hinweise auf die Werke der Kirchenväter sind nur teilweise auf neuere Ausgaben umgestellt, größtenteils aber aus der Vorlage von Albrecht Peters übernommen worden. Quellen und Literatur sind im Literaturverzeichnis mit und nach ihren Abkürzungen aufgeführt. Kürzel, die sich dort nicht finden, und allgemeine Abkürzungen entsprechen denen von Siegfried Schwertner, Theologische Realenzyklopädie, Abkürzungsverzeichnis, Berlin-New York 1976[1].

1 Abweichend davon folgende wenige Abkürzungen:

Apol.	Apologie der Confessio Augustana	MPG	Migne, Patrologia, series Graeca
AS	Schmalkaldische Artikel		
Ausl.	Auslegung	MPL	Migne, Patrologia, series Latina
GK	Großer Katechismus	Pred.	Predigt
KK	Kleiner Katechismus	Vorl.	Vorlesung

Frau Andrea Chudaska, Frau Gisela Peters und Herr Kaiser haben auch diesmal dankenswerterweise die Korrekturarbeiten übernommen. Die vom Verlag überlegt und sorgfältig vorgenommene äußere Gestaltung entspricht den beiden ersten Bänden und hat sich, denke ich, für den Benutzer bewährt. Abschließend sei der Evangelischen Landeskirche in Baden, die durch einen Zuschuß das Erscheinen des Bandes ermöglicht hat, herzlich gedankt. Ich bin überzeugt, es gilt auch von diesem Band, was Ulrich Asendorf in den Lutherischen Monatsheften (1991, S. 331) über den ersten gesagt hat: Albrecht Peters gelinge „eine ungemein vielschichtige und lebendige Auslegung ... mit immer neuen und überraschenden aktuellen Durchblicken, die der Neuerschließung der Katechismen nicht nur im Unterricht, sondern im gesamten Leben der Kirche neue Impulse geben könnte“. In dieser Hoffnung möge der dritte Band hinausgehen.

Heidelberg, Weihnachten 1991 *G. Seebaß*

Das Vaterunser

Die Gebetsanrede des Vaterunsers[1] und das Amen, entfaltet in der Gebetsvermahnung[2]

In den Theologien der lutherischen Bekenntnisschriften von EDMUND SCHLINK, FRIEDRICH BRUNSTÄD und HOLSTEN FAGERBERG wird das Gebet leider nur flüchtig gestreift[3]. In dieser eigenartigen Vernachlässigung scheint sich die dogmatische Tradition der Kirche von der katechetischen zu unterscheiden[4]. Unsere Deutung wird deshalb bestrebt sein müssen, die hier klaffende Lücke zu schließen. Sind doch für Luther Gottes Schöpfer-, Erlösungs- und Heiligungswirken, Rechtfertigung und Gebet unlöslich miteinander verknüpft[5], und findet alles rechte Beten seinen Kristallisationskern im Vaterunser. Der Reformator entfaltet diese zentralen Einsichten in seinen verschiedenen Auslegungen des Herrengebetes. Wir werden zu zeigen haben, welche Wandlungen sich in Luthers Deutungen vollzogen haben, bis schließlich die in den Katechismen vorliegende Gestalt erreicht wurde. Wir werden Luthers Auslegungen in die abendländische Tradition hineinstellen müssen. Wir werden schließlich der Frage nach der exegetischen Tragfähigkeit und dogmatischen Relevanz der Einsichten Luthers nicht ausweichen dürfen.

1 Quellen und Literatur zum Gebet und Vaterunser, siehe S. 39–41.

2 Zu diesem Abschnitt siehe bes. JEREMIAS, Das Vater-unser; DERS., Abba; DERS., Das tägliche Gebet im Leben Jesu; DERS., Kennzeichen der ipsissima vox Jesu, sowie SCHRENK / QUELL, Art. πατήρ; TRAUB / v. RAD, Art. οὐρανός; SCHLIER, ART. ἀμήν.

3 Selbst Hinweise auf das Gebet finden sich kaum. Bei FAGERBERG fehlen sie ganz, bei BRUNSTÄD, Theol. d. BS, nur S. 198, bei SCHLINK, Theol. d. BS, etwa S. 214.274.297.344.

4 Der Lombarde widmet im Unterschied zum Dekalog (Sent. III, dist. 37–40) dem Vaterunser keine Distinktion. So spielt es auch in den Sentenzenkommentaren kaum eine Rolle. In der Summa des Thomas von Aquin findet sich eine quaestio „De oratione" (Thomas, S.th. 2/II, q.83) mit einer kunstvoll-künstlichen Gliederung des Vaterunsers (ebd., a.9: „Utrum convenienter septem petitiones Orationis Dominicae assignentur").

5 Diese Verknüpfung von Rechtfertigung und Gebet vollzog Luther schon zur Deutung von Röm 3 in der Römerbriefvorlesung, siehe hierzu HERMANN, Das Verhältnis von Rechtfertigung und Gebet, und BEINTKER, Leben im Gebet, S. 62 ff; zur kontroverstheologischen Bedeutung dieser Verknüpfung siehe PESCH, Rechtf. bei Luther u. Thomas, S. 915 ff. 935–948.

Wortlaut der Anrede, Gliederung und Skopus der Gebetsvermahnung

Der Reformator läßt das Vaterunser beginnen mit der Anrede: „Vater unser, der Du bist im Himmel“[6]; sie findet sich bereits in seiner ersten Vaterunser-Deutung[7]. Obgleich Luther in seiner Bibelübersetzung „Unser Vater“ gedolmetscht hatte[8] und ihm die deutschsprachigen Fassungen der Kinderfragen der böhmischen Brüder sowie Melanchthons Enchiridion hierin gefolgt waren[9], beläßt er im Gebet die überkommene Wortfolge „Vater unser“; sie ist nicht eine sklavische Übertragung des lateinischen „Pater noster“, sondern ein altdeutscher Sprachgebrauch, welcher beim Vokativ gerne das Adjektiv dem Substantiv folgen läßt[10]. Zugleich behält Luther das ausführlichere „der Du bist im Himmel“ („qui es in caelis“) bei, obgleich auch hier die Kinderfragen und das Enchiridion schon mit seiner Bibelübersetzung die Kürzung („Unser Vater in dem Himmel“) vorgenommen hatten, welche im neuen ökumenischen Text aufgegriffen ist.

Ferner hat Luther seit 1519 gegen den bei Matthäus überlieferten Text und den ständigen Sprachgebrauch des Evangelisten sowie die fast einhellige Tradition den Singular „im Himmel“[11]. Diese Einzahl dürfte einerseits veranlaßt sein durch die schroffe Widerspannung von Himmel und Erde, welche Luther im Hinblick auf die dritte Bitte akzentuiert: „Ach Vater, Du bist im Himmel, ich, Dein elend Kind, auf Erden, im Elend, weit von Dir ...“[12]. Andererseits schlug sich in diesem Singular wohl Luthers Durchbruch durch die Himmelstopographie nieder. ‚Die Himmel‘ sind ihm nicht wie im Spätjudentum ein Gebilde, welches sich in zwei bis zehn Stufen emporwölbt[13] und an dessen Gipfelpunkt Gottes Thron vorgestellt wird. ‚Der Himmel‘ ist für ihn die dynamische Mitte der göttlichen Allherrschaft und Allgegenwart, welche unsere raumverhafteten Vorstellungen sprengt[14]. Nicht jene himmlischen Fernen umspannen

6 BSLK 556,20 (GK); 512,18 (KK).

7 WA 2,82,23; 83,11 (Auslegung dt. des Vaterunsers, 1519); WA 6,11,17 (Eine kurze Form, das Paternoster zu verstehen, 1519).

8 Emser griff ihn deshalb scharf an, er habe eine „lenger denn tauset Jahr“ bestehende Tradition durchbrochen (nach Albrecht in WA 30 I,369, Anm. 4; KK).

9 Siehe die Zusammenstellung in MGP XXIII, S. 290–293.

10 Nach Albrecht in WA 30 I,369, Anm. 4; KK. Dort weitere Literatur.

11 Agricolas Fassung von 1518 hat noch „Vater unser, der du bist in den Himmel(e)n“, WA 9,124,29; 125,20 (Auslegung und Deutung des Vaterunsers).

12 WA 2,83,30 (Auslegung dt. des Vaterunsers, 1519); vgl. WA 6,12,19 (Eine kurze Form, das Paternoster zu verstehen, 1519), WA 7,221,4–14 (Eine kurze Form des Vaterunsers, 1520).

13 Nach Traub, Art. οὐρανός, S. 511,20–512,15.

14 Diese Schau bahnt sich an in den altkirchlichen Deutungen; so formuliert etwa Augustin, De serm. dom. in monte II,5,18 (CChrSL 35,108,385): „Deus ... ubique praesens

Gottes Vatersein, sondern Gottes Vatersein qualifiziert den ‚Himmel' zum ‚Ort' seiner Gegenwart in erhabener Heiligkeit sowie in uns zugewandter Gnadennähe. Dieser Zusatz ὁ ἐν τοῖς οὐρανοῖς, welcher nicht auf den Herrn selber, sondern auf die „vormatthäische judenchristliche" Tradition zurückgehen dürfte[15], wird durch Luthers Übersetzung bereits gedeutet und vom Evangelium her interpretiert: Der „Vater im Himmel"[16] ist unser „rechter"[17] und „lieber"[18] „himmlischer Vater"[19], welcher uns „mit Gnaden von diesem Jammertal zu sich ... in den Himmel"[20] heimruft.

Luther beschließt das Vaterunser nach der Vulgata mit einem schlichten „Amen". Die Doxologie, welche er zu Mt 6,13 im Anschluß an den griechischen Text des Erasmus einfügt[21] und deshalb in seinen Wochenpredigten[22] auslegt, läßt er in seiner lateinischen Bibel von 1529 mit der Vulgata fort[23]; diese Doxologie übergeht er in allen Vaterunser-Deutungen; er tut dies nicht aus historisch-kritischer Einsicht in die nachbiblische Entstehungsgeschichte jener hymnischen Akklamation der Gemeinde heraus[24], sondern „aus Pietät gegen das Herkommen der abendländischen Kirche"[25]. Im Anschluß an andere evangelische Katechismen drang die Doxologie erst nach Luthers Tod (1558) über die „exponierten Katechismen"[26] in den Text des Kleinen Katechismus[27] ein.

Im Großen Katechismus leitet der Reformator die Vaterunser-Auslegung ein durch eine Gebetsvermahnung[28]. Diese lehnt sich mit ihrer

est, non locorum spatiis, sed majestatis potentia". Siehe etwa auch Origenes, De oratione II,23,1–5; Tertullian, De oratione 1,4; Cyprian, De dom. oratione 4; Gregor von Nyssa, Oratio dom. II,4. Fulgentius von Ruspe hat für den Wandalenkönig Trasimund (Ad Trasimundum III,16–20; MPL 65,263–268) jene Allgegenwart der gesamten Trinität sorgfältig denkerisch entfaltet und biblisch begründet.

15 Nach Kuhn, Achtzehngebet und Vaterunser, S. 34; auch Grundmann, Das Evangelium nach Matthäus, S. 199, kennzeichnet dies als einen „bei den Rabbinen üblichen Zusatz ..., der der Unterscheidung des himmlischen Vaters gegenüber dem irdischen Vater dient und zugleich die Distanz zwischen Gott und Mensch wahrt".

16 BSLK 512,35; 514,17f; 515,3.14 (KK).

17 512,21.

18 512,23.

19 513,2.11.

20 515,7.

21 Vgl. Meyer, Hist. Komm., S. 380; Albrecht in WA 30 I,647.

22 WA 32,421,21–422,18.

23 WABibel 5,486.

24 Zur textlichen Entstehung jener Doxologie sowie zu ihrer Deutung siehe bes. Lohmeyer, Das Vater-unser, S. 162–174.

25 Meyer, Hist. Komm., S. 380.

26 Vgl. MGP XXIII, S. 291–293; Aquila bei Reu, Quellen, Bd. II,2, S. 193.

27 Vgl. BSLK 515, Anm. 2; Brenner in WA 30 I,746–748.

28 662,17–670,21.

Vorlage, der Katechismuspredigt vom 14. Dezember 1528[29], an den Abschnitt: „Von dem rechten christlichen Gebet" des Visitationsunterrichtes an[30]. Der Reformator schließt die Auslegung ab durch eine Deutung des Amen[31], welche auf die Predigt vom 15. Dezember[32] zurückgreift. Die Kerngedanken jener Adhortatio sind im Kleinen Katechismus zusammengerafft sowohl in der Deutung des Amen[33] als auch in der Gebetsanrede[34]; letztere fügte Luther erst auf der Koburg neu hinzu.

Die Gebetsvermahnung kreist um fünf Leitgedanken[35]: 1) Das Gebet gründet in Gottes (zweitem) Gebot[36]. 2) Das Gebet birgt sich hinein in Gottes Verheißung[37]. 3) Im Vaterunser legt uns Gott selber die von ihm gewünschte Weise des Betens in den Mund[38]. 4) Im rechten Gebet erkennen wir unsere elementare Not und tragen diese vor das Antlitz des himmlischen Vaters[39]. 5) Das Gebet ist uns Verteidigungs- sowie Angriffswaffe gegen den Satan und dessen Anschläge[40].

29 WA 30 I,95,1–98,17.

30 WA 26,204,31–206,4 (= Melanchthon, St. A. I, S. 225,1–226,30). Melanchthon ordnet mit Luthers ‚Sermon von den guten Werken' (WA 6,217,30–220,33; 223,13–224,13) das Gebet dem zweiten Gebot zu. Er nennt drei Gründe für unser Gebet: 1) Gott hat uns geboten, ihn anzurufen. 2) Gott hat verheißen, uns zu erhören; deshalb will er ein Flehen in Reue und Vertrauen, frei von aller Heuchelei aber auch von aller Verzweiflung. 3) Gott will, daß wir ihm unsere zeitliche wie ewige Not klagen und dabei nicht ablassen. – Diese Thesen greifen zurück auf Luthers Gebetsvermahnungen. Der Reformator hat sie schon 1517 formuliert unter dem Motto: ‚Orationis verae conditiones' (WA 4,624,7–32); er erweitert sie im ‚Sermon von dem Gebet und Prozession in der Kreuzwochen' von 1519 (WA 2,175–179). In der prägnanten ersten Zusammenstellung zählt Luther fünf Dinge auf: 1) All unser Beten muß sich gründen auf Gottes Verheißung. 2) Wir sollen eine echte Not vor Gott bringen. 3) Beten erfordert einen festen Glauben in Gottes Zusage. 4) Wir sollen ernst und anhaltend flehen, nicht „als uf ein Abenteuer, kommpts, so kommpts, wie man nach einer Pirn (Birne) wurft" (WA 4,624,20 – Orationis verae conditiones). 5) Wir sollen uns hineinbergen in Christi Gebet vor seinem himmlischen Vater; bitten wir doch auf Jesu Anweisung (Mt 7,7) und in seinem Namen (Joh 16,23). – Weitere Texte zum Gebet sind gesammelt bei Preuss, Luther, S. 191 f.

31 690,13–46.

32 WA 30 I,108,13–109,2.

33 515,11–18.

34 512,19 –24.

35 Eine Wiederholung jener Vermahnung bietet Luther in den Wochenpredigten zu Mt 6,5 ff (WA 32,413–422). Der erste Abschnitt der Vaterunser-Vorrede (662,17–34) schließt das dritte Hauptstück über das zweite an das erste an; zu dieser Verklammerung siehe Knoke, Die katechetische Einleitung, sowie unsere Darstellung S. 26.

36 662,41–666,34.

37 666,36–667,10.

38 667,12–30. Die Predigt vom 14. 12. 1528 deutet dies lediglich an in dem Satz: „Deinde est praescripta quoque quasi in tabula, quid et quomodo orare debeamus" (WA 30 I,98,14); deshalb greift der GK zurück auf die Predigt vom 25. 5. 1528 (WA 30 I,11,12–26).

39 667,36–669,12.

40 669,18–47.

Der Große und der Kleine Katechismus akzentuieren unterschiedlich. Noch kräftiger als Melanchthon im Unterricht der Visitatoren rückt Luther im Großen Katechismus den Gebotscharakter unseres Betens ins Zentrum. Wir „*sollen* wissen, daß Gott in keinen Scherz will geschlagen haben, sondern zürnen und strafen, wo wir nicht bitten“[41]. Im Kleinen Katechismus fügt er – analog zur neuen Vorrede zum Großen Katechismus[42] – den Einsatz beim Evangelium hinzu. Mit der uns in den Mund gelegten Anrede „Vater unser“ will Gott „uns locken, daß wir gläuben sollen, er sei unser rechter Vater und wir seine rechten Kinder, auf daß wir getrost und mit aller Zuversicht ihn bitten sollen wie die lieben Kinder ihren lieben Vater“[43]. Freilich ist jene Gnadenzusage Gottes zugleich sein Gebot; wir „sollen“[44] Gott als unserem Vater vertrauen und ihn anrufen. Die Deutung des Amen unterstreicht erneut Gottes Gebot und Gottes Verheißung: „Er selbs hat uns geboten, also zu beten, und verheißen, daß er uns will erhören“[45].

Das Vaterunser als eine göttliche Anleitung, unsere Not zu erkennen[46]

Der Reformator hatte die zentralen Einsichten dieser Gebetsvermahnung von Anfang an eigenständig konzipiert[47]. Diesen Gedankenkomplex sucht er in seinen Vaterunser-Deutungen zum Amen einzufügen oder in die Gebetsanrede aufzunehmen. Nach JOHANNES MEYER[48] soll hierbei ein „jüngerer Auslegungstypus“, welcher „das Gebotsmotiv an die Spitze stellt“, einen „älteren“, welcher „in der Erinnerung an die Nöte ausreichende Motive zum Beten sieht“, verdrängen. Der Reformator behält jene fünf Leitgedanken jedoch ständig im Auge; freilich akzentuiert er mit der dritten Predigtreihe 1528 schroff den Gebotscharakter unseres Betens.

Seine früheste uns überlieferte Auslegung des Herrengebetes, die Predigt vom 12. Oktober 1516[49], führt jenes ein unter dem Stichwort: „Oratio Dominica, quae plenissime continet omnes tribulationes nostras et est cruce refertissima“[50]. In der ‚Auslegung deutsch‘ von 1519 beruft sich

41 666,26.
42 546,15–31; 551,27–552,11.
43 512,20.
44 512,21.23.
45 515,15.
46 667,36–669,12 (GK).
47 Siehe S. 16, Anm. 30. Diese Zusammenhänge sind bei MEYER, Hist. Komm., S. 379 f übersehen worden.
48 MEYER, Hist. Komm., S. 379.
49 WA 1,89–94.
50 WA 1,90,9.

Luther für diese Sicht des Vaterunsers auf Cyprian[51]. Nach dem Kirchenvater seien alle Bitten „syben Antzeigung unseres Elends und Durftigkeit, durch welch der Mensch, zu sein selbs Erkenntnis gefuhrt, sehen mag, wie gar in einem fährlichen und jammerlichen Leben er hie auf Erden lebt“[52]. Diese These, daß Gott uns durch das Vaterunser erst die Augen öffnen will für die Abgründe, über welche wir gewöhnlich leichtfertig und töricht dahinleben, nimmt der Reformator niemals zurück. In den Katechismuspredigten von 1528 läßt er sie ständig anklingen[53]. Im Großen Katechismus bildet sie die Klammer um die Deutung der sieben Bitten[54], zugleich wird sie unter dem Stichwort „Not“ zu jeder einzelnen Bitte eingeschärft[55]: „Da sind nu in sieben Artikel oder Bitte nacheinander gefasset alle Not, so uns ohn Unterlaß belanget, und ein igliche so groß, daß sie uns treiben sollt', unser Leben lang daran zu bitten“[56]. In der Auslegungsgeschichte konzentrierte sich diese Sicht des Vaterunsers auf die siebte Bitte; von ihr sagt schon Cyprian, sie begreife „all unsere Gebete und Anliegen in gedrängter Kürze in sich“[57]. Luther folgt ihm auch hierin[58]. Dabei drängt der Reformator jedoch unermüdlich darauf, daß wir diese unsere Not nicht kurzschlüssig anthropozentrisch ansehen, sondern ihre theozentrische Tiefe erkennen. Das Vaterunser will uns die Augen öffnen nicht in erster Linie für unsere menschlichen Nöte, sondern für die Not Gottes unter uns[59].

Das Vaterunser in seiner Struktur als gottgeordnete Norm unseres Betens[60]

In Luthers These, daß Gott selber uns im Vaterunser die von ihm gewünschte Weise des Betens lehre, schlingen sich seit seinen ersten Ausle-

51 Cyprian führt dieses Thema nicht so radikal und konsequent durch wie Luther. Er läßt es anklingen vor allem zur fünften, zur sechsten und zur siebten Bitte (Cyprian, De dom. oratione 22.26.27 f). Bereits in der Predigt vom 12. 10. 1516 beruft Luther sich auf Cyprians Deutung der fünften Bitte (WA 1,92,6–9) und weitet die hier gewonnene Einsicht auf das gesamte Gebet aus: „Ita fere per singulas particulas credendum est, nos simul monere humilitatem et miseriam nostram“.

52 WA 2,86,32; vgl. WA 11,56,5–19; 59,28 f (Pred. über das Vaterunser vom 9./10. 3. 1523).

53 Bes. WA 30 I,50,16 ff und 98,12 f.

54 670,16–21; 690,13–16 (= WA 30 I,108,13 f – Kat.-Pred. zur 7. Bitte vom 15. 12. 1528); vgl. auch 668,26–28 (GK) und WA 32,414,12–20 (Wochenpredigten zu Mt 6,5–15, 1532).

55 670,45; 672,24 f; 677,30; 678,6 f; 682,13; 683,15; 688,22 f; 690,4.

56 670,16.

57 Cyprian, De dom. oratione 27 (CSEL 3/1,287,5): „Post ista omnia in consummatione orationis venit clausula universas petitiones et preces nostras collecta brevitate concludens“.

58 Vgl. 515,2–4 (KK); 689,7–10 (GK).

59 678,7 f.

60 667,12–30.

gungen zwei Gedankengänge ineinander: Zunächst die formale Aussage: Der Herr gab uns dieses Gebet als Norm für alles rechte Bitten; sodann die inhaltliche Näherbestimmung: Im Vaterunser hat der Herr höchst bewußt, den vier ‚Unser-Bitten', nach welchen wir das Unsrige erflehen dürfen, die drei ‚Dein-Bitten' vorangestellt, in welchen er uns seine eigene Sache anvertraut. Auch diese Doppelthese ist in den altkirchlichen Auslegungen vorgeformt.

Tertullian nannte das Herrengebet „breviarium totius evangelii"[61]; Cyprian unterstrich, daß uns Christus selber diese Grundform des Gebetes gab[62]. Luther versteht es als die kritische Norm, welche all unser Beten prägen will: „Dann dieweil dies Gebet von unserm Herrn ein Ursprung hat, wird es ahn Zweifel das hochste, edelste und beste Gebet sein, dann hätt' er ein besseres gewußt, der frumm, treu Schulmeister, er wurd' es uns auch gelehret haben"[63]. Vor dem Vaterunser müssen sich deshalb alle anderen Gebete beugen, „nit, daß alle andere Gebet bose sein, die diese Wort nit haben, dann vor Christus' Geburt viel Heiligen gebet' haben, die diese Wort nit gehort haben, sundern daß alle andere Gepet vordächtig sein sollen, die nit dieses Gebetes Inhalt und Meinung zuvorhaben oder begreifen. Dann die Psalmen auch gut Gebet sein, aber nit so klar dies' Gebets Eigenschaft ausdrucken, wie wohl ganz in sich beschließen"[64]. In seiner ‚Kurzen Form, das Paternoster zu verstehen und zu beten' von 1519[65] ordnet der Reformator deshalb die Psalmen den einzelnen Bitten des Herrengebetes zu; die Litanei konkretisiert die siebte Bitte[66].

Die sachliche Struktur des Vaterunsers ist für Luther geprägt durch die Vorordnung der ‚Dein-Bitten' vor den ‚Unser-Bitten'. Mit dieser Einsicht rezipiert der Reformator die Formelgeschichte der abendländischen Auslegung und stellt sich zugleich gegen deren spätmittelalterliche Ausprägungen. Diese seine spezifische Position ist erwachsen aus einem tiefgreifenden Wandel im Verständnis der biblischen Texte. Wir deuten dies zunächst nur an, um es bei der Interpretation der ersten drei Bitten genauer ins Auge zu fassen. Diese Dein-Bitten blicken intensiv auf Gott.

61 Tertullian, De oratione 1,6,41 (CChrSL 1,258).

62 Cyprian, De dom. oratione 2 (CSEL 3/1,267,14 ff).

63 WA 2,82,23 (Auslegung dt. des Vaterunsers, 1519).

64 Ebd. 82,27. Diese Gedanken finden sich ähnlich bei Erasmus, Precatio dominica, Sp. 1220 A: „Nec enim auderemus aliud abs te petere, quam quod jussit Filius tuus: nec auderemus aliter petere quam ille praescripsit". Sie sind aufgegriffen von Calvin, Genfer Kat., Fr. 255.295; Inst. III,20,34.48 f.

65 WA 6,11–19.

66 Vgl. auch WA 11,55,12–14 (Pred. über das Vaterunser vom 9./10. 3. 1523) und WA 30 I,50,16–23 (Kat.-Pred. zur 7. Bitte vom 23. 9. 1528). Zur Litanei siehe SCHMIDT-CLAUSING, Art. Litanei; FISCHER/FELLERER, Art. Litanei; zu Luthers „litania correcta" siehe DREWS, Litanei, S. 1–66.

Sein Name möge sich in einem eschatologischen Akt vor, über und an aller Welt verherrlichen; seine Königsherrschaft möchte endgültig den Widerstand der Chaosmächte brechen; sein Wille möge das Gesamt von Himmel und Erde durchwalten[67]. Bis in die Sprachgestalt dieser Bitten hinein, welche als ehrfürchtig-demütige Wünsche formuliert sind, treten die Betenden zurück. Allein Gottes weltumspannendes eschatologisches Heilswirken steht im Blickfeld. Mit eindringlicher Monotonie hat die moderne Exegese diesen streng futurisch-eschatologischen Sinn des gesamten Vaterunsers, vor allem aber seiner ersten drei Bitten herausgearbeitet[68].

Die altkirchliche Auslegung lenkte von Tertullian und Origenes[69] an den Blick zurück auf die betende Schar. Man suchte zu zeigen, wie Gottes Heilshandeln schon hier und jetzt auf die Betenden zustößt, wie jene in ihrem Flehen selber eintreten in Gottes Zukunft. So wird in ständig sich wiederholenden Wendungen das „Für, bei und in uns" in jene drei Bitten eingetragen, bis sich schließlich eine festgeprägte Formelsprache bildet[70]. Indem wir den unsichtbaren Gott als unseren himmlischen Vater anrufen, erflehen wir, daß sein Name unter uns und in uns geheiligt werde, daß sein Reich zu und über uns komme, daß sein Wille bei und in uns geschehe. In den Katechismen hat Luther jene Stoßrichtung der gesamten Tradition aufgegriffen, zu schärfster Prägnanz verdichtet und den Gemeinden eingehämmert[71]. Ganz ähnlich wie beim Dekalog und zum Apostolikum macht er damit auch beim Vaterunser den existentiellen Bezug bewußt, er thematisiert das ‚Pro nobis' und spitzt die gesamte Auslegung darauf zu.

67 Dieses Verständnis der ersten drei Bitten ist herausgearbeitet bei GREEVEN, Gebet und Eschatologie im NT, S. 80 f.84; LOHMEYER, Das Vaterunser, S. 53.71.88 f; JEREMIAS, Das Vater-unser, S. 20 f (= DERS., Abba. Stud. zur ntl. Theol., S. 164 f).

68 In einer gewissen Spannung zu diesem Konsensus akzentuiert SCHÜRMANN das „eschatologische Gegenwartserlebnis", das sich in der Vater-Anrede ausspricht. „Keine Deutung der Verkündigung Jesu kann richtig sein, die nicht hinter, über und vor aller eschatologischer Erwartung das Vater-Sohn-Verhältnis sieht" (SCHÜRMANN, Das Gebet des Herrn, S. 121, Anm. 62; vgl. S. 33–37; S. 126, Anm. 140). Dieser Schau folgen stärker etwa GAECHTER, Das Matthäus-Evangelium, S. 214 f und GRUNDMANN, Das Evangelium nach Matthäus, S. 200 f.

69 Tertullian, De oratione 3,2, begründet jenen Wandel damit, daß wir Gott im Hinblick auf seine eigene Sache eigentlich nichts wünschen können. Schon bei Klemens Alexandrinus, Stromata 8, und bei Origenes, De oratione I,5,5; 6,2; 9,2; 10,1 u.ö., droht die ‚moderne' Gefahr, daß sich die konkrete Bitte vergeistigt zu einem meditierenden Sich-Einschwingen in den göttlichen Willen. Wer sich derart regelmäßig und zuchtvoll in eine fromme Stimmung versetzen läßt, erwirbt sich eine Grundhaltung, die ihn von unbesonnenen Handlungen abhält und zu besonnenen Taten befähigt.

70 Die Belege hierfür hat DIBELIUS, Das Vaterunser, S. 86–104 zusammengetragen.

71 BSLK 512,28–30; 513,7–9.20–22 (KK); 670,35–39; 673,15–25; 675,42–676,7; 678,6–24 (GK).

Der Reformator tut dies jedoch, indem er nicht weniger schroff die absolute Vor- und Überordnung der Dein-Bitten den Unser-Bitten gegenüber herausarbeitet. Jetzt und hier bei uns geht es zuerst und zuletzt gerade nicht um unser kleines Selbst, sondern allein und ausschließlich um die Sache Gottes. Diese Norm, welche Luther aus der Struktur des Vaterunsers herausliest, legt er an die üblichen spätmittelalterlichen Gebete an, welche bei Gott und seinen Heiligen zuerst und zuletzt das Unsrige suchen. Bereits Augustin hatte gelehrt, daß sich die drei Dein-Bitten auf das ewige Leben richten, welchem sich unsere sehnsüchtige Hoffnung entgegenreckt, die vier Unser-Bitten dagegen auf die zeitlichen Dinge, welche lediglich zur Erlangung des Ewigen notwendig sind aber keinen Eigenwert haben dürfen[72]. Seine Nachfolger variieren diese Erkenntnis und entfalten die Gliederung der Bitten immer kunstvoller[73]. Luther konzentriert sich erneut auf das Elementare und Fundamentale; er spitzt Augustins Erkenntnis polemisch zu. Wo wir ichsüchtigen Menschen von uns aus beten, da setzen wir bei der irdisch-fleischlich interpretierten letzten Bitte ein. Wir möchten „vom Übel frei und ledig sein" und „in Glückseligkeit leben"[74]. In allem suchen wir unsere Ehre, unseren Namen und Ruhm, deshalb stoßen wir niemals vor zu den ersten drei Bitten des Vaterunsers. Der alte Mensch betet das Herrengebet nicht „fürsich", sondern „hindersich"; dies zeigt der Reformator in einer derbdrastischen Auslegung von 1519, welche in folgende Weisung ausmündet: „Darumb ist zu merken, daß in den ersten dreien Bitten das Wort ‚Dein' und in den nachfolgenden diese Wörter ‚Uns' und ‚Unser' stehn zu einer Unterweisung, daß wir zum ersten Gottes Ehre, Reich und Willen und darnach das Unser suchen und begehren sollen, aber demnach nicht anders dann in und mit den Dingen, die Gottes Ehre, Reich und Willen seind"[75]. Im Großen Katechismus verknüpft Luther diese Intention mit

72 Siehe Augustin, De serm. dom. in monte II,10,36 f; Ench. 30,115; serm. 56,19.

73 Diese Gliederung wird von Anselm von Laon, Enarr. in. Mt. VI (MPL 162,1305 B/C), abgewandelt; nach ihm schlägt die vierte Bitte die Brücke zwischen dem Zukünftig-Himmlischen und dem Gegenwärtig-Irdischen. Bonaventura, Comm. in Ev. Lucae XI,7–9 und Expos. orationis dom. 5, sowie Thomas von Aquin, S.th. 2/II, q.83, a.9, gestalten jene Gliederung kunstreich aus. Bonaventura verknüpft die sieben Bitten mit den Geistesgaben, Seligpreisungen, Tugenden und Lastern.

74 WA 6,22,21 (Eine kurze und gute Auslegung des Vaterunsers, 1519).

75 Ebd. 22,33. Siehe ferner etwa WA 9,158,29–159,30 (Auslegung und Deutung des Vaterunsers, 1517/18; WA 2,126,10–23 (Auslegung dt. des Vaterunsers, 1519); WA 6,19,5–7 (Eine kurze Form, das Paternoster zu verstehen, 1519); WA 7,229,16 f (Eine kurze Form des Vaterunsers, 1520); WA 11,55,17–23; 59,24–30 (Pred. über das Vaterunser vom 9./10. 3. 1523); WA 30 I,18,10–15; 108,15–20 (Kat.-Pred. zur 7. Bitte vom 27. 5. u. 15. 12. 1528); BSLK 690,3–10 (GK); weitere Belege finden sich bei FISCHER, Luther und das Vaterunser, S. 43 f. Für Calvin siehe etwa Genfer Kat., Fr. 257.259.265; Inst. III,20,35.44 47.

der Frage nach rechter Glaubensgewißheit. Indem der Herr selber uns „die Wort und Weise“ stellt und in den Mund legt[76], nimmt er uns alle Skrupel und Zweifel[77].

Gottes Gebot und Verheißung als Grund unserer Erhörungsgewißheit[78]

Mit diesem Drängen auf Gewißheit ist der Cantus firmus in Luthers Gebetsvermahnung angeschlagen. Zu jeder Bitte erneuert der Reformator diese Grundmelodie; die Bitte um Vergebung ist ganz von ihr durchzogen[79]. Im Großen Katechismus schließt die Auslegung mit dem vollen Akkord: „Siehe, soviel ist Gott daran gelegen, daß wir gewiß sollen sein, daß wir nicht ümbsonst bitten und in keinem Wege unser Gebete verachten“[80]. Im Kleinen Katechismus rafft Luther diese Einsicht in der Deutung des Amen zusammen[81]. Das Amen des Beters macht das Gebet im Glauben fest und gründet es ein in Gottes Gebot wie Verheißung. Unermüdlich hat der Reformator dies unterstrichen[82]. „Das Wortlein Amen ist Hebräischer oder Judischer Sprach und heißt auf deutsch ‚vorwahr‘ ader ‚währlich‘ (wahrlich) und ist fast wohl zu bedenken, daß es druckt aus den Glauben, den man haben soll in allen Bitten“[83]. Dieser rechte Christenglauben birgt sich tief hinein in Gottes Verheißung und Gebot; hierin weiß er sich klar unterschieden von jeglichem Beten auf „Abenteuer“[84], vom zweifelnd-trotzigen Sich-Emporschwingen in ein Transzendent-Umgrei-

76 667,14.

77 Vgl. 662,31–34 und WA 30 I,11,12–35; 98,9–11 (Kat.-Pred. zum Vaterunser vom 25. 5. u. 14. 12. 1528).

78 662,41–667,10.

79 Zu bedenken sind folgende Stellen: 672,37–42; 674,32–48; 678,41–48; 682,12–20; 683,33–35; 684,22–28.31 f.44; 685,4 f.28.33; 688,22–29.

80 690,43.

81 515,12–18.

82 Luther legt das Amen in folgenden Texten aus: WA 2,126,29–127,27 (Auslegung dt. des Vaterunsers, 1519); WA 6,19,9–12 (Eine kurze Form, das Paternoster zu verstehen, 1519); WA 7,229,19–22 (Eine kurze Form des Vaterunsers, 1520); WA 17 I,251,1–3 (Pred. über Joh 16,23–30 vom 21. 5. 1525); WA 19,96,16–19 (Dt. Messe, 1526); WA 20,379,24–29 (Pred. über Joh 16,23–30 vom 6. 5. 1526); WA 27,130,27–34 (Pred. über Joh 16,23–30 vom 17. 5. 1528); WA 30 I,108,13–109,2 (Kat.-Pred. zur 7. Bitte vom 15. 12. 1528); BSLK 690,16–46 (GK); WA 34 I,389,4–16 (Pred. über Joh 16,23 vom 14. 5. 1531); WA 35,465,7–12 (Amen-Strophe des Vaterunser-Liedes = EKG 241,9); WA 38,362,30–36 (Eine einfältige Weise zu beten, 1535); WA 49,10,1–11,23 (Pred. über Gal 4,1 ff vom 4. 1. 1540).

83 WA 2,126,29 (Auslegung dt. des Vaterunsers, 1519).

84 Vgl. etwa WA 4,624,20 (Orationis verae conditiones, 1517); WA 2,127,7–10 (Auslegung dt. des Vaterunsers, 1519); WA 30 I,96,14 (Kat.-Pred. zum Vaterunser vom 14. 12. 1528); WA 32,416,13 f (Wochenpredigten zu Mt 6,5–15, 1532); BSLK 665,33; 690,21 (GK).

fendes. Allein im Vertrauen auf Gottes Selbsterschließung in Jesus von Nazareth wagen wir unsere Existenz an das Gebet und ergreifen in ihm mit allen Fasern unseres Wesens Gottes segenspendende Gnadenhand.

Rechter Glaube schaut dabei nicht auf die eigene Würdigkeit oder Unwürdigkeit; er vergleicht sich nicht mit den Aposteln und Märtyrern, sondern birgt sich mit ihnen hinein in die Selbstzusage Gottes, welche allen gilt. So allein hütet er sich sowohl vor vermessenem Bauen auf die eigene Frömmigkeit als auch vor verzweifeltem Verzagen an der bleibenden Sündhaftigkeit[85]. Auf diese Weise gründet der Reformator unser Beten ein in die Rechtfertigung allein um Christi fremder Gerechtigkeit willen. Gilt doch: Ein jedes Gebet, welches sich als ein frommes Werk in sich selber zu gründen sucht, verfällt dem Gericht des heiligen Gottesgesetzes über unsere Selbstheiligung[86]. Allein dasjenige Gebet, welches sich tief hineinbirgt in Gottes Gebot und Zusage, ist vor seiner heiligen Majestät angenehm und erhört[87]. „Drumb schau drauf. Nit ist das Gebet gut und recht, das viel ist, andächtig, süß, lang, umb zeitlich ader ewig Gut, sundern das fest bauet und trauet, es wird erhoret (wie gering und unwirdig es sei in ihm selbst) umb die wahrhaftige Gelubd und Vorsprechung Gottis. Gottis Wort und Vorheißen macht dein Gebet gut, nit deine Andacht"[88]. Wiederum bekämpft der Reformator jene ungeistliche Incurvatio des Beters in sich selbst. Auch und gerade unser Beten kann sich zurückkrümmen auf sich selber und büßt dadurch seinen gottgewollten Sinn ein. Diese Gefahr hat auch das christliche Beten von Anfang an begleitet[89]; in der Neuzeit droht sie übermächtig zu werden.[90].

Die Amen-Deutung des Kleinen Katechismus schließt ab mit der charakteristischen Wendung: „Amen, Amen, das heißt: Ja, Ja, es soll also geschehen"[91]. Durch mancherlei Belege hat Johannes Meyer erhärtet: „Überall, wo das Amen umschrieben ist mit ‚Es wird geschehen', ist das Amen als Bekenntnis des Beters gemeint, während die Umschreibung mit ‚Es soll geschehen', ‚es soll ja (betontes Ja) sein' oder ‚es soll gewiß sein'

85 665,35–666,9 (GK) = WA 30 I,96,15–97,1 (Kat.-Pred. zum Vaterunser vom 14. 12. 1528); siehe ferner WA 32,493,3–13 (Wochenpredigten zu Mt 7,7–11, 1532); WA 51,455–457 (Ein kurzer Trostzettel für die Christen, daß sie im Gebet sich nicht irren lassen, 1540); WA 51,598,25–600,21 (Vermahnung zum Gebet wider den Türken, 1541).

86 668,6–11 (GK); WA 30 I,97,7–14 (Kat.-Pred. zum Vaterunser vom 14. 12. 1528).

87 Vgl. die Literatur auf S. 13, Anm. 5.

88 WA 2,127,36 (Auslegung dt. des Vaterunsers, 1519).

89 Siehe S. 20, Anm. 68.69.

90 Luthers leidenschaftliches Ringen mit Gott erscheint von diesem „modernen" Standpunkt aus als „reine Gebetsmagie". Mit dieser Problematik setzt sich der Aufsatz von E. W. Schmidt, Luther und das Bittgebet, auseinander.

91 515,17.

das Amen als Zusage Gottes auslegt“[92]. Luthers Gebrauch des Amen als göttliche Zusage greift zurück auf das (doppelte) Amen als Einleitungsformel im Munde Jesu. In diesem eigenartigen Sprachgebrauch bestätigt Jesus nicht im Nachherein, daß die Worte eines anderen vor Gott gültig und kräftig seien, vielmehr kennzeichnet Jesus seine eigenen Worte „als ein Reden vor Gott, bei dem Gott selbst Garant dieses Redens ist, der über der Bewahrheitung dieses Wortes wacht“[93]. Dieses vorgängige Amen dürfte ‚ipsissima vox‘ Jesu sein[94]; in ihm erweist sich dieser Mensch als das Amen des unsichtbaren Gottes (2. Kor 1,19f; Apk 3,14). Er erschließt uns in seinen Worten Gottes Verheißen und Gebieten und eröffnet uns so das vorgehende große Amen Gottes, in welchem unser nachfolgends kleines Amen Geborgenheit und Atemraum finden darf. Glaube ist nicht etwas, das wir allein aus unserem Vermögen heraus erschwingen müßten, in Jesu Amen wird uns dieses Vertrauen zugesprochen und geschenkt: „Auf Dein Wort, in dem Namen Dein, so sprechen wir das Amen fein“[95].

Hierdurch wird freilich nicht unser intensives Sich-Mühen verneint. Zunächst ist das Gebet schlicht und handfest Gottes Gebot; es ist uns auferlegt im zweiten Gebot[96]. Hier gibt es kein Ausweichen. Wir „sollen

92 Meyer, Hist. Komm., S. 382; vgl. WA 19,96,17 ff (Dt. Messe, 1526); WA 20,379,24 ff (Pred. über Joh 16,23 ff vom 6. 5. 1526); WA 30 I,13,27 f (Kat.-Pred. zur 2. Bitte vom 25. 5. 1528); WA 30 I,97,16 f (Kat.-Pred. zum Vaterunser vom 14. 12. 1528); WA 51,605,27 ff (Vermahnung zum Gebet wider den Türken, 1541) und BSLK 669,45–47.

93 Ebeling, Jesus und Glaube, S. 101.

94 Dalman, Jesus-Jeschua, S. 27 f; Billerbeck, Kommentar I, S. 242–244; Schlatter, Der Evangelist Matthäus, S. 155; Schlier, Art. ἀμήν; Jeremias, Kennzeichen der ipsissima vox Jesu, S. 148–151. – Auf ekstatische Charismatiker der hellenistischen Gemeinden, bzw. auf den Willen der jüdisch-hellenistischen Gemeinde, ihre Aussagen auf Jesus als „den apokalyptischen Lehrer“ zurückzuführen, möchte Hasler, Amen, und Berger, Die Amen-Worte Jesu, das vorangestellte Amen gründen.

95 WA 35,465,11 (Lied: Vater unser im Himmelreich); die Wiedergabe in EKG 241,9 entspricht nicht dem von Luther intendierten Sinn.

96 663,4–9.40–45; 664,9–12; 666,26–30; 672,6–11; 576,24 f (GK); WA 30 I,95,7–13.18–22; 96,17 f; 97,16 (Kat.-Pred. zum Vaterunser vom 14. 12. 1528). Auch das Vaterunser-Lied unterstreicht den Gebotscharakter: „Vater unser im Himmelreich /Der Du uns alle heißest gleich / Brüder sein und Dich rufen an / Und willt das Beten von uns han ...“ (WA 35,463,17 = EKG 241,1). In den ‚Decem Praecepta‘ ordnet Luther das Gebet noch den Werken des dritten Gebotes unter (WA 1,445,35–446,6). In der ‚Instructio pro confessione peccatorum‘ sowie in der kurzen Gebotserklärung von 1518 hat er sie zum zweiten Gebot eingefügt. Das Gebot übertritt, „wer Gottes Namen nit anruft in seiner Widerwärtigkeit und nit gebenedeit in Lieb und Leid, in Gluck und Ungluck“ (WA 1,252,20; vgl. WA 1,260,18 f). Die Erfüllung des Gebotes beinhaltet: „Lob, Ehre, Gebenedeiung und Anrufen Gottes Namen und seinen eigen Namen und Ehr ganz vornichten, daß allein Gott gepreiset sei, der allein alle Ding ist und wirkt“ (WA 1,254,20; vgl. WA 1,263,7: „Invocatio, laus, glorificatio sancti nominis Dei ac nominis proprii, vanaeque gloriae contemptus, id est gratia Dei per Jhesum Christum“). Luther entfaltet jene knappen Thesen im Sermon von den Guten Werken (WA 6,223,13–224,13).

wissen, daß Gott in keinen Scherz will geschlagen haben, sondern zürnen und strafen, wo wir nicht bitten, so wohl als er allen andern Ungehorsam strafet"[97]. Dieses heilige Gebot Gottes ist für Luther jedoch kein nacktes Gesetz, vielmehr ist unter dem Opus alienum Dei das Opus proprium verborgen. Für den Reformator gilt beides zugleich und miteinander. Solange wir hier auf Erden wandern ferne vom himmlischen Vater und den alten Adam am Halse tragen, liegt auf uns allen Gottes gestrenger Befehl, ihn in allen Nöten anzurufen. Dies ist die Gesetzesdimension des Gebetes; sie trifft alle Menschen, weil wir alle offenbar werden müssen vor Gottes Richtstuhl[98]. Zugleich jedoch lockt uns der liebende Vater durch seine Gnadenzusage, er wolle uns erhören. Dies ist das Evangelium im zweiten Gebot. In diesem Doppelaspekt ergänzen sich die Deutung der Anrede und des Amen im Kleinen Katechismus und die Vermahnung des Großen Katechismus kontrapunktisch, wobei jene beiden Texte bereits den ihnen jeweils korrespondierenden Akzent schon selber in sich tragen.

Die Deutung der Gebetsanrede, welche Luther wohl auf der Coburg zum Kleinen Katechismus hinzufügte, rückt ganz den liebenden Vater ins Zentrum, welcher uns zum Glaubenswagnis lockt und reizt[99]. Doch auch hier formuliert Luther nicht (mit Karl Barth), wir dürfen glauben und beten, sondern schreibt: wir „sollen"[100] glauben und bitten. Die Gebetsvermahnung im Großen Katechismus hämmert unermüdlich den Gebotscharakter des Gebetes ein; wir sollen beten. Die Verheißung ist lediglich anhangsweise beigefügt[101], und auch sie wird erneut umgriffen vom Gesetz: „Wer nu solcher Verheißung nicht gläubt, soll *abermal* wissen, daß er Gott erzürnet, als der ihn aufs höhiste unehret und lügenstrafet"[102]. Dennoch erschließt der Reformator auch in dieser Vermahnung die Evangeliumsdimension des Gebotes und zwar ganz analog wie in der Deutung des Amen im Kleinen Katechismus. Gottes Gebot reißt unser Gebet heraus aus dem Hin- und Herschwanken zwischen Selbstüberhebung und Verzweiflung, zwischen selbstgefälligem Eifer und träger Lässigkeit; als Gebot des himmlischen Vaters nimmt es uns auf in den freien Atemraum der Gotteskindschaft. Auch hier umzäunt das Gebot

97 666,26 (GK).

98 Dort, wo Karl Barth die Reformatoren interpretiert, möchte er den Gebotscharakter des Gebetes ganz vom Evangelium her verstehen (Barth, Das Vaterunser, S. 25–34), gemäß seiner Zuordnung von „Evangelium und Gesetz". Analog entfaltet er auch das Gebet in seiner Dogmatik (bes. KD III/3, S. 271–326 und KD III/4, S. 102–104). Für die Reformatoren behält jedoch die Gebotsdimension des Gebetes ein eigenständiges Gewicht, stößt doch in ihr Gottes eschatologisches Gericht nach den Werken auf uns zu.

99 512,19–24.

100 512,21.23.

101 666,36–667,10.

102 667,6.

den Beter, es erhält dessen Glaubensleben vor dem Angesicht Gottes[103], es bewahrt ihn in dem durch Christus erschlossenen Gnadenbund. Rechtes Beten ist „allein des Glaubens Werk“[104].

Wie in allem rechten Tun des Christen schlingen sich auch im Gebet zwei Gewißheiten ineinander, die grundlegende Gewißheit unseres Glaubens und die sekundäre Gewißheit unseres Wirkens. Mit all unserem Tun und Lassen ist auch unser Gebet „dem Vater im Himmel angenehme und erhöret“[105], weil und insofern es sich in Gottes Gebot und Verheißung eingründet und in den vorgezeichneten Bahnen des Vaterunsers zu bleiben sucht. In der Überleitung des Großen Katechismus[106] verknüpft Luther jene beiden Gewißheiten und bindet darin zugleich das Vaterunser zurück an das Credo. Indem Gott uns durch Jesus Christus nicht allein das Amen der Erhörungsgewißheit in den Mund legt, sondern sich selbst uns im Heiligen Geist als gnädiger Vater zusagt, hat unser Beten mit unserer gesamten Existenz einen letzten Ankergrund gefunden[107]. Weil sich uns in jenem weltumspannenden Schöpfer- und Erlöserwirken, welches wir im Apostolikum bezeugt haben, Gott selber durch den Sohn im Geist als der „rechte und liebe Vater“ erschlossen und geschenkt hat, deshalb dürfen wir im Gebet „getrost und mit aller Zuversicht“ vor sein Angesicht treten[108]. Auch die Anrede des Vaterunsers interpretiert der Reformator nicht als ein Glaubenswagnis, das wir von uns aus erschwingen; er zeichnet lediglich den Weg des Glaubensgehorsams nach, welchen die Gemeinde vollzog, als sie nicht nur in das Amen Jesu, sondern auch und vor allem in seinen Abba-Ruf eintrat.

Ganz ähnlich wie das vorangestellte Amen so ist auch die Anrede „Abba“, „Vati“, als Anruf Gottes in jüdischen Gebeten zur Zeit Jesu nicht

103 WA 8,360,29 (Ausl. von Lk 17,11–19, 1521): Der Glaube ist „eitel Gepet, denn er vorsiehet sich gottlicher Gnaden ohn Unterlaß, vorsiehet er sich aber ihr, so begehrt er ihr aus ganzem Herzen. Und das Begehren ist eigentlich das recht Gepet, das Christus lehret und Gott foddert, wilchs auch erwirbt und vormag alle Ding. Darumb daß es nit auf sich, seine Werk odder Wirdigkeit, sondern auf Gottis lauter Gute bauet, vorläßt und trostet, darumb geschicht ihm auch, wie es gläubt, begehrt, vorsiehet und bittet“.

104 WA 45,681,12 (Pred. über Joh 15, 1537/38).

105 BSLK 515,14 (KK).

106 662,17–34; diese Überleitung ist frei gestaltet im Anschluß an die Kat.-Pred. über das Vaterunser vom 22. 9. und vom 25. 5. 1528 (WA 30 I,46,8–19; 11,9–22).

107 Meyer, Hist. Komm., S. 389: „Der Beter darf nicht nur sagen: Mein Gebet ist Gott recht, sondern: Ich bin Gott recht“.

108 512,21–24 (KK). WA 32,420,14 (Wochenpredigten zu Mt 6,5–15, 1532): „... als der von uns solche Ehre foddert, daß wir von ihm sollen bitten als ein Kind von seinem Vater, und die Zuversicht von uns haben will, daß er uns gerne will geben, was uns not ist. So ist auch drein geschlossen, daß wir uns ruhmen, daß wir seine Kinder sind durch Christum und also in seinem Gebot und Verheißung in des Herrn Christi Namen kommen und mit aller Zuversicht vur ihn treten“.

bezeugt. Wie sollte man es auch wagen, den Heiligen mit jenem Lallwort, mit jener Anrede des kleinen Kindes an seinen leiblichen Vater, anzusprechen. Jesus tat dies in allen Gebeten, welche uns von ihm überliefert sind; allein sein Kreuzesruf (Mk 15,34; Mt 27,46) macht eine Ausnahme. „Dieses ‚Abba' ist ipsissima vox Jesu und enthält im Kern seinen Sendungsanspruch und seine Botschaft ... Im Vater-Unser ermächtigt Jesus seine Jünger, ihm das ‚Abba' nachzusprechen. Er gibt ihnen Anteil an seiner Sohnesstellung und ermächtigt sie, als seine Jünger mit ihrem himmlischen Vater so vertrauensvoll zu reden, wie das (Klein)Kind mit seinem Vater"[109]. „So ist das Abba einerseits ein christologisches Zeichen, insofern es das Jesu eigene Gottesverhältnis aussagt, und es ist andererseits eschatologisches Zeichen, insofern es seine Jünger in dieses Gottesverhältnis hineinnimmt"[110].

In seinen frühen Auslegungen hatte der Reformator eindeutig formuliert, daß der „Abba-Ruf jenseits aller menschlichen Möglichkeiten liegt und nur im Bereich des durch den Sohn geschenkten neuen Gottesverhältnisses möglich ist"[111]. Allein wo der „Geist Christi im Herzen"[112] herrscht, vermögen wir zum Himmel emporzudringen mit der Anrede „lieber Vater" auf unseren Lippen. Gilt doch grundsätzlich Joh 3,13: „‚Niemand steiget auf in den Himmel, dann allein der, der heraber gestiegen ist, der Suhn des Menschen'. In des Haut und auf seinem Rucken mussen wir hinauf steigen"[113]. Diese zentrale Erkenntnis prägte die Gebetspraxis der alten Kirche; nicht die Katechumenen, allein die Getauften durften „es freudig und unvermessen wagen", den Heiligen als ihren Vater anzusprechen[114]. In den Katechismen hat Luther diese Zusammenhänge leider zurücktreten lassen, wie er schon zum Credo die trinitarischen Relationen abblendete[115]. Ganz ähnlich wie zum Apostolikum so haben auch hier die späteren Katechismen diese Lücke ausgefüllt. Schon die Nürnberger Kinderpredigten fügen das folgende Gebet ein: „Lieber Gott, ich bitt dich umb das oder das und tu es nicht von mir selbs, sonder Dein lieber Sohn Jesus Christus, unser Herr, der hat michs geheißen, und ich tu

109 JEREMIAS, Das Vater-unser, S. 19 (= DERS., Abba. Stud. zur ntl. Theol., S. 163); vgl. DERS., Abba, S. 58–67; SCHÜRMANN, Das Gebet des Herrn, S. 17–21; SCHRENK, Art. πατήρ, S. 984 f.

110 GRUNDMANN, Das Evangelium nach Lukas, S. 230.

111 JEREMIAS, Abba, S. 66, unter Verweis auf Gal 4,6 und Röm 8,15 f.

112 WA 2,83,36 (Auslegung dt. des Vaterunsers, 1519).

113 Ebd. 84,4. Vgl. WA 9,125,25–126,24 (Auslegung und Deutung des Vaterunsers, 1517/18); WA 6,11,19–12,1 (Eine kurze Form, das Paternoster zu verstehen, 1519); WA 7,220,12–24 (Eine kurze Form des Vaterunsers, 1520).

114 Siehe die Formeln bei JUNGMANN, Missarum sollemnia, Bd. 2, S. 349 ff; JEREMIAS, Das Vater-unser, S. 7 (= DERS., Abba. Stud. zur ntl. Theol., S. 154).

115 Vgl. Bd. 2 des Kommentars, S. 36–47.

es aus seinem Befehl und in seinem Namen. Darumb erhörstu mich, so erhörstu auch Deinen lieben Sohn Jesum Christum, unsern Herrn. Erhörestu mich aber nicht, so erhörest auch Christum nicht, der mich hergeschickt und solchs hat heißen bitten"[116]. Luther hingegen bleibt in seiner Deutung der Anrede gleichsam noch vor Christi Verherrlichung stehen, während er zu den Bitten, vor allem zur zweiten Bitte, Christi Erhöhung sowie die Sendung des Heiligen Geistes entfaltet[117].

In seiner ‚Einfältigen Weise zu beten für einen guten Freund' von 1535 hat der Reformator jenes spannungsreiche Verhältnis von Gebot, Verheißung und Christusgeschehen zusammengerafft und in dem folgenden Gebetseingang präzisiert: „Ah, himmlischer Vater, Du lieber Gott! Ich bin ein unwirdiger, armer Sunder, nicht wert, daß ich meine Augen oder Hände gegen Dir aufhebe oder bete. Aber weil Du uns allen geboten hast zu beten und dazu auch Erhörung verheißen und uber das selbs uns beide, Wort und Weise, gelehrt durch Deinen lieben Sohn, unsern Herrn Jesum Christ, so komm ich auf solch Dein Gebot, Dir gehorsam zu sein, und verlasse mich auf Deine gnädige Verheißung, und im Namen meins Herrn Jesu Christi bete ich mit allen Deinen heiligen Christen auf Erden, wie er mich gelehret hat"[118].

Das Vaterunser als Schutz- und Angriffswaffe gegen den Satan[119]

Neben jenem Drängen auf letzte Glaubensgewißheit steht der Aspekt des eschatologischen Ringens zwischen Gott und Widergott; auch dieser Kampfesaspekt beschränkt sich nicht auf einige Paragraphen, sondern durchzieht Luthers gesamte Vaterunser-Auslegung. Vor allem als Fürbitte

116 Reu, Quellen, Bd. I,1, S. 521,33. Auch der Genfer Kat., Fr. 262 (Calvin, OS II, S. 120,12) fügt den Sohn ausdrücklich ein in unsere Gebetsanrede an Gott den Vater: „Neque enim filiorum loco nos habet Deus, nisi quatenus Christi sumus membra"; ebenso der Heidelberger Kat., Fr. 120 f; vgl. auch Calvin, Inst. III,20,36 f.

117 Auf die Frage des Origenes, De oratione I,15,1–16,1, weshalb Christus das Vaterunser wie die jüdischen Gebete allein an Gott gerichtet sein lasse, ohne sich selbst als den alleinigen Mittler zu offenbaren, antwortet der Reformator: Christus wollte nicht vor seiner Verherrlichung durch den Opfertod gepriesen werden, WATR 1,23,31–33, Nr. 66 (Veit Dietrich, Herbst 1531); vgl. WATR 2,293,9–11, Nr. 2009 (Konrad Cordatus, Juni bis August 1531).

118 WA 38,360,4. Siehe ferner WA 30 II,118,22–119,10 (Vom Kriege wider die Türken, 1529); WA 32,415,25–35 (Wochenpredigten zu Mt 6,5–15, 1532); WA 51,605,24–606,20; 608,24–610,34 (Vermahnung zum Gebet wider den Türken, 1541). Weitere Lutherworte zum Gebet im Namen Jesu finden sich bei Jordahn, Luther und das gottesdienstliche Gebet, S. 120 ff. Siehe ferner Jungmann, Die Stellung Christi im liturgischen Gebet.

119 BSLK 669,18–47 (GK). Siehe die Literatur zur 3. Bitte, S. 88, Anm. 1, sowie Obendiek, Der Teufel bei M. Luther; Adam, Der Teufel als Gottes Affe; Nilsson, Simul, S. 56–78; Barth, Der Teufel und Jesus Christus in der Theologie Martin Luthers.

ist unser Schreien zu Gott zentral eine Kampfhandlung gegen die Verderbensgewalten. Die Trias: Teufel, Welt und unser eigenes Fleisch nennt Luther bereits im zweiten Satz der Auslegung im Großen Katechismus[120]. Mit der altkirchlichen und mittelalterlichen Tradition[121] wird im Kleinen Katechismus sowohl zur dritten als auch zur sechsten Bitte jenes gegnerische Dreigespann: Satan, Welt, Fleisch anvisiert[122]. Zur letzten Bitte faßt Luther den Kampfesaspekt zusammen in der Einsicht, „daß die ganze Summa alles Gebets" gehe wider Satan als „unsern Häuptfeind"[123]; zuvor hatte er dies zu jeder einzelnen Bitte eingehämmert[124]. In der Gebetsvermahnung führt er diesen Kerngedanken aus[125]; zur dritten Bitte erneuert er dies[126]. Wir können deshalb diese beiden Ausführungen zusammenfassen.

In ihnen verwendet Luther für unser Beten ganz analoge Bilder wie im ersten Hauptstück für Gottes Gebote. Auch hierin folgt der Reformator einer reichen Tradition, welche bis auf Tertullian zurückgeht[127]. Hat Gott die Gebote „zur Ringmauren, Festen und Freiheit gestellet . . . ümb den Nähisten"[128], so errichtet auch unser Beten eine „eiserne Mauer"[129] und Schutzwehr[130] gegen den Satan als unseren „Häuptfeind"[131] und dessen Trabanten. Sind doch „Gottes Ordnung oder Gebot und der Christen Gebet . . . die zwo Säulen, so die ganze Welt tragen"[132]. Deshalb ist auch nach dem Predigtamt der Gebetsdienst das „größte Amt in der Christenheit"[133].

120 662,23–25.
121 Siehe die Zusammenstellung bei DIBELIUS, Das Vaterunser, S. 83 f.
122 513,28 f; 514,34; im GK: 676,33–677,19; 677,32–40; 686,4–41; 687,41–45.
123 689,8 (GK).
124 Neben den in Anm. 122 genannten Stellen vgl. 671,50; 674,21–28; 678,30–48; 681,35–682,3; 683,10 f; 688,9–37; 689,4–35.
125 669,18–47 nach der Kat.-Pred. zum Vaterunser vom 14. 12. 1528 (WA 30, I,98,1–9).
126 678,30–48 nach der Kat.-Pred. zur 3. Bitte vom 14. 12. 1528 (WA 30, I,102,8–13).
127 Tertullian, De oratione 29,3,26 (CChrSL 1,274): „Oratio murus est fidei, arma et tela nostra adversus hostem, qui nos undique observat". Nach der Vita des Mönchsvaters Antonius richtet sich der Gebetskampf der Mönche vor allem gegen die Dämonen (vgl. DÖRRIES, Die Vita Antonii, bes. S. 171 ff), so sieht es auch Euagrius Ponticus, De oratione (MPG 79,1165–1200, passim).
128 607,6 (GK zum 5. Gebot); siehe dazu Bd. 1 des Kommentars, S. 224 f.
129 669,33; vgl. 678,39; WA 30 I,102,8 (Kat.-Pred. zur 3. Bitte vom 14. 12. 1528).
130 669,19: „Schirm und Schutz"; 678,30: „Schutz und Wehre" (vgl. 681,52 f); ähnliche Wendungen finden sich in der Kat.-Pred. zum Vaterunser vom 14. 12. 1528 (WA 30 I,98,2.5), in der Coburger Auslegung der ersten 25 Psalmen von 1530 (WA 31 I,271,9 f) und in den Wochenpredigten zu Mt 6,5–15 von 1532 (WA 32,415,18); siehe auch PREUSS, Luther, S. 202.
131 689,9.33.
132 WA 45,535,4 (Pred. über Joh 14, 1537/38).
133 WA 34 I,395,14 (Pred. über Joh 16,23 ff vom 14. 5. 1531).

Die Gotteskinder, welche die frohe Botschaft des Evangeliums dem himmlischen Vater zurückgewonnen hat, nehmen durch ihr Gebet Anteil an Gottes Heilshandeln sowie an seiner Weltherrschaft. Sie fechten in Gottes geistlichem und weltlichem Regiment gegen die Chaosgewalten[134]. Hierin sind sie selber „Götter und der Welt Heilande“[135]. Luther scheut sich nicht zu sagen, sie seien „Gottes mächtig“[136]. Wie er diese wahrlich kühne Wendung verstanden wissen will, zeigt uns der letzte Satz unseres Abschnitts[137]: Als rechte Gotteskinder suchen sie dem himmlischen Vater nicht ihre eigensüchtigen Wünsche aufzuzwingen; sie starren auch nicht auf Gottes unerforschliche Zornesmacht, sondern bergen sich betend hinein in seinen in Christus geoffenbarten Heils- und Schöpferwillen. Sie ergreifen und behaften Gott bei seiner eigenen Ehre, bei seiner Treue zu sich selbst. Wenn sie ihm auch nicht das Maß wie die Gestalt der erflehten Hilfe vorschreiben[138], so sind sie doch keck und kühn im herzandringenden Schreien[139].

Die gnädige Vaterhand, welche Gott ihnen in seinem Sohn entgegengestreckt hat, wird ihnen zur „festen Burg“ gegen alle Anläufe des „alt bösen Feindes“. Gerade weil sie in sich selbst absolut ohnmächtig sind und den Angriffen der Chaosmächte preisgegeben, wird ihnen das Gebet zur Schutz- und Angriffswaffe gegen den Satan, rufen sie doch in ihm Gott selber auf den Plan. Sie sind nicht nur aller Welt, sondern auch dem Satan „allein durch das Gebete Manns gnug“[140]. Dabei müssen wir die Fürbitte der kleinen Schar Glaubender als einen echten Akt von Stellvertretung werten; sie wendet den göttlichen Zorn ab, welcher auf einer ganzen

134 Karl Barth, KD III/3, S. 326: „Wo der Christ glaubt, gehorcht und betet, da findet ... nicht nur eine kreatürliche Bewegung statt, da bewegt sich vielmehr, verborgen in der kreatürlichen Bewegung, aber höchst real, der Finger, die Hand, das Szepter des die Welt beherrschenden Gottes, mehr noch: da bewegt sich Gottes Herz, da ist er selber als der Lebendige in seiner ganzen Liebe, Weisheit und Macht auf dem Plan. Da befinden wir uns mitten im Regierungssitz, mitten im Geheimnis und Sinn des ganzen Weltgeschehens“.

135 WA 45,540,9 (Pred. über Joh 14, 1537/38).

136 WA 7,28,13 (Von der Freiheit eines Christenmenschen, 1520): “Wer mag nu ausdenken die Ehre und Höhe einis Christenmenschen? Durch sein Künigreich ist er aller Ding mächtig, durch sein Priestertum ist er Gottis mächtig, denn Gott tut, was er bittet und will“.

137 669,42–47.

138 WA 2,177,12 (Sermon von dem Gebet und Prozession, 1519): „Soll man sich in diesem Vortrauen also halten, daß man Gott nit ein Ziel steck, Tag oder Statt stimme, noch die Weise oder Maße setzen seiner Erhorung, sondern das alles seinem Willen, Weisheit und Allmächtigkeit heimgeben“; vgl. auch WA 1,208,33–209,6 (Die sieben Bußpsalmen, 1517); WA 17 II,76,15–25 (Fastenpost. zu Mt 8,1 ff, 1525); weitere Belege bei Preuss, Luther, S. 240.

139 Siehe die Belege auf S. 28, Anm. 118.

140 669,40 (GK). Erinnert sei auch an das Lied „Ein feste Burg“ (WA 35,185–229; 455–457; EKG 201). WA 40 I,678,1 (Gal.-Komm., 1535): „Diabolus tangitur per verbum dei“.

Lebensgemeinschaft lastet und erfleht den Gottessegen über ein Land oder Volk. Wie der heilige Gott um der Sünde der Vielen willen Deutschland bereits dem Chaos preisgibt, so wird der gnädige Vater um des Schreiens der Wenigen willen dem übermächtig hereinbrechenden Verderben Einhalt gebieten[141].

Für Luther ist jene Segenskraft stellvertretender Fürbitte durchaus etwas Reales und Konkretes. Wie unser Abschnitt[142] zeigt, hat er dabei zunächst die übergreifenden politischen wie kirchlichen Bezüge im Auge, welche er in dem vielleicht kurz zuvor verfaßten Liede ‚Ein feste Burg' anklingen läßt in dem zweimaligen „Jetzt"; jetzt greift der „alt böse Feind" an, jetzt will Gott die Seinen erretten[143].

Nicht minder denkt der Reformator an unseren Alltag, an unser Gebundensein an den Acker, an unser Verhältnis zu den Mitmenschen in Landwirtschaft, Handwerk und Handel. Auch in diesen Bereichen gilt ein Zwiefaches. Auf der einen Seite dringt das Seufzen und Klagen der Unterdrückten zu Gott empor und wird seinen Zorn auf die Bedrücker herabrufen[144]. Allen Menschen, welche Gottes heiliges Recht mit Füßen treten, wandelt sich das Vaterunser in einen furchtbaren Fluch[145]. Auf der anderen Seite wehren die Gebete der Frommen dem Überhandnehmen des Chaos. Ohne ihr Flehen wüchse schon längst kein Halm mehr auf dem Felde, besäßen wir keinen Heller mehr im Hause und könnten keinen Bissen Brot in Ruhe und Frieden essen[146].

Auch das persönliche Geschick eines jeden Einzelnen bedenkt Luther. Aus eigener Erfahrung weiß er, „daß oft plotzlicher großer Unfall . . . sich gewendet hat und abgangen ist"[147] unter dem Schreien der Gotteskinder. Deshalb empfiehlt er die „Kinderubung"[148] täglicher Gebets- und Segensgebärden, deshalb ermahnt er vor allem zu kurzen aber inbrünstigen Stoßseufzern[149]. Hierin knüpft er an die Gebetsrufe der altkirchlichen

141 Nach WA 30 II,136,27–137,20 (Vom Kriege wider die Türken, 1529).

142 669,26–37.

143 WA 35,456,2.4; EKG 201,1.

144 622,38–47 (GK zum 7. Gebot).

145 682,29–33. Luthers Worte zum Fluchcharakter des Gebetes sind zusammengetragen bei LUDOLPHY, Luther als Beter, S. 133 f.

146 681,49–682,3; 601,2–6 (GK zum 4. Gebot).

147 578,29 (GK zum 2. Gebot).

148 578,49 (ebd.).

149 578,43–579,3 (ebd.). WA 30 II,119,7 (Vom Kriege wider die Türken, 1529): „Nicht sage ich von viel langem Gebet, sondern von oftem und kurzem Seufzen mit solch eim oder zwei Wort: ‚Ach, hilf uns, lieber Gott Vater; erbarm Dich unser, lieber Herr Jesu Christe', oder dergleichen"; vgl. auch WA 32,418,1–21 (Wochenpredigten zu Mt 6,5–15, 1532); WA 34, I,386,11-387,10 (Pred. über Joh 16,23 vom 14. 5. 1531); WA 40 III,119,10–17 (In 15 psalmos graduum commentarii, 1533/40); WA 44,83,10–16; 575,5–33 (Gen.-Vorl., 1535–45).

Märtyrer an[150], welche die ägyptischen Mönchsväter in den Gebetsalltag überführten[151]. Euagrius Ponticus und Augustin empfehlen diese Praxis der „Gebetspfeile"[152]. Auf Augustin beruft sich Erasmus, welcher für die heranwachsende Jugend eine Sammlung derartiger „Ejaculationes" zusammenstellt. Sie sollen uns anleiten, in allen Lebenslagen, Pflichten und Anfechtungen zu Gott aufzublicken und kraft der in ihnen verborgen wirksamen Energie des Gottesgeistes zu seinem Thron hindurchzustoßen[153]. Während die eigenen Gebete des Erasmus sich zu meditativen Abhandlungen ausweiten, greift Luther auf jene frühchristlichen Gebetsseufzer zurück. Hierdurch gewinnt sein Beten prophetische Züge echten Ringens mit Gott; mit den Klagepsalmen wagt er es wieder, Gott mit konkreten Bitten zu bestürmen. Er wagt dies, weil er Gottes rettende Hand erfahren hat. Er scheut sich auch nicht, Beispiele für diese Gebetserhörung zu nennen[154]. Weil er die reale Macht des Gebetes erfahren hat, darum ruft er unermüdlich zu ihm auf.

Die tiefen Abgründe, über welche hinweg sich der betende Glaube in Gottes Treue hineinwirft, übergeht Luther freilich in den Katechismen. In seiner ‚Predigt, daß man Kinder zur Schulen halten solle'[155] sowie in der ‚Warnung an seine lieben Deutschen'[156] klagt er über die Ohnmacht und Kraftlosigkeit seines Flehens gerade im Hinblick auf Deutschlands Geschick. Ich fühle, „wenn ich fur mein liebes Deutschland beten will, daß mir das Gebet zuruckprallet und will nicht hinaufdringen, wie es sonst tut, wenn ich fur ander Sachen bitte"[157]. In seinem unerforschlichen Ratschluß setzt Gott zuweilen auch der Fürbitte seiner Kinder eine Grenze; selbst die Propheten mußten dies schmerzlich erkennen. Weil wir aber

150 Vgl. JUNGMANN, Christliches Beten, S. 19 f.

151 Augustin weist in seinem Brief an die Witwe Proba, Ep. 130,10,20 (MPL 33,502), auf diese „orationes brevissimae et raptim quodammodo iaculatae" der ägyptischen Mönchsväter hin und formuliert pointiert: „Absit a oratione multa locutio: sed non desit multa precatio, si fervens perseverat intentio".

152 Euagrius Ponticus, De oratione 96 (MPL 79,1190 A): „In tempore hujusmodi tentationum utere brevi et insensa oratione". Thomas von Aquin, S. th. 2/II, q. 83, a. 12–14, tradiert die Einsichten Augustins, indem er dessen Brief an Proba ausführlich ausschreibt.

153 Erasmus, Precatio dominica, Sp. 1207–1216; vgl. ALTHAUS, Forschungen zur ev. Gebetsliteratur, S. 68 f; zur Nachwirkung dieser „feurigen Gebetspfeile" siehe ebd., S. 72.76 f.99 f.121.

154 Diese Beispiele sind gesammelt bei HEILER, Das Gebet, S. 398 f; PREUSS, Luther, S. 244–246; LUDOLPHY, Luther als Beter, S. 130–135. Der Reformator richtet seine persönlichen Erfahrungen freilich ständig aus an der heiligen Schrift; aus ihr gewinnt er auch die zentralen Beispiele für erhörte Gebete, etwa WA 30 II,119,27–120,9 (Vom Kriege wider die Türken, 1529).

155 WA 30 II,585,32–586,24.

156 WA 30 III,276,9–277,18.

157 WA 30 II,585,33 (Pred., daß man Kinder zur Schule halten solle, 1530).

nicht wie jene eine unmittelbare göttliche Weisung haben, von der Fürbitte abzulassen, so müssen wir Christen auch unter der Gewitterwand des drohenden Gotteszornes unermüdlich rufen und flehen. Erwirbt unser Gebet nicht den irdischen Frieden und Segen für die Vielen, so errettet es doch die Wenigen und ruft den Jüngsten Tag herbei, den Tag, an welchem sich Gottes gnädiges Recht und heiliges Gericht endgültig durchsetzen wird[158].

Luther vermahnt und lockt im Katechismus in der direkten Gestalt der Predigt zum Gebet; dabei verweist er die Angesprochenen ausschließlich auf den gnädigen Erretter- wie Schöpferwillen des himmlischen Vaters. Die Frage nach Gottes ewiger Verdammnis, nach seinem unheimlichen Wirken im Welt- und Menschengeschick wird nicht aufgeworfen. Das feindliche Gegenüber zum Beter sind allein und ausschließlich die dämonischen Chaosgewalten. Der positive Einsatz beim Aufblick der Kinder zu ihrem himmlischen Vater hat jene furchtbaren Abgründe verdeckt. Der Reformator spricht nicht aus, daß jenes letzte Gegenüber für uns Menschen, die wir in Sünde und Schuld verstrickt sind, nicht der Fürst dieser Welt ist, sondern Gottes eschatologische Zornmacht selber; benutzt Gott doch die Todes- und Verderbensmächte als seine Henker und „Stockmeister"[159]. Zum zweiten Artikel hatte Luther dies noch angedeutet[160]. Hier zum Vaterunser scheint es hinter den Glaubenden zu liegen. Gott der Vater hat uns in seinem Sohn erlöst und im Heiligen Geist unter seine gnädige Königsherrschaft gerufen[161]. Deshalb bergen wir uns hinein in die Gnadenzusage des Vaters und berufen uns auf Christi Sieg, welcher die dämonischen Gewalten bereits trennte von dem über ihnen stehenden Gotteszorn. So scheint der Christ in seinem Beten nicht mehr zwischen Gott und Gott zu stehen, er flieht nicht mehr vor der ihn unheimlich bedrängenden Gewalt des ‚Deus absconditus' unter die ausgebreiteten Arme des ‚Deus revelatus'[162]. Vielmehr ficht er bereits auf der Seite des gnädigen Vaters; als feindliche Gegenmacht verbleiben so allein die Chaosgewalten.

Diese Eingrenzung des Blickwinkels, welche Luther in den Katechismen vollzieht, weist in die melanchthonische Richtung des Artikels XI

158 Siehe etwa WA 30 II,148,18–29 (Vom Kriege wider die Türken, 1529); WA 30 II, 180,16–27; 197,20–25 (Eine Heerpredigt wider den Türken, 1529); WA 51,597,22–30; 612,30–614,33 (Vermahnung zum Gebet wider den Türken, 1541).

159 BSLK 652,3 (GK zum 2. Art.).

160 651,41–48; vgl. den Kommentar, Bd. 2, S. 125 f.

161 673,27–674,6.

162 Siehe hierzu vor allem Pinomaa, Der Zorn Gottes in der Theologie Luthers; Ders., Der existentielle Charakter der Theologie Luthers; Beintker, Die Überwindung der Anfechtung bei Luther; Rost, Der Prädestinationsgedanke in der Theologie M. Luthers; Barth, Der Teufel und Jesus Christus in der Theologie M. Luthers, S. 123–210.

der Konkordienformel: „Von der ewigen Vorsehung und Wahl Gottes." Die Prädestination wird auf die Gnadenwahl konzentriert[163]; Gottes Zornesmacht tritt zurück. Ob der Reformator jene dunklen Hintergründe, welche er in ‚De servo arbitrio' so schroff akzentuiert hatte, in den Katechismen bewußt abblendet oder lediglich nicht in seinen Ansatz einzubeziehen vermag, dürfte sich kaum entscheiden lassen. Für ein grundsätzliches Ausblenden könnte die Parallele aus dem Bekenntnis von 1528 sprechen; hier erinnert der Reformator an das „Fegfeuer" der geistlichen Anfechtungen, von welchem aber „nichts in der Gemein ... zu lehren" sei[164]. Für ein ansatzbedingtes Übergehen dürften Luthers Aufrufe zum Gebet wider die Türken sprechen; hier hat der Reformator auch einem breiteren Leserkreis nicht verschwiegen, daß unser Flehen vor Gott zu Gott flieht und wir durch unser Bitten den Satan von Gottes heiligem Zorngericht abtrennen sollen[165]. Dies vermögen wir jedoch allein dadurch, daß wir die gnädige Vaterhand Gottes ergreifen, welche sich uns durch Jesus Christus im Heiligen Geist entgegenstreckt. Diesen positiven Skopus schärft Luther auch in den Katechismen unermüdlich ein. In ihnen hält er sich jedoch streng an die Intention des Vaterunsers; Gottes gnädiger Retterwille will sich durchsetzen gegen allen menschlichen wie dämonischen Widerstand.

Das Vaterunser als Hilfe zum Gebet[166]

Durch sein unablässiges Reizen und Locken möchte Luther erreichen, „daß man Gott immerdar in Ohren liege, rufe und bitte, daß er den Glauben und die Erfüllung der zehen Gepot uns gebe, erhalte und mehre und alles, was uns im Wege liegt und daran hindert, hinwegräume"[167]. Deshalb zeigt er Gebot, Verheißung und Not anhand der Schrift auf. Das Herrengebet dient ihm als Norm, welche den sachlichen Gehalt unserer Gebete regieren will. Mit seiner Hilfe möchte er die spätmittelalterlichen

163 Vgl. etwa Ep. XI (BSLK 817,15–25; 818,18–32) und SD XI (BSLK 1065,23–31; 1066,16–28; 1068,17–27; 1088,35–47).

164 WA 26,508,11 (Vom Abendmahl Christi, 1528).

165 WA 30 II,116,26 (Vom Kriege wider die Türken, 1529): „Denn sintemal der Türke ist unsers Herr Gottes zornige Rute und des wütenden Teufels Knecht, muß man zuvor vur allen Dingen den Teufel selbs schlahen, seinen Herrn, und Gotte die Rute aus der Hand nehmen, daß also der Türke fur sich selbs ohn des Teufels Hülfe und Gottes Hand in seiner Macht alleine funden werde. Das selbige soll nu tun Herr Christianus, das ist der frummen, heiligen, lieben Christen Haufe"; vgl. auch ebd. 120,10–14.

166 BSLK 667,12–30; 662,31–34.

167 662,26.

Gebetbücher verdrängen[168]. Aus dem Vaterunser selber soll ein evangelisches Beten neu aufblühen; Luther entfaltet es deshalb in ständig neuen Gebeten.

Nach der Weisung des Apostels (1. Thess 5,17) wird ein rechter Christ sein gesamtes Leben bis in den Schlaf hinein durchpulst sein lassen vom unablässigen Bitten und Danken, Klagen und Loben. Gilt doch: „Wo ein Christ ist, da ist eigentlich der Heilige Geist, der da nicht anders tut, denn immerdar betet ..., daß man keinen Christen kann finden ohn beten, so wenig als ein lebendigen Menschen ohn den Puls“[169]. Mit diesen und ähnlichen Worten[170] knüpft auch Luther an die Mönchspraxis des immerwährenden Jesusgebetes an[171], löst diese freilich heraus aus einer anthropozentrischen Atemtechnik und orientiert sie an dem alttestamentlichen Schreien zu Gott. Für ihn bedarf deshalb jenes innere Aufheben des Herzens oder Gemütes zu Gott[172] der äußeren Hilfe. Die biblischen Gebetsseufzer, vor allem aber das Vaterunser sind deshalb wie die Sprossen einer Leiter, auf welchen sich unser Geist zum himmlischen Vater emporschwingen kann. Sie leiten uns an, unsere eigentliche Not zu erkennen, an ihnen entzündet sich unser Herz und öffnet sich für Gottes Ruf. So sind die biblischen Worte gleichsam „ein Trometen, Drummel ader Orgele ader sunst ein Geschrei, da mit das Herz bewegt und erhaben werd zu Gott“[173]. Unser Herz muß sich ständig herauslösen aus den

168 Siehe WA 2,82,38–83,7 (Auslegung dt. des Vaterunsers, 1519) sowie die Vorrede zum Betbüchlein, WA 10 II,375 f, wo Luther schreibt: „Und bin des gewiß, daß ein christlich Mensch ubirflussig gepetet hat, wenn er das Vaterunser recht betet, wie oft er will und wilchs Stuck er will“ (WA 10 II,376,1).

169 WA 45,541,27 (Pred. über Joh 14, 1538).

170 Zum Herzensgebet vgl. auch WA 9,126,25–127,37 (Auslegung und Deutung des Vaterunsers, 1517/18); WA 2,84,37–85,8 (Auslegung dt. des Vaterunsers, 1519); WA 32, 415,1–11 (Wochenpredigten zu Mt 6,5–15, 1532); WA 43,136,13–20; WA 44,83,10–16 (Gen.-Vorl., 1535–45); WA 46,223,21 f (Pred. über Lk 11,14 ff vom 24. 3. 1538).

171 Vgl. Viller / Rahner, Aszese und Mystik in der Väterzeit, S. 192.226.301 f; Vorgrimler, Art. Jesusgebet; Jungmann, Christliches Beten, S. 24 f.

172 Luther übernimmt diese Definition des Gebetes, die über Johannes Damaszenus, De fide orth. III,24,1, zurückgeht auf Euagrius Ponticus, De oratione 35 (MPL 79,1173 D): „oratio est ascensus mentis ad Deum“; auch Luther formuliert mehrfach ähnlich. WA 56,467,26 (Scholien zur Röm.-Vorl., 1515–16): „Mentalis oratio est ascensus mentis, immo spiritus in deum“; WA 1,445,37 (Decem praecepta Wittenbergensi praedicata populo, 1518): „Oratio enim est ascensio mentis in deum: verba sunt scalae, sed vox est apparatus scalarum“; WA 2,85,9 (Auslegung dt. des Vaterunsers, 1519) = WA 9,127,15–17 (Auslegung und Deutung des Vaterunsers, 1517/18): „Also beschließen alle Lehrer der Schrift, daß das Wesen und Natur des Gebets sei nichts anders dann ein Aufhebung des Gemuts ader Herzen zu Gott“.

173 WA 2,85,22 (Auslegung dt. des Vaterunsers, 1519). Zum Verhältnis zwischen der inneren Herzensregung und den äußeren Worten siehe etwa WA 28,74,20–77,24 (Pred.

zerstreuenden Einfällen und Bildern[174], muß sich befreien aus dem leeren Plappern der Werkgerechten, welches beides aus dem Vaterunser den „größesten Märterer auf Erden“[175] macht. Ständig sollen und dürfen wir neu eindringen in die Geheimnisse dieses unergründlichen Gebetes. Dabei geschieht es immer wieder, daß jene schlichten Worte uns aus den spazierflüchtigen und wirren Gedanken herauslösen und Gottes Geist selber durch sie zu unserem Herzen spricht. Wo „solche reiche gute Gedanken kommen, so soll man die andern Gebete fahren lassen und solchen Gedanken Raum geben und mit Stille zuhören und bei Leibe nicht hindern; denn da predigt der Heilige Geist selber, und seiner Predigt ein Wort ist besser denn unser Gebet tausend; und ich hab auch also oft mehr gelernet in einem Gebet, weder ich aus viel lesen und tichten hätte kriegen können“[176], schreibt Luther seinem Freunde, Meister Peter dem Balbierer.

In seinem Beten unter der Anleitung der heiligen Schrift entfaltet der Reformator die drei grundlegenden Katechismusstücke Vaterunser, Dekalog und Credo in einem „vierfach gedreheten Kränzlin“[177] als Lehre, Danksagung, Beichte und Bitte[178]; hierdurch läßt er sich als Betender vom Heiligen Geist in die Geheimnisse des Christenglaubens einführen. Luther vertieft hierin lediglich dasjenige, was ein jeder christlicher Hausvater mit seiner Hausgemeinschaft praktizieren soll; sollen die Hausväter doch ihre Kinder und das Gesinde zum täglichen Gebet anleiten, auf daß Vaterunser, Credo, Dekalog, sowie Psalmgebet und Katechismuslied den Alltag lebendig durchdringen. Mit der heranwachsenden Jugend beugt sich auch der Doktor der Theologie täglich neu unter das Gebet des Herrn und die anderen Katechismusstücke. Dabei bekämpft Luther nicht allein ein leeres Plappern[179] der Werkerei[180], sondern auch ein schwärmerisches

über Joh 17,1 vom 8. 8. 1528) und WA 32,415,12–24 (Wochenpredigten zu Mt 6,5–15, 1532). Das Vaterunser-Lied erbittet: „Gib, daß nicht bet' allein der Mund / Hilf, daß es geh von Herzens Grund“ (WA 35,463,21 = EKG 241,1). In der Hs. Clm 937 findet sich folgender Vers: „Trinken ahne Durst / Studiern ahne Lust / Beten ahne Innigkeit / Sind vorlorne Arbeit“ (WATR 5,276, Nr. 5607).

174 WA 28,78,7 (Pred. über Joh 17,1 vom 8. 8. 1528): „Die Wort halten dich im Wege, und das Herz halten sie, daß es nicht so flatter“.

175 WA 38,364,25 (Eine einfältige Weise zu beten, 1535).

176 Ebd. 363,11.

177 Ebd. 364,31.

178 Ebd. 372,26: „als ein Lehrebüchlin, als ein Sangbüchlin, als ein Beicht-Büchlin, als ein Betbüchlin“; ähnlich faßt schon Orinenes, De oratione III,33,1–6, das Gebet in vier Hauptstücke zusammen, in die Lobpreisungen und Danksagungen, in die Sündenbekenntnisse und Bitten. Es dürfte charakteristisch sein, daß der Reformator mit dem „Lehrbüchlein“ einsetzt.

179 BSLK 670,11–15.

180 667,42–668,11.

Überfliegen des schlichten Bibelwortes[181] oder der leiblichen Gebärden[182], ständig gründet er das Herzensgebet erneut ein in den biblischen Wortlaut des Vaterunsers, in den schlichten Vollzug des Niederkniens und Sich-Bekreuzigens. „Darumb ists gut, daß man fruhe morgens lasse das Gebet das erste und des Abends das letzte Werk sein"[183], nur so vermag es auch, unser Tagewerk zu durchpulsen.

In Luthers Gebetsvermahnungen sowie in den reformatorischen Katechismen überhaupt finden wir „keinerlei Unterschied zwischen dem persönlichen Gebet und dem gemeinschaftlichen Gebet in der Versammlung"[184]. Wenn auch die agendarischen Gebetstexte strengeren Formkriterien unterworfen sind und Luthers eigene Gebetsrufe oft „zu sehr Augenblickserzeugnisse, aus einer besonderen Lage erwachsen, meist zu kurz abgerissen, manche auch zu kühn, um nicht zu sagen heroisch"[185] waren, um in Gebetbüchern tradiert zu werden[186], so steht doch das Gebet in der Kirche und das Gebet im Hause für den Reformator in einem

181 Die Gefahr, daß unser Herz auf törichte Weise abschweift, kann Luther recht derb schildern; WA 38,364,1 (Eine einfältige Weise zu beten, 1535): „Es sollt kein lächerlicher Gaukel-Spiel jemand vürkommen mügen, denn so er sehen möcht die Gedanken, so ein kalt, unandächtig Herz im Gebet unternander treibt"; WA 28,76,7 (Pred. über Joh 17,1 vom 8. 8. 1528): „Wenn jemand über Christus den Gekreuzigten nachsinnen will, soll er kommen auf ein nackend Weib oder auf ein Goldperg".

182 WA 28,78,11 (ebd.): „Die Geperd helfen dem Gebet ...; gestus hilft das Gepet zu bessern. Das sage ich wegen der Schwärmer ..." Luther selber „hatte die Gewohnheit, wie Ratzeberger berichtet, sein Gebet alle Abende vor dem Zubettegehen mit bloßem Haupt am offenen Fenster mit vernehmbaren Worten zu sprechen, im Sommer wie im Winter" (Preuss, Luther, S. 218).

183 WA 38,359,4 (Eine einfältige Weise zu beten, 1535). Vgl. BSLK 547,33–548,6 (Vorrede zum GK), fener die BSLK 548, Anm. 1 genannten Belege und WA 27,130,6–14 (Pred. über Joh 16,23 ff vom 17. 5. 1528); WA 32,65,1–29 (Pred. über Lk 24,13 ff vom 18. 4. 1530); WA 32,415,12–14 (Wochenpredigten zu Mt 6,5–15, 1532); WA 37,397,25–29 (Himmelfahrtspred. vom 14. 5. 1534); WA 46,79,28–31 (Pred. über Joh 16, 1537/38); WA 52,300,1–7 (Hauspost. zu Joh 16,23–30, 1534/44).

184 Barth, Das Vaterunser, S. 14; vgl. ebd., S. 15: „Für die Reformatoren gibt es keine ‚liturgische Frage'; man betet in der Kirche und man betet im Haus"

185 Althaus, Forschungen zur ev. Gebetsliteratur, S. 13.

186 Die im engeren Sinne gottesdienstlichen Gebete Luthers, vor allem seine für die reformatorischen Agenden vorbildlichen Kollekten, hat sorgfältig untersucht Drews, Litanei, bes. S. 54–61.81–105. Luthers persönliche Gebete sind ebenfalls immer wieder zusammengestellt und für das persönliche Beten fruchtbar gemacht worden; eine ausgezeichnete Übersicht bietet Schulz, Außerliturgische Luthergebete. Auch diese freieren Gebete folgen durchgehend den Stilgesetzen der Kollekte; sie fassen zumeist ein bestimmtes Gotteswort knapp zusammen, welches Luther vorher entfaltet und ausgelegt hatte. Sie lassen sich deshalb nur schwer als Gebetsformulare verwenden; vielmehr möchten sie uns Mut machen und anleiten zum eigenen Beten, welches ebenso unmittelbar das Hören auf die Worte der Schrift und das Schauen auf die konkrete Situation miteinander ins Gespräch bringt.

gemeinsamen Horizont. Das Vaterunser bindet „die Leute zusammen und ineinander, daß einer für den anderen und mit dem anderen betet“[187]. Wie bereits für Cyprian[188] so ist auch für Luther der einzelne Beter in seinem Kämmerlein eingefügt in die große Schar des Gottesvolkes. Auch sein scheinbar privatestes Flehen ist ein öffentlicher Akt im streng eschatologischen Sinne. Es erfolgt vor dem Forum des Dreieinigen Gottes und aller seiner Engel, es richtet sich gegen den Fürsten dieses vergehenden Äons und dessen Trabanten. Das betende Wir des Vaterunsers ist die herausgerufene Christenschar, welche stellvertretend für alle Menschen zu Gott ruft. Leider hat Luther diese Einsicht in den Katechismen mehr vorausgesetzt als entfaltet, hat er doch in ihnen die Anrede nicht eigentlich ausgelegt. Wo er dies tut, ermahnt er den einzelnen Beter im Kämmerlein ausdrücklich: „Denke ja, daß du nicht alleine da kniest und stehest, sondern die ganze Christenheit oder alle fromme Christen bei dir und du unter ihnen im einmütigem, einträchtigem Gebet, welchs Gott nicht verachten kann“[189]. Deshalb muß auch unser Bitten alle Menschen vor Gottes Angesicht bringen.[190].

Indem das Vaterunser den einzelnen Beter in die Gemeinde hineinbindet, erweist es sich als das zentrale gottesdienstliche Gebet, um welches sich die versammelte Gemeinde schart. So findet auch das Flehen der verstreuten Einzelnen seinen Rückhalt in der versammelten Gemeinde, ist dieser doch vollmächtiger die Erhörungsgewißheit zugesagt, dringt ihr Schreien doch machtvoller hindurch zu Gottes Thron[191]. In der Deutschen Messe ist das Herrengebet zugleich Fürbitte, offene Schuld sowie Kommunionsgebet[192]. In den speziellen Fürbittgottesdiensten wird es mit einem besonderen Segensgebet verbunden und unter Handauflegung appliziert; so ordnet Luther dies nach mittelalterlichen Vorbildern für die

187 WATR 1,340,22, Nr. 700.

188 Cyprian, De dom. oratione 8 (CSEL 3/1,271,9): „Publica est nobis et communis oratio, et quando oramus, non pro uno sed pro populo toto oramus, quia totus populus unum sumus“. Thomas, S. th. 2/II, q. 83, a. 16, ad 3: „Oratio Dominica profertur ex persona communi totius Ecclesiae“.

189 WA 38,362,32 (Eine einfältige Weise zu beten, 1535).

190 Vgl. die Deutung des „Unser“ in der Anrede: WA 2,86,7–13 (Auslegung dt. des Vaterunsers, 1519); WA 6,12,1–10 (Eine kurze Form, das Paternoster zu verstehen, 1519); WA 7,220,25–221,3 (Eine kurze Form des Vaterunsers, 1520); WA 35,463,18 f (Vaterunser-Lied). Augustin, serm. 56,14 (MPL 38,384): „Deus pater, Ecclesia mater: ergo nos fratres“.

191 WA 6,237,33–239,19 (Sermon von den guten Werken, 1520); WA 32,415,14–24 (Wochenpredigten zu Mt 6,5–15, 1532).

192 WA 19,95,19–96,19; vgl. hierzu KNOLLE, Luthers Reform der Abendmahlsfeier; JORDAHN, Luther und das gottesdienstliche Gebet, S. 124–127. Auch mit diesem Verständnis des Herrengebetes folgt Luther weithin der Tradition; vgl. JUNGMANN, Missarum sollemnia, Bd. 2, S. 343–359; MEYER, Luther und die Messe, bes. S. 52 ff.109 ff.124 ff.

Taufe[193] und Ordination[194], aber auch für die Fürbitte über einem Besessenen[195]. In seinen Ordnungen zu Fürbittgottesdiensten gegen die Türkengefahr verknüpft Luther es mit der Litanei oder mit einem Psalmgebet[196]. Zugleich betet der Pfarrer das Herrengebet für sich wie auch für seine Pfarrkinder[197], und ein jedes Gemeindeglied schließt in sein tägliches Vaterunser[198] die Fürbitte für diejenigen Menschen ein, welche ihm anbefohlen sind oder es um sein Gebet ersucht haben.

So umspannt das Gebet des Herrn den Beter in seinem Kämmerlein, die Hausgemeinschaft und die zum Gottesdienst versammelte Gemeinde und schließt alle Gläubigen zusammen zum Wir der Gotteskinder, welche ihren Vater im Himmel anrufen.

Texte Luthers zum Vaterunser und zum Gebet

WA1,89–94: Vaterunserpredigt vom 12. 10. 1516.
WA4,624,7–32: aus der Pred. über Mt 13,44 vom 19. 11. 1517, Orationis verae conditiones.
WA9,122–159: Auslegung und Deutung des hl. Vaterunsers nach Luthers Predigten von 1517, hg. v. Joh. Schneider (Agricola), 1518.
WA9,223–225: Eine christliche Vorbetrachtung, so man will beten das hl. Vaterunser (aus Predigten Luthers von Nikolaus von Amsdorf) 1519.
WA2,80–130: Auslegung deutsch des Vaterunsers für die einfältigen Laien, 1519.
WA2,175–179: Ein Sermon von dem Gebet und Prozession in der Kreuzwochen, 1519.
WA6,11–19: Eine kurze Form, das Paternoster zu verstehen und zu beten, 1519.
WA6,21f: Eine kurze und gute Auslegung des Vaterunsers vor sich und hinter sich, 1519.
WA6,223–250: aus dem Sermon von den guten Werken, 1520, zum 2. und 3. Gebot.
WA7,220–229: Eine kurze Form des Vaterunsers, 1520.
WA10 II,375–501: Betbüchlein, 1522ff.
WA11,55–59: Predigten über das Vaterunser vom 9./10. 3. 1523.
WA19,95–97: aus der Deutschen Messe, 1526 (die Vaterunser-Paraphrase).

193 BSLK 540,4–7 (KK, Taufbüchlein).

194 WA 38,429 (Ordinationsformular, 1535); siehe hierzu die dogmatische Deutung des Vollzuges bei Lieberg, Amt und Ordination bei Luther und Melanchthon, S. 191–229.

195 Der Text dieser Ordnung findet sich in einem Brief Luthers vom 1. 6.(?) 1545 an Severin Schulze in Belgern, WABr 11,112, Nr. 4120.

196 Siehe WA 32,209,13–18 (Pred. über Mt 21,1 ff vom 27. 11. 1530); WA 37,391,32–392,6 (Pred. über Joh 16,23 ff vom 10. 5. 1534); WA 51,607,16–28 (Vermahnung zum Gebet wider den Türken, 1541) und Drews, Litanei, S. 1–66.

197 BSLK 546,22 f (Vorrede zum GK).

198 521,23; 522,8; 523,4 (KK, Gebete).

WA30 I,11–18.46–50.95–109: Katechismus-Predigten zum Vaterunser vom 25.–27. 5.; 22./23.(?) 9.; 14./15. 12. 1528.
WA32,413–427: Wochenpredigten über Mt 6,5–15, 1532.
WA38,358–375: Eine einfältige Weise zu beten für einen guten Freund, 1535.

Literatur zu Luthers Verständnis des Gebets, insbesondere des Vaterunsers

Beintker, Die Bedeutung des Gebetes.
Beintker, Zu Luthers Verständnis vom geistlichen Leben des Christen im Gebet.
Fischer, Luther und das Vaterunser.
Girgensohn, Katechismus-Auslegung, S. 163–244.
Hardeland, Katechismusgedanken, S. 270–297.
Hermann, Das Verhältnis von Rechtfertigung und Gebet.
Holtz, Luthers Großer Katechismus, S. 262–283.
Jacob, Die Übung der Meditation bei Luther.
Jordahn, Luther und das gottesdienstliche Gebet.
v. Loewenich, Gebet und Kreuz.
Ludolphy, Luther als Beter.
Meyer, Hist. Komm., S. 375–429.
Preuß, M. Luther, der Christenmensch, S. 189–249.
Schmidt, K.D., Luther lehrt beten.
Schmidt, E.W., Luther und das Bittgebet.
Vorwerk, Gebet und Gebetserziehung, S. 260–335.
Wagner, Luthers Gedanken über das Gebet.
Wertelius, Oratio continua.

Literatur zur Exegese des Vaterunsers

Dalman, Die Worte Jesu I, Anhang A, S. 283–365.
Fiebig, Das Vaterunser.
Greeven, Gebet und Eschatologie im NT, S. 72–102.
Jeremias, Abba.
Jeremias, Das Vater-unser im Lichte der neueren Forschung.
Kuhn, Achtzehngebet und Vaterunser und der Reim.
Lohmeyer, Das Vater-unser.
Lohmeyer, Das Vaterunser als Ganzheit.
Manson, The Lord's Prayer.
Schürmann, Das Gebet des Herrn.

Literatur zum Vaterunser und zum Gebet in der Geschichte der Kirche

Aner, Das Vaterunser in der Geschichte der evangelischen Frömmigkeit.
Barth, Das Vaterunser nach den Katechismen der Reformation.
Chase, The Lord's Prayer in the Early Church.

DIBELIUS, Das Vaterunser. Umrisse einer Geschichte des Gebets in der alten und mittleren Kirche.
VON DER GOLTZ, Das Gebet in der ältesten Christenheit.
HEILER, Das Gebet.
JUNGMANN, Christliches Beten in Wandel und Bestand.
LOCHER, „Das vornehmste Stück der Dankbarkeit".
WALTHER, Untersuchungen zur Geschichte der griechischen Vaterunser-Exegese.

Die drei Dein-Bitten. Luthers Deutung in ihrer Eigenart und ihrem Wandel[1]

Die Spannung zwischen der biblischen Stoßrichtung und der altkirchlichen Blickverengung

Luthers Erklärung der ersten drei Bitten erfolgt vor allem im Kleinen aber auch im Großen Katechismus jeweils in zwei Gedankenschritten. Durch die Frage: „Was ist das?“ werden wir als Betende in den Gebetswunsch einbezogen; durch die Frage: „Wie geschicht das?“ wird das Erbetene im Horizont jenes Für-uns inhaltlich entfaltet. Eines springt hierbei „deutlich in die Augen, das Nebeneinander altüberlieferter Auslegungsformen und eigenster reformatorischer Gedanken Luthers; erstere finden in der ersten, letztere in der zweiten Teilerklärung ihren Platz“[2]. Zum ersten Gedankenschritt greift Luther prägnant die Tradition zusammen, welche sich von Tertullian und Cyprian an durch die alte Kirche und das Mittelalter hindurch herauskristallisiert[3]. Es soll und kann sich beim Herrengebet nicht um eine abstrakte Heiligkeit des Gottesnamens, nicht um ein spektakulär wunderhaftes Hereinbrechen des Gottesreiches, nicht um ein kosmisch-welthaftes Sich-Durchsetzen des Gotteswillens handeln, was mit unserem konkreten Alltag nichts zu tun hat. Hier bei uns will Gottes Name heilig gehalten werden, hier zu uns will seine Herrschaft kommen, hier unter uns soll sein guter, gnädiger Wille geschehen.

Dieses betonte Zustoßen der Dein-Bitten auf unsere konkrete Existenz scheint nun freilich gerade dasjenige zu verstellen, was nach der neueren Exegese das Spezifikum jener Bitten ist. In ihnen schauen die Beter nicht auf sich selber; sie sind vielmehr ganz auf Gott hin orientiert, sie erflehen den eschatologischen Durchbruch der noch verhüllten Gottesherrschaft. Die Aoristform der Prädikate zeigt zugleich an: Hier wird nicht ein ständiges Sich-Verherrlichen Gottes unter uns erfleht, sondern ein einmaliges Ereignis, jene letztgültige Gottesoffenbarung, welche den gesamten

1 Hierzu HARDELAND, Katechismusgedanken, S. 275–283; STEINLEIN, Wandlungen in Luthers Auslegung der 3. Bitte; MEYER, Hist. Komm., S. 390 f.

2 MEYER, Hist. Komm., S. 391.

3 Vgl. DIBELIUS, Das Vaterunser, S. 86–104.

Kosmos neuschafft. Die erste stark johanneische Bitte zielt hin auf „jenen eschatologischen Akt . . ., durch welchen Gott seinen Namen vor und an und über aller Welt heiligt, der ebenso Anfang wie Ende alles eschatologischen Geschehens ist“[4]. Die zweite Bitte, welche Jesu Botschaft nach den Synoptikern in sich zusammenrafft, ersehnt den Einbruch der endgültigen Gottesherrschaft, wobei „es Gottes überwältigender Gnade anheimgegeben ist, Menschen und Dinge zu vollenden, wie er will, oder ein unvorstellbares Neues und dennoch Uraltes eschatologisch zu schaffen“[5]. Die dritte Bitte, welche antikes Sich-Beugen unter dunkle göttliche Fügung und jüdisches Auf-sich-Nehmen des verkündeten Gotteswillens zusammenbindet und auf Gottes ewigen Heilsratschluß ausrichtet, erfleht das eschatologische Sich-Durchsetzen und Sich-Verherrlichen des Gotteswillens über seiner gesamten Kreatur.

Kindlich vertrauend sind die Betenden hineingegeben in Gottes hoheitlichen Ratschluß. Sie haben gleichsam sich selber aus dem Blick verloren, selbst alles bildhafte Ausmalen des Zielbildes bleibt zurück, lediglich der Zeit-Raum der Schöpfung deutet sich umrißhaft an als das Wirkfeld jener eschatologischen Selbstverherrlichung Gottes. Freilich, dieses Weltumspannende und Letztgültige erbitten die Glaubenden nicht aus einer abgründigen Gottesferne heraus, sie stehen vielmehr in der kindlich gewissen Gottesnähe derer, welche in Jesu Abba-Ruf aufgenommen sind. Die Anrede „Unser Vater“ regiert jede einzelne Bitte. Diese Vateranrede Jesu ist „gemeindebildend, ist kirchenkonstitutiv“[6]. Sie ermöglicht erst, daß Menschenkinder so selbstvergessen um Gottes letztgültiges Hervortreten bitten. Gegenwartserfahrung und Zukunftserwartung lassen sich nicht gegeneinander ausspielen, sie bedingen und tragen sich gegenseitig. Die kindlich Flehenden stehen bereits im vorausgeworfenen Lichtstrahl der eschatologischen Verherrlichung des Gottesnamens, sie sind schon angerührt von dem Kommen seiner Herrschaft. Der unsichtbare, erhabene Herr über Leben und Tod hat sich ihnen in Jesus bereits zugewandt als der barmherzige Vater, deshalb blicken sie getrost und selbstlos seiner weltwendenden Offenbarung entgegen[7]. Insofern hat die altkirchliche Auslegung etwas Sachnotwendiges vollzogen, als sie zeigte, wie stark jenes verheißene und erbetene Eschaton schon hineingreift in unser Heute und Hier, wie die letzten Dinge im Christusgeschehen bereits angebrochen sind.

4 Lohmeyer, Das Vater-unser, S. 53.

5 Ebd., S. 72.

6 Schürmann, Das Gebet des Herrn, S. 22.

7 Barth, Das Vaterunser, S. 69: „Die große Zukunft, mit einem großen Z, ist auch eine Zukunft mit einem kleinen z“.

Die Auslegung jener Dein-Bitten gerät hierdurch freilich in eine prekäre Situation. Der Beter schaut angespannt auf jenen eschatologischen Einbruch Gottes; damit rückt er unbewußt selber ein in das Eschaton, welches auf ihn zustößt. Der nachsinnende Ausleger löst sich aus dem unmittelbaren Betroffensein heraus und lenkt den Blick zurück auf den innerweltlichen Standort des Beters; so verschiebt sich die Blickrichtung, wir schauen nicht mehr auf die hereinbrechenden letzten Dinge, wir blicken auf unseren Alltag, welcher in ihr grelles Licht rückt[8]. Dasjenige, was im Gebet zwar mitschwang, jedoch gleichsam aus der anvisierten Zielrichtung herausfiel, das tritt jetzt in den Vordergrund und wird durchreflektiert: Bereits hier unter uns will sich Gottes Name verherrlichen, unter uns will der Herr sein Reich aufrichten, unter uns soll sein Wille Macht gewinnen. So beginnt das gegenwärtige Glaubensringen der betenden Schar, die Sinne der Ausleger auf sich zu lenken; Gottes letztgültiges Hervorbrechen tritt in den Hintergrund zurück.

Fragen wir jetzt nach Gottes Sich-Durchsetzen in dieser unserer Erdenwelt und Menschengeschichte, so taucht für die Betenden eine neue Alternative auf; sie lautet: „an sich selbst – bei uns“[9], „von sich selbst – unter uns und bei uns“[10], „außer uns – in uns“, oder auch „ohne uns – mit uns“[11]. Auch ohne unser Gebet wird Gottes Name unter seinen Geschöpfen geheiligt, kommt sein Reich und geschieht sein Wille, so wahr Gott in sich selber Gott ist; wir flehen lediglich darum, daß auch wir an diesem hoheitlichen Geschehen Anteil gewinnen.

Diese neue Alternative sucht der Reformator in seinen Antworten auf die Frage: „Was ist das?“ im Kleinen Katechismus zur Formel zu verdichten. Damit spitzt er die Stoßrichtung der altkirchlichen und mittelalterlichen Exegese einseitig zu; jene ist ursprünglich durchaus noch stärker aufgefächert. Auch bei Luther selber präzisiert sich dieser Vorgang erst in der dritten Reihe der Katechismuspredigten von 1528; hier beginnt er die prägnanten Formeln für den Kleinen Katechismus zu suchen[12].

Wenn sich durch diese Blickwendung auch der ursprüngliche Skopus der Dein-Bitten verschoben hat, so ringt Luther doch darum, die eigentliche Intention jener Bitten nicht aus den Augen zu verlieren. Zwar steht nun nicht mehr der weltumspannende Einbruch des Eschaton im Zentrum, sondern unser alltägliches Miteinander hier auf Erden. Aber auch und gerade hier und jetzt geht es weiter darum, daß nicht unser Name,

8 Zu den grundsätzlichen dogmatischen wie kontroverstheologischen Aspekten jener Wende siehe SCHLINK, Die Struktur der dogmatischen Aussage als ökumenisches Problem.

9 BSLK 673,16 f.

10 673,18.20.

11 678,10 f.20.

12 WA 30 I,98,20 f; 100,10–14; 101,17–102,4.

sondern Gottes Name verherrlicht wird, daß nicht unsere Herrschaft, sondern Gottes Herrschaft sich durchsetzt, daß nicht unser, sondern Gottes Wille geschieht. In dieser Blickwendung auf unsere Situation sucht Luther jenes selbstvergessene Sich-Hineinbergen der Beter in Gottes Sache neu zur Sprache zu bringen. Weil er diese Applikation auf uns jedoch scharf durchreflektiert, deshalb muß sich jenes unreflektierte Ausgerichtetsein auf Gottes Zukunft wandeln in die Aufgabe, die hier und heute hereinbrechende Gottesherrschaft bewußt vorstoßen zu lassen auf unsere Selbstliebe und Selbstbehauptung. Hierdurch werden die drei Dein-Bitten zwangsläufig polemisch. Unter uns Adamskindern, welche „vor allen Dingen ihr eigen Ehr, ihr eigen Reich und Öberkeit und ihren eigen Willen“[13] verteidigen, richtet Gott seinen Namen, seine Herrschaft, seinen Willen auf.

Dieses Zurückblenden auf die Existenz des Beters enthüllt in allen drei Bitten eine eigenartige Tiefenspannung. In einer ersten Bewegung geht es darum, daß nicht irgendwo in einem transzendenten Eschaton oder in einer himmlischen Überwelt oder auch in einem uns unzugänglichen Wesen Gottes das Erflehte sich ereignet, sondern hier und jetzt bei uns, in uns und durch uns hindurch. So konzentriert sich zunächst alles Augenmerk auf unser Mitwirken an Gottes Heilshandeln. Dieser erste Schritt bahnte sich in der alten Kirche an und wurde im Spätmittelalter einseitig akzentuiert; an unserem Dabeisein scheint alles zu hängen; hier bei uns fällt die Entscheidung für Zeit und Ewigkeit. In seinen Antworten auf die Frage: „Was ist das?“ tritt der Reformator in diesen Duktus der Tradition ein.

In seinen Antworten auf die Frage: „Wie geschieht das?“ treibt er die ursprüngliche Intention der Dein-Bitten jedoch schroff vor gegen die spätmittelalterliche Interpretation. Hier und jetzt bei uns geht es nicht darum, daß wir aus unserer Selbstmacht heraus Gott verherrlichen, sondern daß Gott selber sich in uns verherrliche. Die Bitten richten sich ja an ihn, Gott allein ist in ihnen angerufen, Gott allein kann und will sie erfüllen.

Dieser pointierte Gegenschlag gegen eine naive Applikation der Dein-Bitten sucht die abgründige Tiefenspannung in unserem menschlichen Wesen aufzudecken: Unter uns, in uns und durch uns soll etwas geschehen, was wir allein von Gott erflehen; in diesem Gebetsvollzug bezeugen wir, daß wir es aus eigener Vernunft oder Kraft heraus nicht zustandebringen. Anthropologisch läßt sich diese Aporie verständlich machen, indem man das Phänomen des Willenswiderstreites analysiert. Schon Augustin

13 WA 6,22,32 (Eine kurze und gute Auslegung des Vaterunsers, 1519).

hatte die Ohnmacht unseres guten Wollens durchleuchtet[14]. Luther greift dies in seinen frühen Auslegungen auf und rückt die dritte Bitte ins Zentrum, um vom Anthropologischen her unsere Selbstversklavung im eigenen Willen verständlich zu machen[15].

Die anthropologische Engführung der frühen Vaterunser-Auslegungen Luthers

Die erste Bitte bietet die Möglichkeit, das Entweder – Oder zwischen Gott und Mensch herauszustreichen; hierzu deutet Luther den Namem als Ehre: „Ein guten Namen heißt die Schrift Ehre und Lob"[16]. Gott hat uns Menschen alle seine Guttaten geschenkt, allein die Ehre behält er sich vor[17]; hierdurch legt er uns Sündern die Verpflichtung auf, ihm diese seine Ehre zu belassen. Das heißt aber: Alle, welche „das sein und haben wollen, das Gottis allein ist, das ist, Weisheit, Gerechtigkeit, Namen und Ehre"[18], begehen das ‚Crimen laesae maiestatis' und erweisen sich hierin als Gotteslästerer. Nur derjenige erweist sich als ‚gerecht' und gewinnt somit Anteil an Gott, welcher Gott gibt, „was Gottis ist, und ihm (sich) selbst, was sein ist, Gott die Ehre und alle Ding, ihm selbst die Schand und Nichts"[19]. Hier auf Erden gelingt uns diese echte Selbstpreisgabe freilich nur anbruchsweise und auch dies allein aus der Kraft des Gottesgeistes heraus, „in welchem Menschen Gott wohnet und lebet, desselben Menschen Werk tun nichts anders, dann daß sie Gott groß Lob und Ehre geben und ihm alles zuschreiben"[20].

Auch dasjenige, was wir in der zweiten Bitte erflehen, entfaltet der Reformator zunächst lediglich nach dessen anthropologischer Seite hin. Nach Röm 6,12 geht es um die Alternative zwischen dem „peccatum regnatum" und dem „peccatum regnans"[21]; entweder treten wir die Sünde unter unsere Füße, oder wir lassen uns von ihr unterjochen. Auch diese zweite Bitte handelt nicht von unserem Laufen und Eilen dem Gottesreiche entgegen, sondern erfleht, daß Gottes Herrschaft uns ergreifen möge; nicht von uns, sondern vom Herrn selber soll die Bewegung ausgehen. Nicht nehmen wir wie in den typischen jüdischen Wendungen „das Joch

14 Vgl. etwa Augustin, Ench. 9,30; 28,105–105 und De correptione et gratia 13,42 ff.
15 Siehe hierzu STEINLEIN, Wandlungen in Luthers Auslegung der 3. Bitte.
16 WA 2,94,12 (Auslegung dt. des Vaterunsers, 1519).
17 Ebd. 94,20: „. . . dann alle ander Guter gibt er uns, die Ehre aber behält er ihm allein".
18 Ebd. 91,4.
19 Ebd. 94,29.
20 Ebd. 94,24; vgl. schon WA 9,133,24–39 (Auslegung und Deutung des Vaterunsers, 1517/18).
21 Petrus Lombardus, Sent. II, dist. 32,2.

der Himmelsherrschaft auf uns“[22], sondern der Herr nimmt uns auf in sein Königtum, „also daß Gott das Sein in uns habe und er allein in uns sei, lebe und regiere“[23].

Dieser Duktus drängt in der ‚Auslegung deutsch‘ von 1519 hin auf die dritte Bitte; während diese in Agricolas Wiedergabe recht knapp behandelt ist[24], entfaltet Luther sie in seiner verbesserten Fassung breit und ausführlich[25]. Dabei zeigt er auf, wie sich der göttliche Wille in unserem menschlichen Wollen durchsetzt. Der Widerstreit zwischen Gottes Ehre und unserem Selbstruhm, zwischen Gottes Herrschaft und unserer Selbstbehauptung gewinnt in der Dimension des Wollens seine anthropologische Spitze. Um dies verstehbar zu machen, unterscheidet Luther zwischen einem wahrhaft freien Willen und unserem Eigen-Willen. Auch und gerade derjenige Mensch, welcher sich äußerlich ganz seinen Mitgeschöpfen hingibt und hierin Gott dienen will, steht ständig in der Gefahr, sich selber zu suchen und sein Ich zu behaupten. Vermögen wir doch mitten in der Hingabe an die Nöte der Nächsten noch unsere frommen Werke zu suchen, schielen wir doch mitten in unserer Hingabe an Gott noch nach unserer Leistung, nach unseren Verdiensten. Wie die mittelalterliche Mystik schon andeutete[26], ahnt erst der Mensch, welcher um einen echten Glaubensgehorsam ringt, daß unser „Eigenwill das aller tiefest und großt Ubel in uns ist und uns nit liebers ist dann eiger Wille“[27]. Erst der Gläubige, den Christus vom furchtbaren Zwange, sich selber im eigenen Willen festhalten und durchsetzen zu müssen, befreite, erahnt das Geheimnis eines wahrhaft freien Willens, welches allein den Engeln völlig erschlossen ist, er spürt, daß „ein freier Will . . . nichts eigens will, sundern allein auf Gottis Willen schauet, dadurch er denn auch frei bleibet, nirgend

22 Zu diesen jüdischen Wendungen siehe Kuhn, Art. βασιλεία; Billerbeck, Kommentar, Bd. 1, S. 173 ff.

23 WA 2,98,36 (Auslegung dt. des Vaterunsers, 1519); vgl. WA 11,57,26 (Pred. über das Vaterunser vom 9./10. 3. 1523): „Regnum dei nos ipsi sumus, deus ubique habet suum ius, quam quod in nobis nondum habet“; sowie WA 9,137,3–7 (Auslegung und Deutung des Vaterunsers, 1517/18) und WA 6,13,34–14,8 (Eine kurze Form, das Paternoster zu verstehen, 1519) = WA 7,223,9–20 (Eine kurze Form des Vaterunsers, 1520).

24 WA 9,137,8–36 (Auslegung und Deutung des Vaterunsers, 1517/18).

25 WA 2,99–105 (Auslegung dt. des Vaterunsers, 1519).

26 Dibelius, Das Vaterunser, S. 142: „unser gerechtichait . . . leit an dem, das wir unsern krannkchen willen, der an im selber gerecht ist, prauchen nach dem gotleichen willen, der albeg gerecht ist“. Diese Sicht bahnt sich bereits an in der Vaterunser-Deutung der Regula Magistri (MPL 88,947B–948C). Luther konfrontiert die beiden Willen härter: „Darumb ein geringer guter Will billich weichen adder yr untertäniglich vornichtet werden soll kegen dem unmeßlichen guten Willen Gottis“ (WA 2,103,34 – Auslegung dt. des Vaterunsers, 1519).

27 Ebd. 105,10.

anhangend ader anklebend“[28]. Jene psychologisch erfahr- und deutbare Dimension im Ringen zwischen dem alten Menschen des Eigenwillens und dem neuen Menschen des Gotteswillens schildert der Reformator als ein Überwältigtwerden unseres Wollens durch einen ‚Überwillen‘; mit der Mystik scheut er sich nicht, eine ständige Einübung in dieses Geheimnis zu fordern[29]: „Also sall ein Mensch sich selbst uben, daß er einen Uber-Willen habe wider seinen Willen und nimmer unsicher sei. Dann wenn er findet, daß nur ein Wille und nit zweene Willen widereinander in ihm seind und also sich gewehnen, dem Uberwillen zu folgen gegen seinem Willen“[30].

Luthers Deutung läßt gleichsam ein Gefälle von der ersten zur dritten Bitte sichtbar werden; in der Zusammenfassung fixiert er diese Bewegung in ihren einzelnen Schritten[31]: Allein dort wird Gottes Name geehrt, wo in uns Gottes Lob erklingt. Zu diesem Lob gelangt niemand, „er sei dann frumm und in dem Reich Gottis.“ Recht fromm jedoch ist allein der von Sünden freie Mensch. „Von den Sunden wird man ledig, wann unser Wille ausgewurzelt wird und allein Gottis Will in uns ist.“ Ist doch der Wille „das Häupt und Oberst ... aller Gelydder“ (Glieder), welcher unsere gesamte Existenz prägt und gestaltet. Deshalb stößt die dritte Bitte auf das Zentrum zu und greift die „Bosheit bei dem Kopf an.“

In seinen frühen Auslegungen erschließt der Reformator also die anthropologischen Dimensionen jener ersten drei Bitten und konzentriert alles in dem existentiellen Willenswiderstreit der Gläubigen. Mit der spätmittelalterlichen Mystik[32] rückt er die dritte Bitte ins Zentrum; in ihr arbeitet er nicht so sehr die biblisch-eschatologischen Aspekte heraus als die anthropologisch-religionspsychologischen Bezüge. Jener Willenswiderstreit im Gläubigen läßt sich aus dem Christusbezug herauslösen und rein anthropologisch als Erfahrung der Ohnmacht mitten in unserer Freiheit beschreiben[33]. Der Reformator hat dies natürlich nicht gewollt und wohl auch kaum gesehen. Gerade in diesen Ausführungen vollzieht

28 Ebd. 104,37.

29 Zum Begriff der „Übung“ siehe Lerfeldt, Den kristnes kamp. Diese Relationen sind leider übersehen in der materialreichen Arbeit von McSorley, Luthers Lehre vom unfreien Willen.

30 WA 2,101,16 (Auslegung dt. des Vaterunsers, 1519); vgl. WA 9,137,34–36 (Auslegung und Deutung des Vaterunsers, 1517/18).

31 WA 2,105,17–27 (Auslegung dt. des Vaterunsers, 1519); vgl. bereits WA 9,138,1–18 (Auslegung und Deutung des Vaterunsers, 1517/18).

32 Dibelius, Das Vaterunser, S. 167: „Nü ruwe und dancke und begere mit grosser demüttikeit, das di got also cröffticlichen sunder on allesz warumb myenen müssest; soltestu ioch niemer komen in sin rich ...“.

33 Jaspers, Erwiderung auf Rudolf Bultmanns Antwort, S. 78: „Ich gestehe auch, durch Paulus und Augustin erst klar begriffen zu haben, was mir ein philosophischer Impuls war:

er jedoch diejenigen existentiellen Grundgedanken, ohne welche ein neuzeitliches Selbstverständnis kaum möglich sein dürfte[34], damit stößt er, ohne es selber zu wollen, die Tür zu einer säkularen Existenzerhellung auf[35].

Die heilsgeschichtliche Sicht der späteren Vaterunser-Deutungen Luthers

Der Reformator hat jene Tür zu einem säkularen Verständnis menschlicher Selbsttranszendenz freilich nicht durchschritten. Vielmehr fügen seine späteren Vaterunser-Auslegungen die existentialen Analysen der frühen Deutungen erneut ein in den weltübergreifenden eschatologischen Kampfhorizont des Gebetes. Diese Akzentverlagerung wirkt sich in einer vierfachen Hinsicht aus: 1. Es tritt das Wir der kämpfenden Gemeinde stärker heraus. 2. Auch die Gegenspieler gewinnen klarere Konturen; es sind die Verderbensmächte, welche sich der Gottesherrschaft in Jesus Christus entgegenstemmen. 3. Der eschatologische Horizont jenes dramatischen Ringens zwischen Gott und Widergott wird neu erschlossen; er greift weit hinaus über den Tod der einzelnen Menschen und umspannt alle Kreatur. 4. Dieser Wandel ist dadurch bedingt, daß Luther in die Dein-Bitten das Retterwirken Gottes des Vaters durch den Sohn im Heiligen Geist einzeichnet; hierbei rückt die zweite Bitte in das Zentrum. Skizzieren wir jene vierfache Akzentverschiebung.

1. In der ‚Auslegung deutsch' von 1519 unterstreicht Luther zum „Unser" der Anrede: Christus „läßt nit zu, daß ein itzlicher für sich alleine bitte, sundern für die ganz Sammlung aller Menschen"[36]. In den betont existentiallen Analysen der Bitten wird dieser Gesichtspunkt nicht weiter entfaltet. In den Katechismen legt Luther das „Unser" der Anrede nicht mehr aus, die einzelnen Menschengruppen, gegen welche oder für welche

die Ohnmacht in der Freiheit zu erfahren ... Diese ‚Entscheidung' im menschlichen Selbstbewußtsein ... ist unabhängig von Christus, von einem mir unbekannten Heilsgeschehen, von einer Verkündigung".

34 JASPERS, Einführung in die Philosophie, S. 155: "Luther. Ihn zu studieren ist unerläßlich. Er ist zwar der theologische Denker, der die Philosophie verachtet, von der Hure Vernunft redet, der aber selbst die existentiellen Grundgedanken vollzieht, ohne die das heutige Philosophieren kaum möglich wäre".

35 Siehe hierzu GLOEGE, Mythologie und Luthertum; EBELING, Luther; PETERS, Luther und die existentiale Interpretation; PESCH, Der hermeneutische Ort der Theologie bei Thomas von Aquin und M. Luther; DERS., Existentielle und sapientiale Theologie; LOHSE, Lutherdeutung heute, S. 33–46; BRANDENBURG, Martin Luther gegenwärtig, S. 43–158.

36 WA 2,86,8.

wir bitten, treten jedoch prägnant heraus. So artikuliert sich das Wir der „weltlichen Christenheit“[37].

2. Diese Konkretion hängt zusammen mit der zweiten Akzentverlagerung. Von Anfang an hatte der Reformator zur zweiten Bitte das Gottesreich der Satansherrschaft konfrontiert[38]. In den frühen Deutungen blickt er freilich einseitig auf die Herzen der Glaubenden; er verweist auf Lk 17,20 f und deutet das ἐντὸς ὑμῶν spiritualisierend: „Das Reich Gottis ist in euch inwendig“[39]. Alles entscheide sich an unserer inwendigen Glaubenshaltung, sollen wir doch lernen, „nit die Folge des Reichs, sundern das Reich Gottis selber“ zu erstreben[40]. Gottes Gericht gelte auch denen, „die do hin und her laufen, daß sie frumm werden, zu Gottis Reich kummen und selig werden“, dabei aber „zu dem rechten Punkt“ nicht hindurchdringen wollen, nämlich „daß sie inwendig sich selbst Gott zueigengeben und sein Reich wurden“[41]. Den Einbruch der Gottesherrschaft spitzt Luther also einseitig zu auf die Hingabe unseres Herzens an Gott; damit wird die Frage nach dem Kommen des Reiches sachlich identisch mit der Frage, wie sich unser Eigenwille dem göttlichen Überwillen hinopfern kann.

Die Vaterunser-Predigt vom 10. März 1523[42] verharrt noch stark in jener anthropologischen Engführung. Die Predigtreihen zum Katechismus von 1528 beginnen das eschatologische Gottesreich gegen diese sündige Welt zu stellen[43]. In der Predigt vom 22. September schildert Luther eindringlich den Kampf der satanischen Gewalten gegen Gottes Königtum[44]. In der Predigt vom 14. Dezember eignet er der Gottesherrschaft die Aktion

37 Diesen Begriff hat Heinz-Dietrich Wendland geprägt; er soll die „fragmentarisch-geschichtliche Einheit von Kirche und Gesellschaft“ umschreiben, welche durch „Verkündigung, Diakonie, Seelsorge und Unterweisung“ entsteht (Wendland, Die Kirche in der revolutionären Gesellschaft, S. 72; vgl. S. 26 f.37.149.180.200,203, sowie Ders., Die Kirche in der modernen Gesellschaft, S. 28 f.155 ff.178.192.202.220.239).

38 WA 9,136,6–26 (Auslegung und Deutung des Vaterunsers, 1517/18); WA 1,93,11–94,4 (Vaterunserpred. vom 12. 10. 1516); WA 2,96,18–98,2 (Auslegung dt. des Vaterunsers, 1519).

39 WA 2,98,14 (Auslegung dt. des Vaterunsers, 1519). Luthers Wiedergabe von Lk 17,20 f wird kritisch beleuchtet von K. L. Schmidt, Art. βασιλεία, S. 587,6–26.

40 WA 2,99,6 (Auslegung dt. des Vaterunsers, 1519). Diese Unterscheidung zwischen dem ‚regnum‘ und seiner ‚sequela‘ greift Luther auf in seiner Schrift vom unfreien Willen, WA 18,693,38–696,11.

41 WA 2,98,5–11 (Auslegung dt. des Vaterunsers, 1519); vgl. WA 9,136,28–137,7 (Auslegung und Deutung des Vaterunsers, 1517/18) und WA 6,14,1 (Eine kurze Form, das Paternoster zu verstehen, 1519) = WA 7,223,13 (Eine kurze Form des Vaterunsers, 1520): „... daß wir ... mügen Dein Reich werden“.

42 WA 11,57,26–58,1.

43 WA 30 I,13,2 (Kat.-Pred. zur 2. Bitte vom 25. 5. 1528): „Deus omnino aliud regnum habet quam mundus“; siehe schon WA 19,96,1–4 (Dt. Messe, 1526).

44 WA 30 I,47,27–48,2.

zu[45]. Christus, der „König der Gerechtigkeit und des Lebens"[46], bricht als der Stärkere ein in die Tyrannei der Chaosmächte und läßt „das Wort gewaltiglich durch die Welt" gehen[47]. Im Großen Katechismus fügt der Reformator zur zweiten Bitte höchst bewußt alles ein, was zum zweiten und zum dritten Artikel erarbeitet wurde[48]. So greift diese Bitte als sachliches Zentrum des Vaterunsers alles zusammen, was Gott der Vater durch den Sohn Jesus Christus im Heiligen Geist zu unserer Errettung gewirkt hat und wirken will.

Jene Ausweitung des Horizontes verändert zwangsläufig auch den Inhalt der dritten Bitte. In seinen frühen anthropozentrischen Deutungen schilderte Luther, wie Gottes Überwille unseren Eigenwillen bricht. So suchten wir in jener Bitte nichts anderes „dann das Kreuz, Marter, Widerwärtigkeit und allerlei Leiden, das do dienet zu Verstorung unsers Willen"[49]. In allem blickte Luther derart intensiv auf das Walten desjenigen Gottes, welcher unter mancherlei Masken verhüllt den eigensüchtigen alten Menschen angreift, daß er formulieren konnte: „Laß uns nit dem Teufel oder bösen Menschen zurechnen, wenn uns etwas wider unsern Willen begegent, sonder allein Deinem göttlichen Willen, der solchs alles ordiniert zu unsers Willens Hindernus und zu mehrer Seligkeit in Deinem Reich"[50].

In der Katechismuspredigt vom 26. Mai 1528 wird unser Fleisch eingefügt in die Reihe der Verderbensmächte, gegen welche sich unser Gebet richtet[51]. Der „Teufel mit allen seinen Engeln"[52] ist freilich der eigentliche Gegner. In der Predigt vom 14. Dezember führt Luther jene neue Kampffront drastisch ein: „Mit diesem Gebet (‚Dein Wille geschehe!) mußtu sehen scheel herumb auf einen Haufen, der heißt Teufel und seine Gesellen, die Gottes Reich hindern wollen"[53]. Trotz dieser neuen Blickrichtung bleibt der Kerngedanke der früheren Auslegungen erhalten: „Und unser

45 WA 30 I,100,5–101,6.

46 Ebd. 100,14.

47 Ebd. 100,17. Diese weltumspannende Dimension des Hereinbrechens der Christusherrschaft in Satans Tyrannei arbeitet Erasmus in seiner Precatio dominica, Sp. 1222A -1223 E, eindrucksvoll heraus.

48 BSLK 673,27–674,6.

49 WA 2,105,12 (Auslegung dt. des Vaterunsers, 1519).

50 WA 6,15,2 (Eine kurze Form, das Paternoster zu verstehen, 1519) = WA 7,224,20 (Eine kurze Form des Vaterunsers, 1520). WA 1,159,16 (Die sieben Bußpsalmen, 1517): „In allem Leiden und Anfechtung sall der Mensch zu aller ersten zu Gott laufen und erkennen und aufnehmen, als von Gott zugeschickt werde, es komm von Teufel oder von Menschen".

51 WA 30 I,14,6: „Oramus contra diabolum, *carnem*, sanguinem, mundum ..."; ebd. 14,18: „oras ergo contra omnes, qui adversantur verbo Christi et eius regnos, ut sunt principes mundi, rottae, *caro*, sapientia tua".

52 Ebd. 14,9.

53 WA 30 I,101,8.

Will muß gebrochen werden, anders kann Gottes Name nicht geheiligt werden in uns"[54]. Die Deutung der dritten Bitte im Großen Katechismus verknüpft die beiden Gesichtspunkte; hierzu setzt sie ein beim Satan. „Als ein zorniger Feind ... nimmt er zu Hülfe die Welt und unser eigen Fleisch"[55] und wirft uns unter „das liebe heilige Kreuz"[56]. Das zusammenfassende Gebet schlingt die beiden Intentionen ineinander und weist voraus auf die sechste Bitte[57]. So bricht die Gottesherrschaft in Christus hinein in den Machtbereich der satanischen Gewalten, und jener Kampf zwischen Gott und Widergott wird ausgefochten im Leben der Gläubigen.

3. In Luthers frühen Deutungen der Dein-Bitten engte sich der eschatologische Horizont ein auf das Ringen zwischen dem neuen und dem alten Menschen. Hatte die Anrede die Spannung zwischen Gott droben im Himmel und uns Menschen hier unten auf Erden anklingen lassen[58], so nahm die Auslegung der ersten Bitte diese bereits hinein ins Anthropologische. Luther führt aus: Wer Gottes Namen genugsam zu heiligen vermöchte, der bedürfte jener Bitte nicht, er wäre schon im Himmel[59]. Hier auf Erden sei uns jener Stand der Vollkommenen freilich allein zum Ziel und Mal gesetzt, „da wir hin ärbeiten sollen"[60]. Analog formuliert Luther zum Gottesreich: Es „wird hie wohl angefangen und nimmpt zu; es wird aber in jenem Leben vollnbracht"[61]. Zur dritten Bitte ist der eschatologische Aspekt nahezu völlig zurückgebogen auf den anthropologischen Willenswiderstreit. In jenen inneren Glaubenskampf ragt das Eschaton noch hinein in der Bitte um einen rechten Tod: „Hilf uns, daß wir willig und fröhlich sterben und den Tod in Deinem Willen gerne aufnehmen"[62].

Jenes Schauen auf „unser Stündlin"[63] bleibt in den Katechismen; es wird jedoch eingefügt in das weltumspannende Ringen zwischen Gott und Widergott. In den Katechismuspredigten von 1528 verweist Luther

54 Ebd. 102,12.
55 BSLK 676,43.45.
56 677,21.
57 677,32–40.
58 WA 1,90,17–25 (Vaterunserpred. vom 12. 10. 1516); WA 9,126,11–24 (Auslegung und Deutung des Vaterunsers, 1517/18); WA 2,83,25–32; 128,4–6 (Auslegung dt. des Vaterunsers, 1519); WA 6,12,10–19 (Eine kurze Form, das Paternoster zu verstehen, 1519) = WA 7,221,4–14 (Eine kurze Form des Vaterunsers, 1520).
59 WA 2,92,1–5 (Auslegung dt. des Vaterunsers, 1519).
60 Ebd. 92,31.
61 Ebd. 97,35.
62 WA 6,15,5 (Eine kurze Form, das Paternoster zu verstehen, 1519) = WA 7,224,24 (Eine kurze Form des Vaterunsers, 1520). WA 6,14,13 = WA 7,223,25: „Hilf uns, jenes Leben begehren und diesem Feind werden. Hilf uns, den Tod nit forchten, sonder begehren"; vgl. auch WA 19,96,4–6 (Dt. Messe, 1526).
63 BSLK 515,5 (KK).

zur dritten Bitte auf den Himmel als den Ort ständiger Verherrlichung Gottes, wo bereits sein Wille geschieht und sein Name gepriesen wird[64]. Vor allem aber entfaltet er zur zweiten Bitte den eschatologischen Einbruch der Christusherrschaft in diese vergehende Welt. Im Katechismus skizziert er sodann zur dritten Bitte die satanische Gegenfront. Hierdurch gewinnt die Ausbreitung des Evangeliums einen eschatologischen Akzent. Gottes Herrschaft bricht in Christus durch den Heiligen Geist machtvoll hinein in das Reich des Fürsten dieser Welt, reißt Menschen heraus aus der Tyrannei der Todesgewalten, bewahrt sie vor Satans unablässigen Angriffen und treibt hierdurch die Schöpfung dem Jüngsten Tag entgegen. Diese Aussagen des Reformators bleiben freilich durch eine präzise Grenze vom neuzeitlichen Missionsgedanken getrennt: Eine menschliche Planmission liegt jenseits seines Horizontes. „Träger der Mission ist (für ihn) nicht ein menschlich organisiertes Werk, sondern Gottes lebendiges Wort“[65]. Der Herr selber treibt sein weltumspannendes Erlösungswerk voran; hierzu bedient er sich der Verkündigung sowie des Gebets der Seinen.

Vor allem zur zweiten Bitte sprengt Luther die Engführung seiner frühen Deutungen auf. In beiden Katechismen weitet sich der Horizont vom Innermenschlichen auf die gesamte Schöpfung hin aus. Indem die Gottesherrschaft anbricht, wird die Welt in das Licht des Jüngsten Tages gerückt. Jenes Kommen seines Reiches erfolgt „einmal hie zeitlich durch das Wort und den Glauben, zum andern ewig durch die Offenbarung“[66]. Auch Luther denkt bei diesen Formulierungen nicht an zwei Fixpunkte, welche sich angeblich gegenüberstehen, hier und jetzt durch die Predigt

64 WA 30 I,14,2 f (Kat.-Pred. vom 26. 5. 1528); WA 30 I,48,4 (Kat.-Pred. vom 22. 9. 1528); BSLK 671,2–5 (GK).

65 MAURER, Reformation und Mission, S. 166; siehe ferner den Kommentar, Bd. 2, S. 223 f mit Anm. 426 sowie HOLL, Luther und die Mission; GENSICHEN, Art. Luthertum IV (Mission im Luthertum); HOLSTEN, Reformation und Mission; GOLDAMMER, Aus den Anfängen ev. Missionsdenkens. – Calvin, Inst. III,20,38 f, unterscheidet feinsinnig zwischen dem Liebesdienst und dem Gebet: Der Liebesdienst bleibt dem unmittelbar Nahen zugewandt, die Fürbitte greift hinaus bis zu den Fremdesten und Fernsten. Unsere Gebete gehen aus von der Gemeinschaft der Gläubigen in Christus, sie drängen aber hin zu allen Menschen, welche hier auf Erden leben. Zwar weiß der Beter „nicht, was Gott über sie beschlossen hat, aber das weiß er: daß es ebenso fromm wie menschlich ist, für sie das Beste zu erwünschen und zu erhoffen“ (Calvin, Unterricht, S. 600).

66 BSLK 674,8 (GK); 513,12 (KK): „. . . daß wir seinem heiligen Wort durch seine Gnade gläuben und göttlich leben, hie zeitlich und dort ewiglich“. WA 30 I,13,25 (Kat.-Pred. zur 2. Bitte vom 25. 5. 1528): „Volo, ut veniat regnum tuum, quod hie anfahet per veram fidem et spem et illic perpetuo durat“; WA 30 I,47,29 (Kat.-Pred. zur 2. Bitte vom 22. 9. 1528): „Fer opem, o domine, ut veniamus ad perfectum statum iustitiae, veritatis et vitae aeternae“; WA 30, I,101,4 (Kat.-Pred. zur 2. Bitte vom 14. 12. 1528): „Hie kommpt regnum dei per Anfang des Glaubens, et illic per apparitionem vitae aeternae“.

und den Glauben, einst und dort durch die endgültige Offenbarung; vielmehr schaut er auf einunddenselben eschatologischen Einbruch Gottes, welcher sieghaft die Widerstände der Chaosmächte zurückschlägt und die gesamte Kreatur in die Vollendung hineinreißt. Mit dieser Sicht kommt er dem ursprünglichen Sinn des Herrengebetes nahe. Zur dritten Bitte zeigt der Reformator auf, wie zugleich das Wir der betenden Gemeinde einbezogen ist in jenes eschatologische Ringen.

4. Es gelingt Luther, die einseitige Zuspitzung seiner frühen Deutungen auf das anthropologisch-existentiale Moment aufzubrechen. Erst im Großen Katechismus zeichnet er das weltumspannende Heilswerk Gottes in die Dein-Bitten umfassend ein. Dabei schließen sich jene zu einem lebendigen Dreischritt zusammen.

Die Auslegung der ersten Bitte greift zurück auf das zweite Gebot und weitet jenes zugleich aus auf unser gesamtes Christenleben in Wort und Tat. Formuliert ist dieser neue Aspekt zuerst in der Paraphrase der ‚Deutschen Messe': Wir erbitten vom Herrn, „daß sein heiliger Name unter uns und in aller Welt geheiliget werde durch reine, rechtschaffne Lehre seines Worts und durch brunstige Liebe unsers Lebens"[67]. Es geht um den Glaubens- und Liebesgehorsam der Gotteskinder.

Damit ist bereits der Skopus der zentralen Bitte des Vaterunsers, der Bitte um Gottes Königsherrschaft[68], präludiert. Luther stellt zur zweiten Bitte unsere Verkündigung wie unseren Liebesgehorsam hinein in Gottes Gnadenherrschaft, welche der himmlische Vater durch die Sendung seines Sohnes und die Ausgießung seines Geistes unter uns aufgerichtet hat. Zugleich lenkt er unseren Blick in die Zukunft; unser Herz soll weit werden und den Glaubensmut fassen, Gottes „lieben Jüngsten Tag"[69] über seiner gesamten Kreatur herbeizuflehen.

Zur dritten Bitte faßt der Reformator die Chaosgewalten ins Auge und zeigt den Widerstreit auf, in welchen uns Gottes Retterwirken hineinstellt. Gab Gott sich uns in den ersten beiden Bitten „sampt allen seinen Gütern zu eigen"[70], so gilt es jetzt, „solchs feste" zu halten und uns „nicht lassen davon reißen"[71]. Schilderte die Auslegung der zweiten Bitte den Einbruch der Gottesherrschaft in diese Welt, so ruft uns die dritte Bitte auf, Gott anzuflehen, daß er im Ringen jener Gewalten seine schirmende Hand über uns halte und uns ins Eschaton hineinrette.

67 WA 19,95,27.

68 SCHÜRMANN, Das Gebet des Herrn, S. 41: „Jesu Botschaft vom Kommen des Königtums Gottes ist unverkennbar seine Zentralverkündigung ... Das Kommen des Königtums Gottes wird die Totalerfüllung aller alttestamentlichen Verheißungen bringen".

69 Vgl. den Kommentar, Bd. 2, S. 240–250.

70 BSLK 676,3 (GK).

71 676,5.

Diese lebendige Bewegung von der ersten über die zweite zur dritten Bitte erwächst für Luther allein aus Gottes hoheitlichem Handeln an uns ohnmächtigen Menschen. Jene einheitliche Sicht der drei Dein-Bitten entwirft der Reformator auf dem Hintergrund des „verus ordo christianae vitae“[72]. Diesen hatte er gegen Karlstadt und dessen spätmittelalterlich-schwärmerische Leidensmystik wie Kreuzesimitation prägnant formuliert[73]. Das 1525 Erarbeitete bildet das heimliche Rückgrat der Auslegung von 1528/29. Da die erste Bitte auf das zweite Gebot zurückgreift[74] und die zweite Bitte den zweiten und dritten Artikel des Credo rekapituliert[75], möchten wir dasjenige, was an den genannten Stellen über Gottes Namen wie Heilswerk erarbeitet wurde, voraussetzen und lediglich die Charakteristika der Dein-Bitten herausheben.

72 WA 14,682,2 (Deuteronomium Mosi cum annotationibus, 1525).

73 Bes. ebd. 681,12–682,3 und WA 18,65,3–66,11 (Wider die himmlischen Propheten, 1525); siehe hierzu den Kommentar, Bd. 2, S. 205–212.

74 Vgl. unten S. 62–64 und den Kommentar, Bd. 1, S. 150–161.

75 Vgl. unten S. 78 f und den Kommentar, Bd. 2, bes. S. 122–139.188–240.

Die erste Bitte um die Heiligung des Gottesnamens

Wortlaut und Sinn der ersten Bitte[1]

Den Wortlaut der ersten Bitte gibt Luther mit der mittelalterlichen Tradition wieder: „Geheiliget werd(e) Dein Nam(e)“[2]. Diese Wendung, welche im Neuen Testament einmalig ist und mit manchen jüdischen Parallelen ins alte Testament zurückweist[3], hätte der Reformator gerne freier ins Deutsche transponiert: „Himmlischer Vater, hilf, daß nur Dein Name möge heilig sein“[4].

Die beiden ersten Bitten des Vaterunsers knüpfen an das Qaddisch an; jenes ‚Heilig-Gebet‘ beschloß den Synagogengottesdienst. Als „ein altes aramäisches Gebet“ war es Jesus „wahrscheinlich seit seinen Kindertagen geläufig“[5]. Sein ursprünglicher Wortlaut mag gelautet haben:

„Verherrlicht und geheiligt werde sein großer Name
in der Welt, die er nach seinem Willen schuf.
Es herrsche seine Königsherrschaft
zu euren Lebzeiten und in euren Tagen und zu Lebzeiten des ganzen Hauses Israel in Eile und Bälde.
Und darauf saget: Amen“[6]

Das Verbum ‚heiligen‘ und das Adjektiv ‚heilig‘ entstammen dem kultisch-priesterlichen Bereich, sie gewinnen jedoch unter der Botschaft der

1 Zur Deutung dieser Bitte siehe bes. LOHMEYER, Das Vater-unser, S. 41–59; SCHÜRMANN, Das Gebet des Herrn, S. 26–37; PROCKSCH, Art. ἅγιος; KUHN, Art. ἅγιος; BIETENHARD, Art. ὄνομα; HARDELAND Katechismusgedanken, S. 275–277; MEYER, Hist. Komm., S. 391–396; GIRGENSOHN, Katechismus-Auslegung, Bd. 1, S. 188–195.

2 WA 2,86,17; 87,8 (Auslegung dt. des Vaterunser, 1519); WA 6,12,21 (Eine kurze Form, das Paternoster zu verstehen, 1519); WA 7,221,16 (Eine kurze Form des Vaterunsers, 1520), sowie BSLK 512,26 (KK); 556,21 (Vorrede zum GK); 670,30 (GK).

3 WA 30 I,99,25 (Kat.-Pred. zur 1. Bitte vom 14. 12. 1528): „Es ist lauter Ebraisch geredt“.

4 BSLK 670,33 (GK) = WA 30 I,98,19 f (Kat.-Pred. zur 1. Bitte vom 14. 12. 1528). Das Septembertestament von 1522 hat: „Dein Name sei heilig“.

5 JEREMIAS, Das Vater-unser, S. 20 (= DERS., Abba. Stud. zur ntl. Theol., S. 164).

6 Ebd.,; vgl. auch die Zusammenstellung ähnlich lautender Gebete bei KUHN, Art. ἅγιος, S. 99.

Propheten einen sittlichen Akzent[7]. Der Spannungsbogen zwischen dem Kultisch-Priesterlichen und dem Ethisch-Prophetischen schwingt noch in Luthers Deutung mit. Der Reformator veranschaulicht den Begriff am Gegenbild des sakralen Mißbrauches[8] und rekurriert dabei auf das überlieferte ritualistische Verständnis: heiligen ist identisch mit weihen, entheiligen mit entweihen[9]. Sodann transponiert Luther dieses dingbezogene Verständnis auf die Ebene eines personalen Gottesverhältnisses und legt hierdurch die religiös-sittliche Dimension frei: „heiligen heißt soviel als . . . loben, preisen und ehren, beide mit Worten und Werken“[10]. Diese Auslegung wird bekräftigt durch die jüdischen wie neutestamentlichen Synonyma ‚groß machen‘ (μεγαλύνειν, Lk 1,46) und ‚verherrlichen‘ (δοξάζειν, Joh 12,28).

Hierdurch erhält auch der Gegenstand jener Heiligung, jenes „Dein Name“, einen spezifischen Sinn. Exegetisch sicher zurecht[11] identifiziert Luther den Gottesnamen nicht mit der Vater-Anrede, sondern unterstreicht den formelhaften Charakter jener Wendung ‚den Namen heiligen‘. Mit dem Alten Testament ist ihm der Name Gottes gleichsam diejenige Seite, welche der erhabene, ewige und unsichtbare Schöpfer seiner erdverhafteten Kreatur zuwendet[12]. In seiner Offenbarung erschloß Gott uns Menschen seinen Namen und in ihm sein unfaßbares Wesen selber, auf daß wir ihn anrufen und verherrlichen. „Essentia Dei in coelis est, sed nomen eius etiam in terris“[13]. „Der Name ist . . . Gott-für-uns im Unterschied zu Gott-an-sich“[14]. Uns Christen ist dieser Gottesname „gegeben“[15] durch das Wort der Christusbotschaft; im applizierenden Wasserguß der Taufe hat Gott selber „uns mit ihm verleibet“[16]. Gott gab sich uns hin in seinem Namen, um sich unter uns zu verherrlichen. Schon in seinen frühesten Deutungen[17] schließt Luther sich einer Verwendung des ‚Namens‘ an, wie sie nach älteren Ansätzen[18] in der Zeit

7 Nach PROKSCH, Art. ἅγιος, S. 90–94.

8 BSLK 672,11–20 (GK).

9 Vgl. Mt 23,16–22; eine ähnliche Verdeutlichung findet sich bei DIBELIUS, Das Vaterunser, S. 135. Bei Luther, WA 1,90,29 (Vaterunserpred. vom 12. 10. 1516), deutet sich dieser Vergleich schon 1516 an: „. . . sicut sacrae reliquiae in se sanctae sunt, possunt tamen parum sancte et reverenter haberi“.

10 BSLK 672,22 (GK).

11 Siehe etwa SCHÜRMANN, Das Gebet des Herrn, S. 31.

12 Vgl. BIETENHARD, Art. ὄνομα, S. 254–258; LOHMEYER, Das Vaterunser. S. 49–52; SCHÜRMANN, Das Gebet des Herrn, S. 31.

13 WA 1,90,26 (Vaterunserpred. vom 12. 10. 1516).

14 GRUNDMANN, Das Evangelium nach Lukas, S. 231.

15 BSLK 670,40 (GK).

16 670,43.

17 Siehe die Belege zum 2. Gebot im Kommentar, Bd. 1, S. 152.

18 Etwa Ex 9,16 und Jos 9,9.

nach dem Deuteronomium sowie vom Exil an fast stereotyp wird[19], welche auch im Neuen Testament nachklingt: Der Gottesname wird fast nur Chiffre für die Gott darzubringende Verehrung, für Lob, Ehre, Preis und Ruhm[20].

Damit zerschichtet sich gleichsam der Name Gottes nach seinen beiden Seiten hin; einmal blickt Luther auf Gottes hocherhabenes Wesen selber, zum anderen blickt er auf die Verehrung, welche wir Gott darbringen. An sich selbst, „in seinem Wesen“[21] ist und bleibt der Gottesname rein und heilig; nicht jedoch ist er dies „bei uns“, „in unserm Brauch“[22]. Wird diese Unterscheidung reflex vollzogen, so wendet sich unser Blick auf uns selber zurück; in die erste Vaterunser-Bitte wird das alltägliche Ringen der Menschen um den Glaubensgehorsam eingezeichnet.

Hierdurch freilich wird der ursprüngliche Wortsinn jenes Gebetswunsches überschritten. „Vater, geheiliget werde Dein Name!“, dieser demütige und fast scheue Wunsch eröffnet das Vaterunser und schlägt den Leitton für alle folgenden Bitten an. Unser Gotteslob klingt auf allein in der Gestalt einer Bitte, welche sich in die „ehrfürchtige Form des Gebetswunsches“[23] kleidet. Jener Wunsch richtet sich an Gott selber; Gott allein vermag seinen Namen zu verherrlichen. „Das logische Subjekt der Heiligung ist einzig und allein Gott, nicht der Mensch“[24]. Luthers umschreibende Wiedergabe: „Vater, hilf, daß nur Dein Name möge heilig sein!“[25] expliziert jenen scheuen Aufblick zu Gott.

Luthers Umschreibung trägt freilich unser irdisches Ringen um den rechten Glaubensgehorsam ein in den Gebetsruf. Als Gottes „fromme Kinder“ bitten wir darum, „daß sein Name, der sonst im Himmel heilig ist, auch auf Erden bei uns und aller Welt heilig sei und bleibe“[26]. Dieser Applikation widersetzt sich aber die griechische Form jenes Imperativs; der Aorist des ἁγιασθήτω visiert ein Geschehen an, welches als ein einmaliges und in sich abgeschlossenes in der Zukunft erwartet wird. Bereits das Alte Testament blickt durchgehend auf Gottes endzeitliches Hervorbrechen, wo es die Heiligung seines Namens erfleht oder bezeugt. Der Herr wird in einem totalen Akt allen sündigen Widerstand brechen

19 Nach Bietenhard, Art. ὄνομα, S. 256,21–39 mit Verweis auf Jes 55,13, Ps 48,11; Jes 26,8; 59,19 sowie auf Ps 102,16; 106,47; 145,21.

20 Vgl. BSLK 670,47; 671,18 f; 672,11.40; 673,9.

21 512,28 (KK); 670,38 (GK).

22 512,30 (KK); 670,38 (GK).

23 Schürmann, Das Gebet des Herrn, S. 30.

24 Procksch, Art. ἅγιος, S. 113,15.

25 BSLK 670,34.

26 671,3.

und seinen „großen Namen heiligen" (Ez 36,23)[27]. In einem ehrfürchtig scheuen Wunsch macht sich die betende Schar jenes letzte Ziel aller Wege und Werke Gottes zueigen[28].

Damit ist dieses Höchste und Letzte für uns jedoch kein fremdes kosmisch-spektakuläres Drama mehr. Die Flehenden, welche angespannt auf Gottes weltwendendes Eingreifen blicken, werden – gleichsam ohne dies selber zu bemerken – in die Heilszukunft ihres Herrn einbezogen. Jener Name, in welchem sich der unsichtbare Heilige dereinst über aller Kreatur sichtbar verherrlichen will, er ist der betenden Schar ja bereits geoffenbart und übereignet, sind die Christen doch auf diesen Namen getauft, um ihm schon jetzt Ehre zu machen. Sachnotwendig füllt sich so die streng futurisch-eschatologische Bitte mit der bereits erfolgten Selbsterschließung Gottes; die Brücke zwischen dem zukünftigen Ziel und dem gegenwärtigen Gebet bildet der Vatername; schon hier und jetzt wird der Heilige als Vater angerufen. In der Sendung des Sohnes, welche uns den Gottesnamen vollmächtig erschloß, wirft Gottes letztgültiges Hervorbrechen sein helles Licht hinein in unsere Dunkelheit und gewährt uns schon hier und jetzt in Glaube, Liebe und Hoffnung Anteil an der noch erwarteten Verherrlichung des heiligen Namens.

Mit der altkirchlich-mittelalterlichen Auslegungstradition[29] konzentriert sich auch Luther auf jenes Ringen um den Gottesnamen, was mit der Sendung des Sohnes bereits hier „auf Erden bei uns und aller Welt"[30] eröffnet ist. Über diesem Schlachtfeld muß die erste Bitte lautwerden, da wir nicht aus eigener Vernunft noch Kraft Gottes großen Namen verherrlichen können, sondern ihn von uns aus ständig entheiligen. Hierdurch wandelt sich diese Bitte; von dem großen Morgen Gottes kehrt unser Augenmerk zurück auf unser kleines Heute. Wir flehen um Gottes gnädige Hilfe, um sein gütiges Nahesein mitten in unserem alltäglichen Ringen zwischen Glauben und Unglauben, Gehorsam und Ungehorsam, Anbetung und Verleugnung. Und doch geht es in diesem unserem kleinen Heute allein um Gottes Ehre und damit schon um jenes große Morgen

27 Siehe etwa auch die Belege, die SCHÜRMANN, Das Gebet des Herrn, S. 123, Anm. 89–94 zusammengestellt hat.

28 LOHMEYER, Das Vater-unser, S. 53: „Darum ist zunächst jener eschatologische Akt gemeint, durch welchen Gott seinen Namen vor und an und über aller Welt heiligt, der ebenso Anfang wie Ende alles eschatologischen Geschehens ist".

29 Siehe etwa Augustin, De serm. dom. in monte II,5,19 (CChrSL 35,109,411): „Sanctificetur nomen tuum. Quod non sic petitur, quasi non sit sanctum nomen Dei, sed ut sanctum habeatur ab hominibus"; Ep. 130,11,21 (MPL 35,502): „Cum ergo dicimus: sanctificetur nomen tuum, nos admonemus desiderare, ut nomen ejus quod semper sanctum est, etiam apud homines sanctum habeatur, hoc est non contemnatur". Weitere Texte sind zusammengetragen bei DIBELIUS, Das Vaterunser, S. 86–93.

30 BSLK 671,4 (GK).

seiner weltumspannenden Selbstverherrlichung. Luther deutet dies an durch das kleine Wörtlein „nur“: „Himmlischer Vater, hilf, daß *nur* Dein Name möge heilig sein“[31].

Gliederung der Auslegung

Luthers Deutung der ersten Bitte im Großen Katechismus fügt die Katechismuspredigt vom 22. September 1528[32] ein in den Gedankengang der Predigt vom 14. Dezember 1528[33]. In katechetischer Weisheit entfaltet Luther den Zweischritt des Kleinen Katechismus in einem Vierschritt, um ihn hierdurch besser einüben zu können. a) Zunächst umschreibt er den Inhalt der Bitte[34]; dies entspricht dem „Was ist das?“ des Kleinen Katechismus. b) Sodann verdeutlicht er die Heiligung des Gottesnamens am Gegenbild der Schändung und des Mißbrauches[35]; dies entspricht dem „Wie geschieht das?“ im Kleinen Katechismus. c) Daraufhin vertieft er aufgrund des Erarbeiteten das „Was ist das?“ und ordnet dabei die erste Bitte dem zweiten Gebot zu[36]. d) Abschließend ruft er auf zum unermüdlichen Flehen; hierzu schildert er die äußere Anfeindung wie innere Anfechtung, welche uns ständig bedrohen[37]. Diesem Aufruf korrespondieren im Kleinen Katechismus die beiden Gebetsworte: „Des hilf uns, lieber Vater im Himmel“[38] sowie: „Da behüt uns für, himmlischer Vater“[39].

Jeder dieser vier Abschnitte läßt sich dreifach untergliedern:

a) Erste Inhaltsbestimmung: „Was ist das?“[40].

1. Luther umschreibt die Bitte verständlicher[41]. Wir konfrontierten bereits diese seine interpretierende Wiedergabe mit dem ursprünglichen Wortsinn.

31 670,34. GIRGENSOHN, Katechismus-Auslegung, Bd. 1, S. 191: „Alles Heil Gottes, das ja gerade Heil für uns ist, liegt nicht darin, daß wir erhalten, was uns zukommt, sondern daß Gott erhält, was ihm zukommt“.

32 WA 30 I,46,30–47,25.

33 WA 30 I,98,18–100,3. Bereits die Predigt der 1. Reihe vom 25. 5. 1528 (WA 30 I,12) hatte die zentralen Einsichten vorgetragen.

34 BSLK 670,31–671,5. Dieser Abschnitt folgt frei der Predigt aus der 3. Reihe vom 14. 12. 1528, WA 30 I,98,19–99,6 und 99,25–100,3.

35 671,11–50. Dieser Abschnitt lehnt sich an die Ausführungen der Predigt der 3. Reihe, WA 30 I,99,6 f und der Predigt der 2. Reihe, WA 30 I,46,34–47,5; 47,17–19 an.

36 672,6–24. Die Passage stellt die Darlegung aus der Predigt der 3. Reihe, WA 30 I, 99,9–15 um.

37 672,24–42. Hier folgt Luther der Predigt der 3. Reihe, WA 30 I,99,15–25.

38 512,34.

39 513,2.

40 670,31–671,5.

41 670,31–35.

2. Darauf greift Luther zurück auf die durch Tertullian angebahnte Unterscheidung[42]: Gottes Name ist zwar in seinem göttlichen Wesen heilig, nicht jedoch in unserem Gebrauch, die wir ihm in unserer Taufe eingeleibt sind[43].

3. Diese Not unseres Ungehorsams gegenüber diesem Namen, welcher uns übereignet ist, treibt in die Bitte, daß der im Himmel heilige Name „auch auf Erden bei uns und aller Welt heilig sei und bleibe"[44].

b) Entfaltung des Vollzuges: „Wie wird er unter uns heilig?"[45]

1. Im Unterschied zur Tradition setzt Luther neu ein beim Gehorsam gegenüber dem Gotteswort in Lehre und Leben[46].

2. Luther expliziert die theologische Zuordnung: doctrina et vita mithilfe einer stärker anthropologischen Unterscheidung: Wort und Werk, Reden und Tun[47]. Hierdurch spaltet sich freilich der Mißbrauch des Gottesnamens durch unsere Worte. Zunächst nennt Luther die Ketzerei und Lügenpredigt, also den Mißbrauch der Lehre, danach das im zweiten Gebot angesprochene Schwören, Fluchen oder Zaubern unter Mißbrauch des Gottesnamens; zuletzt fügt er das Entehren Gottes „mit öffentlichen bösem Leben und Werken" hinzu.

3. Letzteres wird verdeutlicht am Beispiel eines „bösen ungeraten Kindes", welches seinem „leiblichen Vater ein Schande und Unehre ist"[48].

c) Vertiefung des Verständnisses der Wendung ‚den Namen heiligen' sowie Zuordnung dieser Bitte zum zweiten Gebot[49].

1. Vom Mißbrauch her tritt die Parallele zum zweiten Gebot klarer heraus[50]; gemeinsam ist die Warnung, den Gottesnamen nicht zu mißbrauchen, sowie das Gebot, ihn in Ehren zu halten.

2. Zur Verdeutlichung veranschaulicht Luther den Wortsinn von Heiligen von dessen kultischem Hintergrund aus am negativen Beispiel des Entweihens einer Kirche oder eines Gottesdienstgerätes[51].

42 Siehe die Belege bei Dibelius, Das Vaterunser, S. 86–93.

43 670,35–45. WA 30 I,98,20 (Kat.-Pred. der 3. Reihe vom 14. 12. 1528): „Est sanctum in seinem Wesen, sed non in nostro usu".

44 570,45–671,5. Der KK akzentuiert stärker das dynamische Sich-Durchsetzen des Gottesnamens, „daß er bei uns auch heilig *werde*" (512,29).

45 671,11–50.

46 671,11–19. KK: „Wo das Wort Gottes lauter und rein gelehret wird und wir auch heilig als die Kinder Gottes *darnach* leben" (512,32). Luther verknüpft hier das Drängen Tertullians, De oratione 3,4, auf den tätigen Gehorsam mit dem Hinweis Augustins, De serm. dom. in monte II,5,19, auf das gepredigte Evangelium.

47 671,19–38. Hierdurch entsteht der Anschein, als sollte auch das Fluchen unter die falsche Lehre gerechnet werden.

48 671,38–50.

49 672,6–24.

50 672,6–11.

51 672,11–20. Vorgebildet ist dieser Vergleich in der Predigt der 3. Reihe, WA 30 I, 99,9–11.

3. Die positive Zusammenfassung versittlicht den kultisch-sakralen Bezug: Gottes Namen heiligen meint nichts anderes als Gott loben und ehren in Wort und Tat[52].

So erweist sich dieser gesamte Abschnitt als eine Vertiefung der einleitenden Umschreibung dieser Bitte[53].

d) Abschließende Vermahnung zum Gebet[54].

1. Unser inständiges Flehen ist notwendig als gottgewollte Schutzwehr gegen Ketzer wie Verfolger des Evangeliums[55].

2. Das anhaltende Gebet ist notwendig um der Undankbarkeit wie Schwachheit der Beter selber willen[56].

3. Die erste Bitte als Gebet um Gottes eigene Ehre sowohl in der Verkündigung seines Wortes als auch im demütigen Glaubensgehorsam ist Gott selber vor allem anderen wohlgefällig und hat deshalb die Gewißheit der Erhörung[57].

Dieser Duktus der Gedankenführung ist nicht nur behutsam und sorgfältig, sondern auch schmiegsam und lebendig; in mehrfachem Wechsel kehrt er vom Positiven über die negativen Gegenbeispiele zum Positiven zurück.

Charakteristika der Deutung Luthers

1. Wiederaufnahme des zweiten Gebotes im Lichte des Christusgeschehens

Wies der Reformator zum zweiten Gebot voraus auf die erste Bitte[58], so schlägt er hier den Bogen erneut zurück zum zweiten Gebot[59]. Beiden Auslegungen gemeinsam ist das Verständnis des Gottesnamens[60]. Die Vaterunser-Deutung freilich rückt das zum zweiten Gebot Ausgeführte betont in das Licht des göttlichen Heilshandelns. Hatte der Reformator zum Dekalog den Gottesnamen stärker im Horizont seines Schöpferwir-

52 672,20–24.

53 670,31-35; siehe Punkt a,1. der Gliederung.

54 672,24–42. Diese Vermahnung greift zurück auf 670,45–671,5 (Punkt a,3.) und 671,19–50 (Punkt b,2.,3.); sie hat ihre Parallelen in den beiden Gebetsrufen des KK, wobei sie vom Negativen zum Positiven vorstößt, vom „da behüt uns für" zum „des hilf uns".

55 672,25–34.

56 672,34–37.

57 672,37–42.

58 576,22–25.

59 672,6–11.

60 Siehe die Hinweise im Kommentar zum 2. Gebot, Bd. 1, S. 150–155; vgl. auch oben S. 57 f.

kens interpretiert als den „ewigen Quellbrunn“[61] vornehmlich der zeitlichen Güter[62], so zeichnet er jetzt Gottes Vaterschaft im Sohn ein in den göttlichen Namen. Das zum zweiten und dritten Artikel Erarbeitete wird rezipiert: „Gottes Namen ist uns gegeben, weil wir Christen worden und getauft sind, daß wir Gottes Kinder heißen“[63]. Deshalb blickt diese Bitte vornehmlich auf diejenige ‚Ehre‘, welche Gott als der Vater im Himmel unter seinen in Christus erworbenen Kindern hier auf Erden gewinnen will[64]. Rufen wir Christen ihn im Herrengebet als unseren Vater an und bekennen uns im Credo vor aller Welt zu ihm, so stehen wir in Lehre und Leben, in Wort und Tat ein für seine Ehre unter den Menschen.

Im Gespräch der Seele mit Gott, welche die ‚Auslegung deutsch‘ von 1519 abschloß, hatte der Reformator mit der Tradition Gott Mal 1,6 in den Mund gelegt: „Bin ich dann euer Vater, wo ist mein Ehre? Bin ich euer Herr, wo ist mein Forcht und Ehrerbietung?“[65]. Die betroffene Seele antwortet: „O Vater, das ist leider wahr; wir erkennen unser Schuld, sei Du (ein) gnädiger Vater und rechen nit mit uns, sundern gib Deine Gnade, daß wir also leben, daß Dein heiliger Name in uns geheiliget werde“[66]. Im Großen Katechismus deutet Luther die dunkle Möglichkeit der Verwerfung an[67]: Einen mißratenen Sohn, welcher seinem Vater Verachtung und Schande einbringt, wird dieser mit Recht dem Verderben preisgeben[68].

Aufgenommen sind wir in den Gottesnamen durch den grundlegenden Akt der Taufe. Luther unterstreicht dies in der ‚Auslegung deutsch‘, wo er unser Einbezogensein in die Sphäre der mächtig-wirkenden Kraft des Gottesnamens in mystischen Farben schildert[69]. Der Name nimmt Woh-

61 565,41.

62 Zu diesem Einsatz der Dekalogauslegung bei der gütigen Weltzuwendung Gottes des Schöpfers siehe den Kommentar, Bd. 1, S. 45 f.110–116.

63 670,39.

64 671,14–19. WA 6,13,11 (Eine kurze Form, das Paternoster zu verstehen, 1519) = WA 7,222,16 (Eine kurze Form des Vaterunsers, 1520): „Hilf, daß unser Leben also sei, daß wir als wahrhaftig' Kinder Gottis erfunden werden, daß Dein väterlicher Name nit umsunst oder falschlich uber uns genennt werde“; weitere Formulierungen bei Meyer, Hist. Komm., S. 393. Auch hierin folgt Luther einer lebendigen Tradition, welche mit Cyprians Worten, De dom. oratione 11 (CSEL 3/1, S. 274,11): „Et scire debemus quia quando patrem Deum dicimus quasi filii Dei agere debemus“ einsetzt und sich prägnant ausformt (vgl. Dibelius, Das Vaterunser, S. 93–96).

65 WA 2,128,8.

66 Ebd. 128,11.

67 671,38–50; vgl. schon WA 30 I,46,37–47,5 (Kat.-Pred. zur 1. Bitte vom 22. 9. 1528).

68 Ebd. 47,2: „Si filius malediceret patri et vellet ei incendere aedes, non esset filius et pater ließ ihn umbringen“, ebd. 12,24 (Kat.-Pred. zur 1. Bitte vom 25. 9. 1528): „Exemplum: filius inobediens ist ein Schand und Fleck parentum“.

69 WA 2,87,35–88,34; vgl. schon WA 1,91,12–33 (Vaterunserpred. vom 12. 10. 1516); WA 9,129,18–131,13 (Auslegung und Deutung des Vaterunsers, 1517/18) und WA 11,56,34 f (Pred. über das Vaterunser vom 9./10. 3. 1523).

nung in Seele und Leib der Getauften und durchwaltet sie heiligend. Jene sakramental-inkorporierende Gewalt des Gottesnamens, dem wir in der Taufe übereignet werden, deutet sich im Großen Katechismus noch an in der Wendung, daß Gott durch die Sakramente „uns mit ihm (sich) verleibet“[70]. Dieser Hinweis wird vor allem zur Taufe zu entfalten sein[71]. Freilich drängt Luther in den Katechismus stärker auf das Wort, welches im Kleinen Katechismus ausschließlich erwähnt ist. Der Überschritt von den Sakramenten zum Wort markiert die Predigt vom 14. Dezember 1528: „In seinem Namen sind wir getauft, haben das Wort, das uns Gottes Kinder macht, haben auch die Sakramente, die uns mit ihm verleiben. Er hat seinen Namen, Wort und Sakrament unter uns gesteckt“[72].

2. *Ehrung des Gottesnamens durch Lehre und Leben*

Der Dreiklang: Name, Wort und Sakrament wird vor allem im Kleinen Katechismus scheinbar verdrängt durch den Zweiklang: Lehre und Leben. Doch handelt es sich jeweils um ein unterschiedliches Bezugsgefüge. Wo der Reformator fragt, auf welche Weise uns der Gottesname zugewandt und übereignet ist, dort nennt er zunächst das Taufsakrament und fügt sodann das Wort der Predigt hinzu; wo der Reformator dagegen fragt, wie der uns geoffenbarte Gottesname recht geheiligt und geehrt wird, da drängt er hin auf die klassische Formel des Kleinen Katechismus: „Wo das Wort Gottes lauter und rein gelehrt wird und wir auch heilig als die Kinder Gottes darnach leben“[73], oder auf die prägnante Wendung des Großen Katechismus: „Wenn beide unser Lehre und Leben gottlich und christlich ist“[74].

Der Doppelklang: Lehre und Leben bahnt sich an in der ‚Kurzen Form‘ von 1519, freilich stärker zur vierten als zur ersten Bitte[75]. Die Vaterunser-Paraphrase der ‚Deutschen Messe‘ prägt ihn aus und ordnet ihn zugleich der Anrede unter: Wir erbitten, „daß Gott, unser Vater im Himmel, uns,

70 670,43.

71 Siehe im Kommentar, Bd. 4 den Abschnitt: Die Gabe der Taufe, Aufnahme in den Gottesbund und eschatologische Errettung. Die Verknüpfung mit unserem Christusnamen findet sich durchgehend bei Petrus Chrysologus, Serm. 68 (MPL 52,395 A): „Quia a Christo vocatus es Christianus“; vgl. Serm. 69 (MPL 52,398 B); Serm. 70 (ebd. 399 C); Serm. 71 (ebd. 402 A); Serm 72 (ebd. 405 C). Ein Hinweis auf die Taufformel findet sich in dem unter Alkuins Namen überlieferten Liber de divinis officiis (MPL 101,1266 B); vgl. auch Rhrabanus Maurus, Comm. in Matth., lib. II (MPL 107,818 B); Sicard von Cremona, Mitrale III,6 (MPL 213,135 C/D).

72 WA 30 I,98,22.

73 BSLK 512,32.

74 671,13; vgl. 673,12 f.

75 WA 6,15,31–34 = WA 7,225,21–24 im Vergleich zu WA 6,13,3.6 = WA 7,222,7.10.

seine elende Kinder auf Erden, barmherziglich ansehen wollte und Gnade verleihen, daß sein heiliger Name unter uns und in aller Welt geheiliget werde durch reine, rechtschaffne Lehre seines Worts und durch brunstige Liebe unsers Lebens; wollte gnädiglich abwenden alle falsche Lehre und boses Leben, darin sein werder Name gelästert und geschändet wird“[76]. Alle späteren Auslegungen bewahren diesen Doppelklang[77].

Dort also geht Gottes „Ehre und Preis fur und über alle Ding“, wo „sein Wort rein gelehret, teur und wert gehalten“ wird[78]. Die Proklamation des Gotteswortes ist für Luther das Zentrum des dritten Gebotes[79]; so wird auch dessen Gehalt zur ersten Vaterunser-Bitte aufgegriffen. In der reinen Predigt des Evangeliums vollzieht sich zugleich das Amt und Werk des Heiligen Geistes; damit handelt es sich auch um den dritten Glaubensartikel[80]. So wie zum dritten Artikel versteht Luther auch hier unter der ‚pura doctrina‘ nicht ein doktrinales Lehrgesetz, welches Menschenherzen knechtet und versklavt, sondern die öffentliche Evangeliumspredigt, welche Menschenherzen froh und gewiß werden läßt. Diese ‚reine Lehre‘ ist die reformatorische Predigt des Evangeliums[81], welche freilich nur in der Gegenspannung zum anklagenden Gesetz rein und lebenspendend bleibt. Diese „frohliche, gute, trostliche Botschaft“[82] ficht unermüdlich gegen alle falschen Sicherheiten, welche wir Menschen aus unseren Ideologien oder Satzungen gewinnen wollen[83]. Diese ‚reine Lehre‘ will unser gesamtes Leben durchdringen und neuschaffen. Um dies anzudeuten greift Luther zurück auf die innere Struktur jenes „rechten Ordens eines Christenlebens“, welche er gegen Karlstadt herausgearbeitet hatte[84].

Dies bekräftigt die Reihenfolge im Kleinen Katechismus: Gottes Name wird dort recht geehrt, wo sein Wort lauter und rein verkündigt wird und wir auch heilig „darnach“ leben[85]. Jene Reihenfolge ist nicht umkehrbar. Allein dort, wo Gottes Wort recht bezeugt wird, kommt in, mit und unter

76 WA 19,95,26.

77 Vgl. WA 30 I,12,21–24; 46,34–36 (Kat.-Pred. vom 25. 5. u. 22. 9. 1528); BSLK 673,41–44 (GK); WA 32,420,20–28 (Wochenpredigten zu Mt 6,5–15, 1532); WA 35,463,23–28 (Vaterunser-Lied); WA 38,360,23–28 (Eine einfältige Weise zu beten, 1535).

78 BSLK 672,40 (GK).

79 Siehe den Kommentar, Bd. 1, S. 173–176.

80 Siehe den Kommentar, Bd. 2, S. 196–204.

81 BSLK 672,31 f (GK).

82 WA 10 I,1,12,2 (Weihnachtspost., 1522: Ein kleiner Unterricht, was man in den Evanglien suchen und erwarten soll).

83 Siehe hierzu Asendorf, Die Funktion der publica doctrina; Stählin, Von der „reinen Lehre des Evangeliums“ und M. Schmidt, Pura doctrina – publica doctrina.

84 Siehe dazu oben, S. 55 und den Kommentar, Bd. 2, S. 205–212.

85 BSLK 512,34; vgl. 672,36 (GK); WA 30 I,12,21–24 (Kat.-Pred. vom 25. 5. 1528) sowie WA 35,463,24 = EKG 241,2 (Vaterunser-Lied): „Dein Wort bei uns hilf halten rein / Daß auch wir leben heiliglich / Nach Deinem Namen wirdiglich“.

der Predigt der Heilige Geist, erleuchtet und entzündet im Glauben unsere Herzen, daß wir uns Gott und den Mitmenschen in Liebe hingeben. So erwächst allein aus der befreienden Botschaft der Rechtfertigung aus dem Evangelium die Kraft, auch die Gebote anbruchsweise zu erfüllen. Bedenken wir diesen Gesamtzusammenhang, welchen wir zum dritten Artikel entfalteten[86], so ließe sich die innere Bewegung vom Gesetz über das Evangelium zur Parainese durchaus einzeichnen in die Abbreviatur ‚Wort Gottes'.

Im Hinblick auf unsere Gotteskindschaft ist diese Relation zusammengerafft in den überschwänglichen Worten, daß beides, sowohl unsere Lehre als auch unser Leben, „gottlich und christlich" sein darf und soll[87]. Luthers berühmte Worte aus der Freiheitsschrift, welche das königliche Priestertum aller Gläubigen verherrlichen, sind hier in einer Abbreviatur zusammengefaßt[88]. Im geistgewirkten Glauben macht uns der himmlische Vater zu wahrhaften Brüdern seines eingeborenen Sohnes und bezieht auch uns durch Christus ein in sein Erlösungs- und Neuschöpfungswerk an dieser Welt. In der Kirchenpostille von 1522 erinnert der Reformator an Ps 82,6 und formuliert: „Alle christlich Lehre, Werk und Leben (ist) kurz, klarlich und ubirflussig begriffen in den zweien Stucken: GLAUBEN UND LIEBEN, durch wilch der Mensch zwischen Gott und seinem Nähisten gesetzt wird als Mittel, das da von oben empfähet und unten widder ausgibt und gleich ein Gefäß oder Rohr wird, durch wilchs der Brunn gottlicher Guter ohn Unterlaß fließen soll in andere Leut . . . Gottis Kinder sind wir durch den Glauben, der uns Erben macht aller gottlichen Guter. Aber Gotte (Götter) sind wir durch die Liebe, die uns gegen unsern Nähisten wohltätig macht"[89].

3. *Erweiterung des zweiten Gebotes nach zwei Richtungen hin*

Diese theologische Zuordnung von Lehre und Leben, von Glaube und Werk entfaltet Luther im Großen Katechismus mithilfe des anthropologischen Schemas: Wort und Werk, Reden und Tun[90]. Hierdurch kann er dasjenige, was ihm bei der Deutung des zweiten Gebotes vor allem am

86 Siehe bes. die anthropologische Entfaltung des Geisteswirkens im Kommentar, Bd. 2, S. 208 ff.

87 BSLK 671,13 (GK). WA 30 I,99,7 (Kat.-Pred. vom 14. 12. 1528): „Wenn unser Lehre und Leben christlich und gottlich ist"; vgl. den KK zur 2. Bitte (BSLK 513,13): „göttlich leben" und den GK (673,42): „christlich leben".

88 WA 7,25,26–26,12; 35,20–38,15 (Von der Freiheit eines Christenmenschen, 1520).

89 WA 10 I,1,100,8.17.

90 BSLK 671,22 f. WA 30 I,47,5 (Kat.-Pred. vom 22. 9. 1528): „Nomen ergo patris sanctificamus, wenn wir das rechte Wort und Werk haben".

Herzen lag, den Kampf gegen unseren alltäglichen Mißbrauch des Gottesnamens „zur Lügen oder allerlei Untugend“[91], aufgreifen[92]. Freilich weitet er den Blickwinkel dadurch aus, daß er drei Dimensionen jenes Mißbrauches aufzeigt, welche sich zugleich für einen rechten Gebrauch des Gottesnamens erschließen. Dieses Dreifache, welches wir bereits andeuteten[93], umschließt: 1) die falsche Lügenpredigt, welche die Herzen verführt und die Gewissen versklavt; ihr stemmt sich in Gottes geistlichem Regiment die schriftgemäße Predigt des Gotteswortes entgegen[94]; 2) den ständigen groben Mißbrauch des heiligen Gottesnamens in den weltlichen Händeln unseres Alltags; ihm tritt die heilsame „Kinderubung“[95] entgegen, sich „täglich Gotte zu befehlen mit Seel und Leib, Weib, Kind, Gesind und was wir haben fur alle zufällige (zufallende) Not“[96]. 3) die Schändung des Gottesnamens durch öffentliches Ärgernis von Menschen, welche als Christen angesehen werden wollen; dieser Entehrung widerstreitet das Gebet um rechten Glaubensgehorsam sowie die öffentliche Bußzucht der Christenheit[97].

Der Reformator unterstreicht hier den Öffentlichkeitscharakter von Verkündigung und Liebesgehorsam innerhalb der Christenheit. Unter uns Menschen hier auf Erden wird der Gottesname entweder heilig gehalten oder in den Schmutz gezerrt. Diese Öffentlichkeitsdimension[98] deutet Luther nur flüchtig an; wir werden sie bei der Beichte eingehender zu bedenken haben[99]. Hier zur ersten Bitte legt er den Akzent auf die „doctrina“; zum zweiten Gebot hatte er nur flüchtig auf jenes Ringen um Gottes geistliches Regiment hingewiesen[100]. Zum Vaterunser greift er jene Andeutungen auf und entfaltet sie.

91 BSLK 572,42 (GK zum 2. Gebot).

92 671,29–31; 672,11–13.

93 Vgl. oben S. 61.

94 671,23–28; 672,25–34; die falsche Verkündigung ist die gefährlichste Verführung (573,25; 671,27).

95 578,49 (GK zum 2. Gebot).

96 578,44 (ebd.). Daß dieser Mißbrauch leichter zu durchschauen ist, deutet Luther an durch das Adjektiv „grob“ oder durch das Adverb „groblich“ (573,35; 671,29). Das dankbare Ehren des Gottesnamens wird zur ersten Bitte aufgenommen (672,21–24.35 f). Vgl. etwa auch WA 2,94,24 (Auslegung dt. des Vaterunsers, 1519): „In welchem Menschen Gott wohnet und lebet, desselben Menschen Werk tun nichts anders, dann daß sie Gott groß Lob und Ehre geben und ihm alles zuschreiben“; WA 6,13,5 (Eine kurze Form, das Paternoster zu verstehen, 1519) = WA 7,222,9 (Eine kurze Form des Vaterunsers, 1520): „Behüt uns vor dem schändlichen Laster der Undankbarkeit“.

97 671,31–38. Zu Luthers Ringen um die Beichte siehe den Kommentar, Bd. 5: Neugestaltung der Einzelbeichte.

98 671,32.

99 Siehe den Kommentar, Bd. 5: Der ekklesiale Ort der heimlichen Beichte.

100 573,25–29.39–42; 576,16; der Reformator spart dort diesen Bezug bewußt aus, um ihn zum Vaterunser aufzugreifen; 573,41: „Davon itzt nicht not, weiter zu sagen“.

Damit rückt das Ringen um die lautere Predigt des allein errettenden Wortes ins Zentrum. Vor allem in der Verkündigung steht Gottes Ehre sowie unsere Errettung auf dem Spiel[101]. Deshalb ficht das Gebet wider „Rotten und falsche Lehrer“[102], welche unter dem Deckmantel des Evangeliums erneut eine menschliche Eigengerechtigkeit vor Gott aufzurichten suchen[103]. Zugleich ficht das Gebet wider die Bischöfe und weltlichen Fürsten, welche das Evangelium „dämpfen“ wollen[104].

Die sogenannten „Schwärmer“[105], welche für Luther mit Karlstadt und den Zwickauer Propheten anheben, rücken an dieser Stelle[106] ganz ähnlich wie in den Schmalkaldischen Artikeln in eine Linie mit dem Papsttum. Papsttum wie Schwärmertum sind für Luther Exponenten einunddesselben legalistischen Enthusiasmus, welcher „in Adam und seinen Kindern von Anfang bis zu Ende der Welt“ steckt[107]. Man möchte hinaus über Christi fremde Gerechtigkeit, über das Wort vom Kreuz, aber auch über Gottes schlichte Gebote und weltliche Ordnungen, man möchte also hinaus über den scheinbar kindlichen Katechismus und hindurchdringen zu einer letzten Unmittelbarkeit des Gottesgeistes; dabei fällt man zurück in selbsterwählte Gesetze und versklavt durch Menschensatzungen die Gewissen, welche Christus befreit hat, so stürzt man sich hinein in die Finsternis der eigenen unerleuchteten Vernunft und verstrickt sich in satanische Verblendung.

Bereits die erste Bitte rückt Luther hinein in jenen eschatologischen Streit, welcher bereits diese unsere Erde durchtobt, zwischen Gott und Widergott, zwischen Christus und Antichrist, zwischen der Kirche Christi und der Rotte des Verderbers. Hierdurch gewinnt diese Bitte zwei Seiten, sie wehrt ab und greift an. Im Großen Katechismus ist sie nahezu

101 WA 32,420,23 (Wochenpredigten zu Mt 6,5–15, 1532): „Damit fasse ich auf einen Haufen allerlei falsche Glauben und Gottesdienst und die ganze Helle, alle Sunde und Gotteslästerung und bitte, daß er steure dem lästerlichen Glauben des Bapsts, Türken, Rottengeister und Ketzer, als die alle seinen Namen entheiligen und schänden oder unter dem Namen ihre Ehre suchen. Das ist wohl ein kurz Wort, aber mit dem Sinn gehets so weit, als die Welt ist, wider alle falsche Lehre und Leben“.

102 672,26.

103 Vgl. auch WA 30 I,99,18–20 (Kat.-Pred. vom 14. 12. 1528); WA 37,391,34 f (Pred. über Joh 16,23 ff vom 10. 5. 1534) = WA 52,300,37 ff (Hauspost. nach Veit Dietrich); WA 38,360,15 ff (Ein einfältige Weise zu beten, 1535).

104 672,33. WA 52,300,37 = WA 37,391,34 (Pred. über Joh 16,23 ff vom 10. 5. 1534): „In der ersten Bitt ... bittet man für alle rechtschaffene Prediger und wider alle Ketzer und Unglaubigen, wider Jüden, Heiden, Türken und den Bapst“.

105 672,34.

106 672,24–37.

107 BSLK 455,27 (AS III). Zu dieser Beurteilung der ‚Schwärmer‘ siehe vor allem Holl, Luther und die Schwärmer; Prenter, Spiritus Creator, S. 247–300; Maurer, Luther und die Schwärmer.

ausschließlich Bitte um Bewahrung[108]. Der Ruf: „Da behüt uns für“[109] steht an erster Stelle und verdeckt ein wenig den machtvollen Einbruch des Gottesreiches in die Satansherrschaft. Luther trägt diesen Aspekt des göttlichen Angriffes deshalb auch zur zweiten Bitte nach[110]. Im Kleinen Katechismus wird die Bitte: „Des hilf uns, lieber Vater im Himmel“[111] zuerst genannt. In der ‚Einfältigen Weise‘ von 1535 greift Luther Angriff wie Abwehr zusammen in die einprägsamen Worte: ‚Bekehre und wehre‘: „Bekehre die, so noch sollen bekehret werden, daß sie mit uns und wir mit ihnen Deinen Namen heiligen und preisen, beide, mit rechter, reiner Lehre und gutem, heiligen Leben; wehre aber denen, die sich nicht bekehren wöllen, daß sie aufhören müssen, Deinen heiligen Namen zu mißbrauchen, schänden und entehren und die armen Leute zu verführen!“[112].

Freilich tritt in allen Auslegungen zurück, daß zutiefst Gottes weltwendendes Sich-Verherrlichen erfleht wird[113]. Der Reformator konzentriert sich auf diese unsere Erdenwelt und unseren alltäglichen Glaubenskampf; es geht ihm darum, daß Gottes Name, „der sonst (ohnedies) im Himmel heilig ist, auch auf Erden bei uns und aller Welt heilig sei und bleibe“[114].

108 670,45–671,5; 672,25–34. Die Expansion des Evangeliums deutet sich an in der Wendung: „bei uns und aller Welt“ (671,4).

109 513,2 (KK).

110 673,39–674,6 (GK).

111 512,34.

112 WA 38,360,23.

113 In seiner ‚Kurzen Form‘ verweist Luther auch zur ersten Bitte auf die Todesstunde: „Hilf, daß wir in der Angst unsers Gewissen und am letzten Sterben Deinen Namen nit vorgessen“ (WA 6,13,1 = WA 7,222,6).

114 BSLK 671,3.

Die zweite Bitte um das Kommen des Gottesreiches

Wortlaut und Sinn der zweiten Bitte[1]

In seinen Vaterunser-Auslegungen bis hin zu den Katechismen gab Luther mit einem Teil der mittelalterlichen Tradition die zweite Bitte wörtlich nach der Vulgata wieder: „Adveniat regnum tuum" – „Zu komme (kumm, kumme) Dein Reich"[2]. Nach seiner Interpretation sollte man einen Wortlaut erwarten, welcher das ‚Für uns' artikuliert: „Zu uns komme Dein Reich", oder: „Zukomme uns Dein Reich". Er findet sich aber nur in Texten, die nicht direkt auf Luther zurückgehen dürften[3], bzw. in einer freieren Wiedergabe[4]. Dieser Wortlaut kann sich auf eine Lesart des Codex D (Cantabrigiensis) zu Lk 11,2 stützen, er wurde im Deutschen seit dem 12. Jahrhundert zur Regel[5] und war bis zur ökumenischen Fassung in der katholischen Kirche üblich. Das uns geläufige: „Dein Reich komme"[6], welches auch die ökumenische Textfassung rezipiert, gewinnt Luther erst bei der Revision des Textes für die Katechismen. Hierbei konnte er sich an die deutschen Katechismen der böhmischen

1 Zur Deutung dieser Bitte siehe besonders: Lohmeyer, Das Vater-unser, S. 59–75; Schürmann, Das Gebet des Herrn, S. 39–53; Kleinknecht/v. Rad/Kuhn/K. L. Schmidt, Art. βασιλεία; Schneider, Art. ἔρχομαι; Galling/Conzelmann/Wolf/Gloege, Art. Reich Gottes (RGG³); Pax/Thieme/Fries, Art. Reich Gottes (LThK²); Sederholm/Nitzsch, Über eine Ketzerei in Luthers Katechismus; Hardeland, Katechismusgedanken, S. 277–280; Meyer, Hist. Komm., S. 397–401; Girgensohn, Katechismus-Auslegung, Bd. 1, S. 195–207.

2 WA 2,86,19; 95,12 (Auslegung dt. des Vaterunsers, 1519); WA 6,13,18 (Eine kurze Form, das Paternoster zu verstehen, 1519); WA 7,222,22 (Eine kurze Form des Vaterunsers, 1520); BSLK 556,21 (Vorrede zum GK).

3 WA 9,125,9; 135,9 (Auslegung und Deutung des Vaterunsers, 1517/18): „Zukumme uns Dein Reich"; vgl. auch WA 10 II,457,18 (Betbüchlein).

4 WA 2,98,24 (Auslegung dt. des Vaterunsers, 1519): „Dein Reich komme zu uns"; vgl. auch WA 52,301,1 (Hauspost. zu Joh 16,12 ff, 1534/44).

5 Nach Dibelius, Das Vaterunser, S. 103 f.

6 BSLK 513,5 (KK); 673,7 (GK). Ein Niederschlag jener Neufassung findet sich vielleicht in der Kat.-Predigt vom 14. 12. 1528: „Ist auch ein wenig Ebräisch geredt, sed nicht so finster ut prima" (WA 30 I,100,6; vgl. 101,3 f). Doch ist nicht zu vergessen, daß Luther schon im Septembertestament von 1522 sowohl zu Mt 6,10 als auch zu Lk 11,2: „Dein Reich komme" übersetzt.

Brüder sowie an Melanchthons Enchiridion anschließen; dies hatten vor ihm bereits mehrere reformatorische Katechismen (Gerhart, Bader, Brenz) getan[7].

Die zweite Bitte ist, wie das zur ersten zitierte Qaddisch-Gebet[8] zeigt, ihrem Inhalte nach bereits im jüdischen Glaubensbewußtsein eng mit der ersten Bitte verknüpft; wo Gottes Name heilig gehalten wird, dort ist auch sein Königtum auf dem Plan[9]. Das Flehen um den Einbruch der Gottesherrschaft bildet das Zentrum des Vaterunsers; in ihm ist beides zusammengerafft, sowohl die Summe der alttestamentlischen Verheißungen als auch der Gesamtinhalt der Botschaft Jesu[10].

Nach dem ursprünglichen Wortsinn tritt auch in dieser Bitte die betende Schar ganz zurück. Sie blickt nicht auf sich selber, sondern streckt sich sehnsüchtig Gottes endzeitlichem Hervortreten entgegen. Der Aorist des Verbs (ἐλϑάτω, bzw. ἐλϑέτω) sowie der biblische Gehalt des Königtums Gottes bezeugen: Hier wird nichts geringeres erfleht als das letztgültige wie weltumspannende Hervorbrechen Gottes, das vollmächtige und unwiderrufliche Offenbarwerden seiner Herrlichkeit wie Herrschaft. Insofern darf eine sachgerechte Deutung diesen Skopus nicht spiritualisieren oder verinnerlichen, sie muß streng blicken auf das Eschaton aller Eschata.

Freilich ist auch die andere Seite dieser Bitte, das Wagnis der betenden Gemeinde, zu bedenken, und zwar im Lichte jener Vateranrede, welche uns durch Jesus erschlossen ist. Das kommende „Königreich“ ist das „Gnadenreich“ des himmlischen Vaters[11]. In diese eschatologische Zukunft des heiligen Gottes trat Jesus aus Nazareth ein als einer, der wie wir alle noch dem Tode entgegenging; Jesus wagte es, im Namen des noch verborgenen Weltenherrschers Menschen entgegenzutreten, welche unter der Last der Sündenschuld leiden und den Tod vor Augen haben. Jesus proklamierte nicht allein die genahte Gottesherrschaft, er nahm durch den Zuspruch der Vergebung bestimmte Menschen in diese auf; er lud an den Tisch der Himmelsherrschaft und drohte mit dem Ausschluß vom Gottesheil; er trieb die dämonischen Gegenmächte zurück und gebot selbst den Kräften der außermenschlichen Kreatur, als wäre er kein anderer als der ewige und unsichtbare Schöpfer, Richter und Erretter selber. Dieses alles erfolgte hier auf dieser unserer Erde, noch diesseits der Todesgrenze. Er tat es als einer, der die unsichtbare Gottgewalt im Gebet als ‚mein Vater‘ anrief.

7 Siehe die Zusammenstellung von Cohrs in MGP XXIII, S. 289–293.

8 Vgl. oben S. 56.

9 BSLK 673,22 f.

10 Siehe hierzu Lohmeyer, Das Vater-unser, S. 59–75 und Schürmann, Das Gebet des Herrn, S. 39–53.

11 BSLK 674,5.2. Siehe die Zusammenstellung der neutestamentlichen Aussagen bei K. L. Schmidt, Art. βασιλεία, S. 581 f.

Die christliche Gemeinde bezeugt: Dieser eine und selbe Jesus ist uns von jenseits der Todesschranke her leibhaft erschienen als der von Gott Erweckte. In Jesu Auferweckung bekannte sich der unsichtbare Vater unwiderruflich zu jenem Vorgriff in sein Königtum, er bestätigt Jesus als „das aufgerichtete Reich Gottes"[12]. Der Auferweckte und Erhöhte ruft durch den Gottesgeist sterbliche Menschen hinein in das Amt, die hereinbrechende Königsherrschaft Gottes zu proklamieren. Nicht kraft selbsterrungener Vollmacht, sondern in seinem Namen und Auftrag, kraft seines Opfertodes und seiner Auferweckung wagen wir es, alle Welt unter jenes letztgültige Offenbarwerden Gottes zu rufen, welches jetzt unlöslich verbunden ist mit Christi Ankunft zum Gericht.

Damit hat die verheißene Zukunft schon begonnen[13]. Nicht allein Christi Erlösungswirken in Kreuz und Auferstehung, sondern auch die Sendung des Geistes sowie die nachpfingstliche Proklamation des Evangeliums durch die Christenheit rücken sachnotwendig ein in Gottes eschatologisches Königtum. Nach dem Gesamtzeugnis des Neuen Testamentes geht es „beim Gottesreich um das Ganze der Verkündigung Jesu Christi und seiner Apostel . . . Wenn die neutestamentliche Gesamtverkündigung das Euangelion ist, so ist dieses das Euangelion vom Gottesreich"[14].

Die christliche Gemeinde betet jene Bitte am heilsgeschichtlichen Ort zwischen Pfingsten und der Wiederkunft des Herrn, so wandelt Jesu Eintreten in die Gottesherrschaft deren Inhalt. Das futurisch-eschatologische Noch-nicht erweist sich zugleich als ein präsentisch-eschatologisches Schon-jetzt. Dieser Doppelaspekt legt sich einer nachsinnenden Betrachtung auseinander in ein zwiefaches Kommen der einen und selben Gottesherrschaft. Bereits Orgines verweist hierzu sowohl auf Lk 17,20 f als auch auf 1. Kor 15,24–28[15]. Gottes Königtum kommt „einmal hie zeitlich durch das Wort und den Glauben, zum andern ewig durch die Offenbarung"[16]. Hierbei gewinnt das Christusgeschehen einen stärkeren Akzent; dieser Umstrukturierung der zweiten Bitte dürfte sich die Christenheit nicht verschließen können und wollen.

Eine innere Spannung wird freilich dort sichtbar, wo man das Zueinander des sogenannten ‚regnum gratiae' zum ‚regnum gloriae' zu fixieren

12 Karl Barth, KD II/2, S. 195: „Jesus Christus ist selber das aufgerichtete Reich Gottes"; vgl. K. L. Schmidt, Art. βασιλεία, S. 591,12–21.

13 Schürmann, Das Gebet des Herrn, S. 49: „Die Eschatologie ist in Jesus – so möchte man paradox sagen – ‚historisiert'. So gibt es nun schon – realisierte und noch – futurische Eschatologie. ‚Die Zukunft hat schon begonnen'"; vgl. auch Stuhlmacher, Gerechtigkeit Gottes bei Paulus, S. 252–257.

14 K. L. Schmidt, Art. βασιλεία, S. 584,23.

15 Origenes, De oratione II,25,1–2; siehe hierzu Walther, Untersuchungen, S. 9 f.

16 BSLK 674,8.

sucht. Origenes, welcher das Gebet von einer geistig-sittlichen Selbstheiligung des Menschen her verstehen möchte, denkt primär an ein Wachsen und Fruchttragen des in uns eingepflanzten Gottesreiches, durch welches wir selber auf die letzte Ernte hin ausgerichtet werden und der ewigen Vollendung entgegenreifen[17]. Die abendländischen Ausleger hingegen blicken strenger auf Gott und dessen weltumspannendes Handeln. Nicht wir läutern uns empor zur Reinheit der Gottesherrschaft, sondern jene bricht von jenseits und oben her herein in unsere vergehende Welt[18]. Der Reformator tritt auch hier ein in jene Gedankenbewegung und deutet auch das innerweltliche Vordringen der Christusherrschaft im Lichte jenes letztgültigen Hereinbrechens des Gottesreiches. Für beides gilt, allein Gott der Vater wirkt es durch seinen Sohn in der Kraft des Heiligen Geistes. Nicht wir Menschen nehmen das „Joch der Himmelsherrschaft"[19] auf uns und verdienen uns hierdurch das Eingehen in Gottes ewiges Reich. Vielmehr reißt der dreieinige Gott schon hier und jetzt – wenn auch noch verborgen in Glaube und Hoffnung – Menschen heraus aus dem Machtbereich der Chaosgewalten durch die machtlose Predigt des Evangeliums, bis er in seiner allumspannenden Offenbarung jene Todeskräfte vollends überwinden wird. „Das Reich wird nicht zubereitet, sondern ist schon bereitet; vielmehr werden die Kinder des Reiches bereitet, nicht sie bereiten das Reich; das heißt: das Reich verdient die Kinder, nicht die Kinder das Reich"[20].

Durch diese Einsichten ist auch der Charakter der Gottesherrschaft umschrieben. Als Gottes eschatologisches Gnadenreich ist sie zu unterscheiden von der irdischen Herrschaft des Schöpfers; Luther zeigt dies, indem er auf Mt 6,33, bzw. Lk 12,31 hinweist[21]. Der hebräische Terminus *malkut jhwh* sowie dessen spätjüdisches Äquivalent *malkut šamājm* ist eine Abstraktbildung für den alttestamentlichen Ruf *malak jhwh!* (Gott ist König!)[22]. Jenes Symbolwort bezeichnet ursprünglich Gottes Königsein, sein Herrschen; erst sekundär und nur gelegentlich visiert es zugleich

17 Vgl. WALTHER, Untersuchungen, S. 4–22 und DIBELIUS, Das Vaterunser, S. 33–45.64.

18 LOHMEYER, Das Vater-unser, S. 73, unter Hinweis auf Lk 17,20; 11,20; Mt 12,28 u.a.m.: „Gerade diese Sätze von der greifbaren Nähe des Gottesreiches machen es deutlich, daß das Kommen dieses Reiches dennoch ganz in Gottes Rat und Tat liegt".

19 Belege für diese stehende Wendung im Judentum finden sich bei BILLERBECK, Kommentar, Bd. 1, S. 173 ff und KUHN, Art. βασιλεία, S. 571.

20 WA 18,694,26 (De servo arbitrio, 1525): „Regnum enim non paratur, sed paratum est, filii vero regni parantur, non parant regnum, hoc est, regnum meretur filios, non filii regnum".

21 BSLK 675,15–24.

22 Nach v. RAD/KUHN, Art. βασιλεία, S. 569–573; GALLING, Art. Reich Gottes, Sp. 912 f.

den Machtbereich an, über welchem Gott herrscherlich thront, ebenso tritt die Art und Weise seines Herrseins nur indirekt in den Blick. Diese beiden Sekundäraspekte werden akzentuiert in Luthers Wendungen vom ‚Reich' (regnum) Gottes oder von seinem ‚Regiment' (regimen)[23].

Schon im Neuen Testament schwingen neben dem primären alttestamentlichen Sinn ‚Gottes Königtum' jene beiden Nebenklänge ‚Gottes Herrschaftsbereich' sowie ‚Gottes Herrschaftsweise' mit. Die raumhaft-bergende Komponente tritt dort hervor, wo von unserem Eingehen in das Königtum oder auch vom Hinausgestoßen-werden aus demselben gesprochen wird[24]. Gottes Königtum wird erschaut im Symbol der von oben herabfahrenden Gottesstadt oder des Fest- und Thronsaales Gottes[25]. Doch auch der Aspekt der Herrschaftsweise deutet sich an, etwa in den Himmelreichsgleichnissen oder in den Schilderungen von Christi Vordringen in den Machtbereich der satanischen Gewalten. Diese Dimension schildert Luther im Großen Katechismus eindringlich, ohne sich hierzu des Ausdruckes ‚Regiment' zu bedienen. So können wir zusammenfassend mit Gerhard Gloege formulieren: „Reich Gottes bezeichnet den Inbegriff der endzeitlichen Herrschaft Gottes in dreifacher Hinsicht: als Herrscher-Würde, Herrschafts-Vollzug und Herrschafts-Bereich"[26].

Gliederung der Auslegung

Luther gliedert seine Deutung der zweiten Bitte im Großen Katechismus ähnlich wie schon die Interpretation der ersten Bitte nach dem grundsätzlichen Zweischritt des Kleinen Katechismus; freilich fügt er einen Hinweis auf den überweltlichen Charakter des erbetenen Heilsgutes an. So ergibt sich eine Dreiteilung. Für die ersten beiden Abschnitte stützt sich der Reformator auf die Katechismuspredigt vom 14. Dezember 1528[27], für den dritten Abschnitt greift er auf die Predigt vom 25. Mai 1528[28] zurück.

23 Siehe hierzu die unterschiedlichen Analysen von Heckel, Im Irrgarten der Zwei-Reiche-Lehre, S. 5–17; Bornkamm, Luthers Lehre von den zwei Reichen, S. 14 ff; Althaus, Die Ethik Luthers, S. 49–57; Duchrow, Christentum und Weltverantwortung.

24 Zum Eingehen in das Gottesreich siehe Windisch, Die Sprüche vom Eingehen in das Reich Gottes; K. L. Schmidt, Art. βασιλεία, S. 588 ff; Schneider, Art. ἔρχομαι, S. 674 ff.

25 Vgl. Lohmeyer, Das Vater-unser, S. 64–68 und Schürmann, Das Gebet des Herrn, S. 45 f.

26 Gloege, Art. Reich Gottes (RGG³), Sp. 924; vgl. ebd. Sp. 925: „Herrschaft Gottes bezeichnet zugleich Gott als den, der seine Königs-Macht ausübt in einem Königs-*Regiment* über seinen Königs-Bereich".

27 WA 30 I,100,4–101,6.

28 WA 30 I,13,1–31.

a) In ständigem Vergleich mit der ersten Bitte gewinnt Luther den Skopus auch dieser Bitte; es geht darum, daß Gottes Reich „zu uns komme“ und bei uns „im Schwang gehe“[29]. Jenes Insistieren auf das Kommen der Gottesherrschaft ‚zu uns‘ prägt die Tradition seit Tertullian und Cyprian; am prägnantesten ist es formuliert von Augustin[30].

b) Darauf entfaltet Luther den Skopus unter der neuen Fragestellung: „Wie geschieht das?“ Hierbei unterscheidet er zwischen dem zeitlichen und dem ewigen Hereinbrechen der Gottesherrschaft[31].

c) Indem er Mt 6,33 (Lk 12,31) heranzieht, unterstreicht er abschließend: Gott ermächtigt und befiehlt uns in dieser zweiten Bitte, von ihm nicht lediglich die Fristung unserer zeitlichen Existenz, sondern zuerst und vor allem unsere Teilhabe an seiner eschatologischen und ewigen Herrschaft zu erflehen[32].

Die einzelnen Abschnitte enthalten ihrerseits einen stark gerafften und überaus inhaltsreichen Gedankengang:

a) Bestimmung des Skopus der zweiten Bitte[33].

1. Zunächst faßt Luther den Sinn der ersten Bitte zusammen und deutet auf die zweite hin[34].

2. Darauf formuliert er die Intention der zweiten Bitte im Anschluß an die erste: Wie wir gebeten haben, daß der in sich selber heilige Gottesname auch unter uns geheiligt werde, so bitten wir jetzt, daß sein in göttlicher Allgewalt hereinbrechendes Reich auch unter uns „im Schwang gehe“[35].

b) Entfaltung des Skopus der zweiten Bitte[36].

1. Luther zeichnet den zweiten und dritten Artikel des Credo ein in das Kommen der Gottesherrschaft[37]. Hier auf Erden kommt der himmlische Vater zu uns, indem er den Sohn und den Geist sendet und diese ihr Amt

29 BSLK 673,8–23.

30 Siehe die von Dibelius, Das Vaterunser, S. 97–104 zusammengetragenen Belege, bes. S. 98 f.

31 673,27–674,28.

32 674,32–675,24.

33 673,8–23.

34 673,8–15. WA 30 I,47,32 (Kat.-Pred. vom 22. 9. 1528): „Haec fluit ex superiori praecatione. Ubi doctrina syncera est et vita, ibi wird sein Reich“.

35 673,15–23. Sonderbar ist der Rückbezug auf Gottes Namen in der Wendung: „daß er zu uns komme, das ist, unter uns und bei uns gehe“ (673,19). Die zugrundeliegende Predigt vom 14. 12. 1528 formuliert eindeutiger: „Sed orandum, daß ich auch ein Stück sei, in welchem nomen dei sanctificatur, ut et ad me veniat regnum eius et voluntas ipsius in me fiat“ (WA 30 I,100,12). Luther wollte fraglos die zweite Bitte mit der ersten verknüpfen: Allein dort, wo Gottes Name in seinem Wort geehrt wird, ist sein Reich und sein Wille auf dem Plan und bricht das Gegenreich wie den Gegenwillen Satans. Siehe auch 673,39–43.

36 673,27–674,28.

37 673,27–39.

und Werk der Erlösung und Heiligung ausrichten. In der Katechismuspredigt vom 14. Dezember 1528[38] hatte Luther auf Christus als den „König der Gerechtigkeit und des Lebens“ verwiesen; diesen Hinweis füllt er im Großen Katechismus mit dem vollen Gehalt des zweiten Artikels[39] und fügt zugleich den dritten hinzu[40]; der Heilige Geist wendet uns den Christussieg zu, indem er uns beruft durch die äußere Predigt des Evangeliums und zugleich durch die innere Gabe des Glaubensgehorsams erleuchtet und befestigt. Wo wir freilich fragen nach dem Hereinbrechen der Gottesherrschaft über uns, da rückt die Erlösung durch Christus zurück in die Vergangenheit, sie ist bereits „ausgerichtet“[41]; Gegenwart wie Zukunft dagegen gehören dem Amt des Geistes, welcher „sein Werk ohn Unterlaß bis auf den Jüngsten Tag“ treibt[42]. Deshalb erwähnt Luther im Kleinen Katechismus das Christusgeschehen nicht mehr; hier interpretiert er das Gottesreich ausschließlich vom dritten Artikel her[43].

2. Im Großen Katechismus folgt der Rückgriff auf die Grundformel der ersten Bitte (Lehre und Leben) sowie deren prositive Entfaltung[44]. Hatte Luther zur ersten Bitte gezeigt, wie uns Gottes Name vor den Angriffen der Verderbensmächte zur Fluchtburg wird, so schildert er jetzt die andrängende Stoßkraft des Gottesreiches; zum dritten Artikel hatte er dies bereits beschrieben unter dem Stichwort: das Wirken des Gottesgeistes in der Kirche[45]. Gottes Reich dringt vor, Gottes Name wird verherrlicht, indem wir seinem Worte durch den Heiligen Geist glauben und seinem Willen gemäß leben[46]. Hier zur zweiten Bitte unterstreicht Luther das intensive wie extensive Wachsen und Sich-Mehren der Gottesherrschaft[47].

38 WA 30 I,100,14: „Christus est rex iusticiae, vitae contra diabolum, peccatum, mortem et omne malum conscientiae. Is dedit nobis sanctum suum verbum, ut praedicetur, quo credamus in eum et sancte vivamus“.

39 673,28–35 greift 651,31–36; 652,4–12.25–30 (GK zum 2. Artikel) zusammen und nimmt fast alle früheren Kernworte auf: Herr, Erlöser, König, Gerechtigkeit, Leben und Seligkeit, sowie auch die Gegenworte: Gewalt des Teufels, Sünde und Tod.

40 Auch Wendungen des 3. Artikels sind rezipiert, das „Heimbringen“ aus dem GK (654,38 ff) sowie das „Erleuchten“ aus dem KK (512,3 f).

41 659,47 (GK zum 3. Artikel).

42 659,48 (ebd.).

43 513,11–14. Siehe auch WA 35,464,3 = EKG 241,3 (Vaterunser-Lied): „Der Heilig Geist uns wohne bei / mit seinen Gaben mancherlei“. Indirekt schwingt noch bei Luther die Bitte mit, welche Gregor von Nyssa, Oratio III (MPG 44,1157 C) als zweite überliefert: „Es komme Dein Heiliger Geist zu uns und reinige uns“ (vgl. GRUNDMANN, Das Evangelium nach Lukas, S. 232).

44 673,39–674,6.

45 659,44–660,13; siehe dazu den Kommentar, Bd. 2, S. 212–240.

46 Vgl. oben, S. 66 Anm. 87.

47 Das intensive Wachsen ist angedeutet in der Wendung: „Dabei bleiben und täglich zunehmen“ (673,44; vgl. 674,13 f.20–25, sowie die Nürnberger Kinderpredigten, REU, Quellen, Bd. I,1, S. 528,45–529,2).

3. Der Reformator schildert die „zweierlei Weise“, auf welche die Gottesherrschaft hereinbricht, „hie zeitlich und dort ewiglich“[48]. Die eschatologische Bewegung der Königsherrschaft Gottes wird dabei sichtbar. Aus dem Christusgeschehen heraus stößt Gottes Herrschaft auf uns zu und greift nach uns durch die Predigt des Evangeliums und den geistgeschenkten Glaubensgehorsam; hierein bahnt sich bereits das letztgültige Offenbarwerden des Reiches an, welches in Christi Wiederkunft erfolgt. Schon im zweiten Unterabschnitt zeigte jenes Kommen des Reiches in Niedrigkeit ein doppeltes Gesicht; es soll intensiv wachsen bei den Betenden, „die es angenommen haben“, und zugleich extensiv „gewaltiglich durch die Welt“ gehen, indem es auch die bisher Ungläubigen erreicht[49]. Dieser Doppelaspekt wird jetzt aufgegriffen[50] und bewirkt in dem abschließenden Gebet eine Dreigliederung.

4. Jene Bitte um das Hereinbrechen der Gottesherrschaft[51] nennt also ein Dreifaches:[52] α) Das Gottesreich möge jetzt und hier im verkündeten Wort durch die gesamte Welt laufen und sich extensiv ausbreiten; β) das Gottesreich möge jetzt und hier uns als die Betenden im geistgewirkten Glaubensgehorsam herauslösen aus der Satansherrschaft und so auch intensiv zunehmen in den Menschenherzen; γ) dieses extensive wie intensive Vordringen des Gottesreiches möge sich vollenden in seiner letztgültigen Offenbarung, welche uns vollends herausreißen wird aus den Angriffen der Todesmächte und diese endgültig vernichten[53]. Diese Bitten sind formuliert in ständigem Rückgriff auf die Credo-Auslegung.

c) Die Größe des in der zweiten Bitte Erflehten[54].

48 674,7–15, WA 30 I,100,21 (Kat.-Pred. vom 14. 12. 1528): „Regnum dei autem venit dupliciter. 1. hic per verbum, 2. das zukunftig ewig Leben uns geben werde“; WA 35,464,1 = EKG 241,3 (Vaterunser-Lied): „Es komm Dein Reich zu dieser Zeit / und dort hernach in Ewigkeit“; vgl. WA 9,136,31 ff (Auslegung und Deutung des Vaterunsers, 1517/18); WA 1,93,29–35 (Vaterunserpred. vom 12. 10. 1516); WA 2,97,35 f (Auslegung dt. des Vaterunsers, 1519); WA 38,361,2 (Eine einfältige Weise zu beten, 1535). Nürnberger Kinderpredigten (Reu, Quellen, Bd. I,1, S. 528,41; 529,3): „Es kommbt aber das Reich Gottis auf zweierlei Weiß zu uns. Zum ersten durch die Predig im Glauben. . . . Zum andern kommbt das Reich Gottis zu uns durch die Offenbarung in der Auferstehung . . .“.

49 673,43–674,1.

50 674,11–14.

51 674,15–28.

52 WA 30 I,100,23 (Kat.-Pred. vom 14. 12. 1528): „Est fortis precatio, germanice: lieber Vater, gib Dein Wort rein, ut syncere praedicetur in toto mundo. 2. gib Gnade und Kraft, daß es auch angenommen werde, daß die Leute gläuben. 1. est de verbo, 2. de fructu verbi“. Zu Luthers Sicht der ‚Mission‘ siehe S. 53 mit Anm. 65.

53 WA 30 I,101,4 (Kat.-Pred. vom 14. 12. 1528): „Hic kommpt regnum dei per Anfang des Glaubens et illic per apparitionem vitae aeternae“; WA 30 I,13,25 (Kat.-Pred. vom 25. 5. 1528): „volo, ut veniat regnum tuum, quod hie anfähet per veram fidem et spem et illic perpetuo durat“.

54 674,32–675,24.

1. Als „ein ewiger unvergänglicher Quell"[55] gewährt Gott uns Anteil an seiner eschatologischen Herrschaft, ihn nicht allein wie Heiden um das Irdische[56], sondern auch und zuerst als Christen um das Himmlische anzurufen, welches uns seine Heilszuwendung in Christus erst völlig erschlossen hat[57].

2. Luther verdeutlicht Gottes überschwengliche Freigiebigkeit am Bild eines irdischen Herrschers, dessen uneingeschränkter Geberwille durch Bitte um eine Bettelsuppe zur Fristung der alltäglichen Bedürfnisse schwer beleidigt würde[58].

3. Abschließend verweist Luther auf Mt 6,33 (Lk 12,31): „Trachtet am ersten nach dem Reiche Gottes ..."; Gott verheißt uns das Ewige und Unvergängliche, so dürfen wir auch das Vergängliche und Irdische getrost aus seinen Händen nehmen[59].

Charakteristika der Deutung Luthers

1. Reich Gottes und Kirche

In beiden Katechismen greift Luthers Deutung dieser Bitte höchst bewußt zurück auf den zweiten und vor allem auf den dritten Artikel. Die Entfaltung des Skopus der Bitte[60] nimmt betont die zentralen Stichworte der Credo-Auslegung auf, auch der Duktus der Gedankenführung ist parallel gestaltet. Dort wie hier schildert der Reformator die Gnadenherrschaft Gottes des Vaters durch Jesus Christus den Sohn im Heiligen Geist, welche hier auf Erden anhebt und sich in der Ewigkeit vollendet. Was dort beschrieben ist unter den Stichworten „eine heilige Christenheit", die „Gemeine der Heiligen"[61], das wird hier repetiert unter dem Titel: „Gottes König- und Gnadenreich"; in beiden Zusammenhängen legt Luther den Akzent auf das Amt und Werk des Gottesgeistes, nicht auf den menschlichen Gemeinschaftsverband. Zugleich freilich blickt Luther auf dasjenige, was der Geist hier auf dieser Erde unter uns Menschen wirkt[62].

55 674,42; diese Wendung erinnert an Luthers Deutung des Wortes ‚Gott' zum ersten Gebot (565,40 f); vgl. den Kommentar, Bd. 1, S. 116.

56 WA 30 I,13,8 (Kat.-Pred. vom 25. 5. 1528): „Homo mundanus petit temporalia etc., Christianus aeterna, etc.".

57 674,32–48.

58 674,48–675,10; nach WA 30 I,13,16–19 (Kat.-Pred. vom 25. 5. 1528).

59 675,11–24.

60 673,27–674,28.

61 Siehe den Kommentar, Bd. 2, S. 212–220.

62 Vgl. WA 38,360,36 ff (Eine einfältige Weise zu beten, 1535) und WA 52,301,1–5 (Hauspost. zu Joh 16,23 ff, 1534/44).

Er unterstreicht denjenigen Einbruch der Gottesherrschaft in das Satansreich, welcher in Jesu Kreuz und Auferweckung erfolgt ist und im Wirken des Geistes ständig erneuert wird. In diesem Geschehen hat Gottes Königsherrschaft schon begonnen. Ihre eschatologische Offenbarung wird deshalb nichts grundsätzlich Neues bringen, sie wird vielmehr die bereits entschiedene Schlacht durch das endgültige Niederwerfen der Feinde krönen[63].

Indem Luther die präsentische Dimension der Gottesherrschaft akzentuiert, trennt er sich vom Hauptstrang spätmittelalterlicher Auslegungen[64]. Diese blickten in der Nachfolge Tertullians, Cyprians, Augustins sowie anderer altkirchlicher Väter[65] zunächst auf den Jüngsten Tag und damit auf Gottes eschatologisches Gericht, in welchem sich seine majestätische Herrlichkeit und unnahbare Heiligkeit aller Kreatur überwältigend offenbaren sollte. Um Gottes gestrenges Gericht mit getrostem Gewissen erwarten zu können, erflehte man sich in einem zweiten Gedankenschritt das gegenwärtige Kommen des Gottkönigtums in unser Herz: „Hymelischer Vater, herrsch Du in uns also, daß wir Dein heilign Gepoten und Räten geharsam sein in allen Dingen“[66]. Ein dritter Schritt schlug die Brücke zwischen dem Irdischen und dem Ewigen; man erbat sich die Gnade des Ausharrens im Gehorsam, um so die ewige Seligkeit und das unablässige Anschauen Gottes verdienen zu können[67].

63 BSLK 674,4: „auf daß wir also allesampt in einem Königreich itzt angefangen ewig bleiben“; siehe ferner das „solange bis“ (674,25), das höchst präzise zurückgreift auf das „solange bis“ im zweiten Artikel (653,1).

64 Die streng futurisch-eschatologische Dimension der Gottesherrschaft steht im Vordergrund etwa in der Regula Magistri (MPL 88,947 B), bei Pseudo-Alkuin, De divinis officiis 40 (MPL 101,1266 C/D), bei Walafried Strabo, Glossa ord. Ev. Matth. (MPL 114,101 A–C), bei Godefredus Admontensis, hom. 47 (MPL 174,862 D-863 A) und bei Abaelard, Expos. orationis dom. (MPL 178,613 C/D); diese Dimension ist einseitig akzentuiert bei Bonaventura, Commentar in Ev. Lucae XI,12 (Opera, Bd. VII, S. 280b) sowie Expos. orationis dom. 7 (Opera, Bd. VII, S. 653b); bei Thomas, In orationis dom. expos. § 1052 f, tritt sie dagegen etwas zurück. Spätmittelalterliche Beispiele finden sich bei Dibelius, Das Vaterunser, S. 137–141.159.163.

65 Tertullian, De oratione 5; Cyprian, De dom. oratione 13; Augustin, De serm. dom. in monte II,6,20; Cyrill von Jerusalem (dazu Walther, Untersuchungen, S. 24 f); Chrysostomos (ebd., S. 54 f); Cyrill von Alexandrien (ebd., S. 74 f) sowie auch Chromatius, Tract. XIV,3 in Ev. Matth. (MPL 20,360 B) und Petrus Chrysologus, Serm. 67–72.

66 Dibelius, Das Vaterunser, S. 139; vgl. Thomas, In orationis dom. expos. § 1058: „Cum ergo petimus quod veniat regnum, oramus quod non regnet in nobis peccatum, sed Deus“.

67 Dibelius, Das Vaterunser, S. 140: „Die ewig selichait verdient der mensch mit pehaltung der gepot, mit versmechung weltleicher ding und mit lieb und pegir ewiger ding“. Schon Chromatius, Tract. XIV,3 in Ev. Matth. (MPL 20,360 B) formuliert: „Tales nos in fide Domini et in mandatis ejus exhibere debemus, ut futuro regno digni esse possimus“.

Luther möchte die Werkgerechtigkeit und Verdienstfrömmigkeit, welche in dieser Applikation des futurisch-eschatologischen Ansatzes mitschwingt, durchstoßen; zugleich kreisen seine Gedanken um das Evangelium. Geleitet durch die Grundordnung: Glaube aus Gesetz und Evangelium, Liebe in Hingabe an den Nächsten und Leidensgehorsam[68], setzt er von Anfang an stärker ein beim Aufbrechen des Gnadenreiches Gottes hier auf Erden in unseren Herzen. Von Origenes und Gregor von Nyssa an läßt sich auch diese Akzentsetzung beobachten[69]. In schroffem Gegensatz zu Origenes deutet Luther jene zeitliche Herrschaft Gottes als ausschließliche Tat seiner gnädigen Allmacht; hierin unterscheidet sie sich grundsätzlich nicht vom Jüngsten Tage. Gottes zeitliches wie ewiges Reich brechen streng von oben und jenseits her in diese vergehende Erdenwelt hinein. In seinen frühen Deutungen entwickelt Luther dies einseitig vom Anthropologischen aus[70], in seinen späteren Auslegungen blickt er klarer auf Gottes weltumspannendes Retterwirken. Hierzu setzt er ein bei unserer Erlösung im Christusgeschehen, stößt von dort aus vor zum geistgewirkten neuen Gehorsam der Gotteskinder; hierin erneuert er die augustinische Intention der spätmittelalterlichen Auslegungen, freilich merzt er die meritorischen Anklänge sorgfältig aus.

Luther unterscheidet sich darin von allen Deutungen der zweiten Bitte vor ihm, daß er im Katechismus die Gottesherrschaft eingründet in das Christusevangelium, welches er zur ersten Bitte unter dem Stichwort der reinen Lehre präludiert hatte. Das ‚Gnadenreich' des himmlischen Vaters ist hier auf Erden allein dort zu finden, wo das Evangelium von unserer Errettung durch Christi Opfertod „rechtschaffen durch die Welt gepredigt" wird[71]. Dies ist und bleibt Luthers grundlegende Einsicht: Wie die Kirche ‚creatura verbi' ist, so ist auch Gottes Königtum eine Herrschaft durch das Wort vom Kreuz[72]. Im Katechismus liegt für Luther der spezielle Akzent mit 1. Kor 4,20 auf der Dynamik des Gottesgeistes. Die

68 Siehe den Kommentar, Bd. 2, S. 231 f.207 f sowie Bd. 4 zum Einordnen der Sakramente in Gottes Heilshandeln an uns durch das Evangelium.

69 Origenes, De oratione II,25 und Gregor von Nyssa, De oratione dom. III; vgl. Walther, Untersuchungen, S. 9 f.35 ff. Die präsentisch-eschatologische Dimension der Gottesherrschaft steht im Vordergrund etwa bei Rhabanus Maurus, Comm. in Math. lib. II (MPL 107,818 B–D), Pseudo-Hildebert, Liber de expos. Missae (MPL 171,1170 A) und Sicard von Cremona, Mitrale III, (MPL 213,136 A); vgl. auch Dibelius, Das Vaterunser, S. 170: „Zukom unsz din rych, uns hie in gnaden, und wüst in uns das rych des bösen gaistesz, des flaisches und der welt".

70 Siehe oben S. 46–49.

71 BSLK 674,18.

72 WA 11,249,27 (Von weltlicher Obrigkeit, 1523): „Christus ist der König und Herr im Reich Gottis . . ., und er auch darumb kommen ist, daß er das Reich Gottis anfienge und in der Welt aufrichtet".

Botschaft von unserer Erlösung in Christus unterscheidet sich dadurch von unseren ohnmächtigen und nichtigen Menschenworten, daß sie in der Kraft des Heiligen Geistes[73] lebendigen Glauben und tätigen Liebesgehorsam wirkt. So kreist Luthers Deutung der ersten beiden Bitten um die drei Stichworte, welche er in seiner Zusammenfassung noch einmal nennt, „ümb das Evangelion, Glauben und Heiligen Geist"[74].

Die feindliche Gegenmacht zur Herrschaft Christi sowie zur Dynamik des Geistes bilden jetzt ausschließlich die Chaosgewalten. Hatte der Reformator zum Credo noch auf Gottes Zorn als das hintergründige Gegenüber verwiesen[75], so blickt er hier zur zweiten Bitte nur noch auf die satanischen Gewalten. Christus hat uns errettet aus der Tyrannei des Teufels[76]; der Heilige Geist treibt Christi Königtum voran gegen die satanischen Gewalten[77]. Luther setzt voraus, daß dieses Reich der Gnade im Christusopfer gründet und durch die frohe Botschaft von der Vergebung der Schuld gebaut wird. Sein Augenmerk richtet sich nahezu ausschließlich auf „die Königsherrschaft des Recht schaffenden Gottes über der Welt"[78]. Gottes heiliges und barmherziges Recht bricht in Jesus Christus herein in diesen vergehenden Äon und treibt die Mächte der Tyrannei zurück. Der Gekreuzigte und Auferstandene herrscht im Glauben wie in der Liebe schon jetzt über die Seinen „als ein König der Gerechtigkeit, des Lebens und Seligkeit"[79]; in der Totenauferweckung wird der Herr die Seinen vollends in seine Gerechtigkeitsgestalt hineinwandeln, auf daß sie mit ihm „ewiglich leben in voller Gerechtigkeit und Seligkeit"[80]. So lebendig auch diese Aussagen hindrängen auf den eschatologisch gewandelten Leib des totalen Gehorsams, so streng bleibt zugleich alles gebunden an das durch die frohe Botschaft im Glauben neugeschaffene Herz der Gottesgewißheit.

73 673,38; 674,22.

74 676,12. WA 52,301.4 (Hauspost. zu Joh 16,23 ff, 1534/44): „. . . und sein Reich durch sein Wort und Heiligen Geist in uns und allen Menschen anrichten wölle". Dieser Tenor Luthers ist aufgegriffen etwa in den Nürnberger Kinderpredigten (Reu, Quellen, Bd. I,1, S. 527,32–37), bei Calvin, Genfer Kat., Fr. 268 f; Inst. III,20,42 und im Heidelberger Kat., Fr. 123.

75 Vgl. den Kommentar, Bd. 2, S. 137–139; der Verweis auf das böse Gewissen (673,35) wirkt wie ein Nachklang.

76 673,30–32.

77 674,22 f; vgl. auch WA 32,468,3–10 (Wochenpredigten über Mt 6,1–15, 1532) und WA 37,392,1 f (Pred. über Joh 16,23 ff vom 10. 5. 1534) = WA 52,301,2–5 (Hauspost. zu Joh 16,23 ff, 1534/44).

78 Stuhlmacher, Gerechtigkeit Gottes bei Paulus, S. 254.

79 673,33.

80 674,27. Siehe WA 2,97,19–36 (Auslegung dt. des Vaterunsers, 1519) mit Hinweis auf Mt 6,33; Gal 2,20; 1. Kor 6,19 f, sowie die Deutung von Röm 14,17 f in der Röm.-Vorl., 1515–16 (WA 56,510,10–511,20).

Daß Jesus neben der Proklamation des hereinbrechenden Gottesreiches seinen Jüngern den Auftrag gibt, auch die leiblich Gebundenen zu heilen[81], wie er selber in seinen Wunderheilungen die dämonischen Mächte zurückschlug, wird von Luther nicht wirklich aufgenommen. An diesem Punkt, der sicher viele Rückfragen erforderlich macht, bleibt das gesamte reformatorische Zeugnis zurück hinter der biblischen Vollgestalt der Botschaft von der Gottesherrschaft[82].

Diese unsere knappe Zusammenfassung bestätigt, wie unmittelbar Luther in den Katechismen die Christenheit identifiziert mit Gottes Königsherrschaft. Wie das Bekenntnis zur Kirche nicht die ‚Ecclesia triumphans' im Blick hatte, sondern die Christusherrschaft hier auf Erden[83], so denkt Luther auch beim Gottesreich zuerst an Christi Regiment unter den Menschenkindern. Wie die Christenheit als ‚creatura verbi' ihr gesamtes Leben sowie ihren Seinsstand allein im Gotteswort findet[84], so erwächst auch Gottes Gnadenreich aus der Predigt der Frohbotschaft. Wie Luther den altkirchlichen Satz Cyprians: „Außerhalb der Kirche keine Errettung" auf die Predigt der fremden Gerechtigkeit Jesu konzentrierte und dahingehend präzisierte: Jenseits des geistgewirkten Glaubens an die alleinerrettende Christusgnade kein Heil[85], so gilt auch für das göttliche Gnadenreich: Nur dort ist es im Schwange, wo das durch die Welt verkündigte Christuswort im Glauben angenommen wird. Wie die Kirche Christi von Urbeginn an im Streite liegt wider Satans Gegenkirche, so bricht das Gottesreich hinein in die Tyrannei der Chaosmächte[86]. Wie der Gottesgeist sein Erlösungs- und Heiligungswerk vorantreibt „ohn Unterlaß bis auf den Jüngsten Tag"[87] und seine Christenheit aus allen Völkern

81 K. L. Schmidt, Art. βασιλεία, S. 584,38–585,4: „Zusammen mit der Weisung an seine Jünger, das Gottesreich zu verkündigen, gibt Jesus die Weisung: καὶ ἰᾶσθαι (und zu heilen) Lk 9,2; vgl. Mt 10,7 f; Mk 3,13 f. Jesus sieht darin, daß er Dämonen austreibt, den Anbruch des Gottesreiches Mt 12,28 (= Lk 11,20). Darnach gibt es also nicht nur *Gottesreich-Wort*, sondern damit zusammenfallend *Gottesreich-Tat*. Ausdrücklich ist dasselbe in den Sammelberichten der Evangelien (im Anschluß an das älteste Kerygma) betont; vgl. Mt 4,23".

82 Aus dem Einbruch der Gottesherrschaft in diesen vergehenden Äon, welcher nach dem biblischen Zeugnis den ganzen Menschen den Todesgewalten entreißen will, unterstreicht Luther die Wirkungen auf das Inwendige des Menschenherzens, auf unser Gewissen in seiner Gottesdimension. Diese Akzentsetzung hängt zutiefst zusammen mit seinem reformatorischen Ansatz; siehe hierzu kritisch Peters, Glaube und Werk, S. 225–266.

83 Vgl. den Kommentar, Bd. 2, S. 222 f.

84 WA 7,721,12 (Ad librum Ambrosii Catharini responsio, 1521): „Tota vita et substantia ecclesiae est in verbo dei".

85 Siehe den Kommentar, Bd. 2, S. 234–236.

86 WA 35,464,5 = EKG 241,3 (Vaterunser-Lied): „Des Satans Zorn und groß Gewalt / zerbrich, vür ihm Dein Kirch erhalt". Dieser Aspekt wird umfassend meditiert in der Precatio dominica des Erasmus, Sp. 1222A–1223E.

87 BSLK 659,48 (GK zum 3. Artikel).

sammelt, so führt er Menschen herzu zum ewigen „Königreich" der Christusgnade[88]. Wie der Geist hier auf Erden die Heiligkeit der Christgläubigen „täglich mehrt" durch die „zwei Stück: christliche Kirche und Vergebung der Sunde"[89], so läßt er das Gottesreich auch intensiv stärker werden „durch täglich Zunehmen"[90] im Glaubensgehorsam. Wie schließlich und endlich der Geist die hier anhebende Heiligung „auf einem Augenblick vollführen"[91] und die Seinen „ewig heilig" machen[92] wird in der Totenauferweckung, so wird er in der endgültigen Offenbarung des Gottesreiches die Verderbensmächte für immer von uns abscheiden, „daß wir ewig leben in voller Gerechtigkeit und Seligkeit"[93].

Es ist völlig eindeutig, daß in dieser Gegenüberstellung der Vorder- und der Nachsatz nicht einen unterschiedlichen, sondern ein und denselben Vorgang anvisieren. Kirche und Gottesreich sind in den Katechismen ineinsgeschaut; sie beide sind verstanden als Herrschaftsbereich wie Herrschaftsvollzug des sich erbarmenden Gottes. Sowohl in seiner Credo-Auslegung als auch zur zweiten Vaterunser-Bitte blickt Luther freilich zuerst wie zuletzt auf Gottes Königtum selber, auf jenes eschatologische Herrwerden Gottes des Vaters durch den Sohn im Heiligen Geist, auf Gottes Sich-Durchsetzen gegen den Widerstand der Chaosmächte. Jene Überwindung der satanischen Todesgewalten[94] hebt an hier auf Erden „durch das Wort und den Glauben"[95], sie vollendet sich am Jüngsten Tage in der Neuschöpfung der Kreatur sowie in der völligen Errettung der Gotteskinder.

2. *Ewiges Gottesreich und irdisches „Bauchreich"*[96]

In der vertiefenden Gegenüberstellung unterstreicht der Reformator die transzendent-ewige Dimension der Gottesherrschaft. Wir Christen wa-

88 WA 38,360,38 (Eine einfältige Weise zu beten, 1535): „Bekehre die, so noch sollen Kinder und Gelieder Deines Reichs werden, daß sie mit uns und wir mit ihnen Dir in Deinem Reich in rechtem Glauben und wahrhaftiger Liebe dienen und aus diesem angefangenen Reich in das ewige Reich kommen".

89 659,10 (GK zum 3. Artikel).

90 674,13; 673,44.

91 659,22 (GK zum 3. Artikel).

92 660,12 (GK zum 3. Artikel).

93 674,27.

94 WA 37,392,1 (Pred. über Joh 16,23 ff vom 10. 5. 1534): „... ut regnum eius veniat, daß der Tod, des Teufels Reich etc. untergehe"; WA 52,301,1 (Hauspost. zu Joh 16,23 ff, 1534/44): „in der andern Bitte ... bittet man, daß des Teufels und des Todes Reich untergehe".

95 BSLK 674,9.

96 Dieser Abschnitt entfaltet die Gedanken von 674,32–675,24 und 678,6–11.

gen zu glauben, daß der unsichtbare, ewige Schöpfergott hier in dieser unserer Todeswelt sein unvergängliches Reich aufrichten will. In den ersten drei Dein-Bitten gewährt Gott uns Anteil an seinem Herzenswunsch, läßt er uns in sein innerstes Herz blicken. Hierdurch aber hebt er die Sinne der Menschen sowie deren Gebete empor über dieses Leben, welches so schnell vom Tod verschlungen wird, zu seiner unvergänglichen Ewigkeit[97].

Jene innere Umorientierung unseres Betens deutet Luther im Großen Katechismus lediglich an[98]; in der Katechismuspredigt vom 25. Mai 1528 hat er sie reicher entfaltet[99]. Durch Gottes Heilsoffenbarung ist etwas anders geworden im Beten der Menschheit. Wo Gott seinen Namen kundtut, seinen Willen offenbart und seine Gnadenherrschaft unter uns aufrichtet, erschließt er uns sein Herz und ermöglicht dadurch erst, daß wir Menschen uns den Gehalt der Dein-Bitten zu eigen machen. FRIEDRICH HEILER hat in seinem Standardwerk über das Gebet gezeigt, daß Menschen jenseits der biblischen Offenbarung wohl um ein höchstes Wesen wissen und dies als allsouveräne Macht, als allwissende Heiligkeit und gütigen Urvater verehren[100]. Ihre Bitten verbleiben jedoch im Horizont des Geschöpfseins und leiden an einer abgründigen Ungewißheit. Sie flehen um das ‚Brot' in jenem umfassenden Sinne, wie Luther es zur vierten Bitte entfaltet[101], um die Fristung wie Stärkung des erdverhafteten Lebens der Haus- oder Stammesgemeinschaft. Sie schreien auf unter der furchtbaren Tyrannei jener sie unmittelbar bedrängenden Dämonen und Ahnengeister und wagen sich in einsilbigen Notrufen vor den gütigen aber unendlich fernen Herrn alles Lebendigen[102]. In allem bleibt der Blick gebannt durch die konkrete kreatürliche Not.

„Menschen gehen zu Gott in *ihrer* Not,
flehen um Hilfe, bitten um Glück und Brot,
um Errettung aus Krankheit, Schuld und Tod.
So tun sie alle, alle, Christen und Heiden"[103].

97 675,23.
98 674,35–39.
99 WA 30 I,13,4–9.
100 HEILER, Das Gebet, S. 118–123; vgl. PETTAZONI, The allknowing God; SÖDERBLOM, Das Werden des Gottesglaubens.
101 Vgl. HEILER, Das Gebet, S. 60–69; etwa: „Wir bitten um Leben! (Marschallinsulaner). Erhalte uns das Leben! (Dschagganeger). Verlängere mein Leben! (Galla)".
102 Beispiele finden sich bei HEILER, Das Gebet, S. 122 f und bei HERMANN, Symbolik in den Religionen der Naturvölker, S. 71.
103 BONHOEFFER, Widerstand und Ergebung, S. 246.

Erst dort, wo der ferne und fremde Weltenherr uns seinen Heilswillen erschlossen hat und Menschen in wagendem Glaubensgehorsam in diese göttliche Offenbarung eingetreten sind, kann Gottes Leiden an uns Menschen in unser Blickfeld treten. In der Sendung des Sohnes und im Wirken des Geistes will Gott hier auf Erden unter uns sein Gnadenreich aufrichten. Um die neue Botschaft vom Gottesreich formiert sich die herausgerufene Schar, welche in den drei Dein-Bitten teilnimmt an jener „Not, so Gotte selbs betrifft, . . . daß auch in uns geschehe, das sonst außer uns geschehen muß“[104]. Nun wird auch ein Neues möglich:

„Menschen gehen zu Gott in *seiner* Not,
finden ihn arm, geschmäht, ohne Obdach und Brot,
sehn ihn verschlungen von Sünde, Schwachheit und Tod.
Christen stehen bei Gott in Seinem Leiden“[105].

Dem Leiden Gottes in Christus korrespondiert jedoch seine Zusage, daß er kraft der Auferweckung Jesu alle Gegenmächte überwinden werde. Noch verhüllt unter dem Kreuz Jesu und nur dem hoffenden Vertrauen erkennbar, richtet er unter uns von Christi Auferstehung her seine Herrschaft auf, welche Sünde, Tod und Hölle vertilgen will[106]. Im Christusevangelium ist allen Menschen die Teilhabe an jener eschatologischen Gottesherrschaft zugesagt. Bei seiner herrscherlichen Ehre gebietet Gott uns deshalb, ihn um jenen „ewigen, überschwänglichen Schatz“[107] anzuflehen, welchen er uns selber durch die Christusoffenbarung erschlossen hat.

In seiner Deutung von Mt 6,33 in den Wochenpredigten zur Bergpredigt[108] füllt Luther das Trachten nach dem Gottesreich mit dem Bild der Gerechtigkeit Christi[109]. Als Herr und König im Gottesreich ist Jesus das Urbild der gottgewollten Gerechtigkeit, in welches wir bereits hier auf Erden in Glaube, Liebe und Hoffnung hineingewandelt werden. Als der

104 BSLK 678,7.

105 Bonhoeffer, Widerstand und Ergebung, S. 247.

106 674,26.

107 674,34.

108 WA 32,466,8–470,35; vgl. ferner WA 30 I,13,21–24 (Kat.-Pred. vom 25. 5. 1528), sowie die Predigten über Mt 6,24–34 bei Mülhaupt, Ev.-Auslegung, Bd. II, S. 178–192.

109 WA 32,468,3: „Es ist aber oft gesagt, was Gottes Reich sei, nämlich aufs kürzte, daß es nicht stehe in äußerlichen Dingen, Essen und Trinken etc., noch andern Werken, die man tun kann, sondern darin, daß man gläube an Jesum Christum, welcher ist das Häupt und einiger König in diesem Reich, in und durch welchem wirs alles haben, daß, wer darin bleibt, kein Sund, Tod und Unglück kann schaden, sondern ewig Leben, Freud und Seligkeit hat, und hie anfähet in solchem Glauben, aber am Jüngsten Tag offenbar und ewig vollendet soll werden“.

Auferweckte und zur Rechten des Vaters Erhöhte ist er zugleich das Zielbild, dem wir uns entgegenstrecken, wenn wir die Zukunft des Gottesreiches erbitten. Auf dieses freie Atmen im Gnadenanblick Gottes, auf dieses völlige Durchpulstwerden von Gottes heiligem Rechtswillen, welches alle niederziehenden Todesgewalten endgültig hinter sich gelassen hat, soll sich unser vertrauend-hoffendes Herz ausstrecken. Es geht um nichts Geringeres in dieser zweiten Bitte als um die vollkommene Gottesgemeinschaft, „daß wir Gott sampt allen seinen Gütern zu eigen kriegen"[110]; dies beginnt schon hier in wagendem Vertrauen, dies erfüllt sich erst dort in der klaren Gottesschau.

Nach diesem „Ewigen und Unvergänglichen"[111] gilt es „am ersten" zu trachten; hierauf soll und darf der Blick eines Christenmenschen unablässig gerichtet sein. Wo wir unter Gott und dessen Gnadenherrschaft stehen und diese Bitte recht sprechen, welche allein der Christ nach Gottes Willen zu beten vermag, da wird auch die den Christen mit den Nicht-Christen gemeinsame Not unseres „unflätigen, tödlichen Bauchreiches"[112] recht vor Gott getragen. Dabei gilt es freilich die absolute Vorordnung der Dein-Bitten vor und über die Unser-Bitten zu wahren[113]. Wir sollen uns davor hüten, die Gottesherrschaft nur um jener erdnahen ‚Folgen' willen zu erstreben und nicht um ihrer selbst willen[114]. Wer nach dem Gottesreich trachten zu können meint, *auf daß* ihm die Erde untertan werde, versündigt sich an diesem grundlegenden Gebot des Herrn, Gottes Not unter uns das A und O unseres Gebetes sein zu lassen.

Und dennoch sucht der Herr in beidem, in Gottes Schöpferwirken wie in Christi Gnadenreich, in seinem weltlichen wie in seinem geistlichen Regiment, ein und dasselbe bei uns; er sucht allein jenen ungeheuchelten Glauben, welcher die zeitlichen wie die ewigen Güter „ungezweifelt von Gott gewartet"[115]. Heiden und Christen sind also beides zugleich, zutiefst miteinander verbunden wie zutiefst voneinander getrennt. Sie sind miteinander verbunden in dem Urgeheimnis, daß wir unser Leben nicht in der Hand haben, daß wir ständig jene abgründige Ohnmacht in unserer Freiheit erleiden müssen; sie sind darin voneinander geschieden, daß nach den Reformatoren rechter Glaube noch nicht aus Gottes hoheitlich-

110 676,3.
111 675,23.
112 WA 32,467,24 (Wochenpredigt zu Mt 6,33, 1530/32).
113 Siehe oben S. 18–22.
114 WA 18,694,17 (De servo arbitrio, 1525): „Filii autem Dei gratuita voluntate faciunt bonum, nullum praemium quaerentes, sed solam gloriam et voluntatem Dei, parati bonum facere, si, per impossibile, neque regnum neque infernus esset". Auch Erasmus, Precatio dominica, Sp. 1223D/E, unterstreicht, daß die Verdienste der Gläubigen ganz in Gottes allmächtiger Gnadenhand ruhen.
115 675,15.

verborgenem Nahesein in der Schöpfung aufbricht, sondern allein aus der Heilsoffenbarung des gnädigen Vaters durch den Sohn Jesus Christus in und mit dem Heiligen Geist[116]. Deshalb schärft der Reformator zu dieser Bitte um das Gottesreich sowohl die Verheißung als auch das Gebot Gottes besonders dringlich ein. Der „ewige unvergängliche Quell"[117] allen Lebens gebietet und lockt uns, ihn um das Höchste anzuflehen, was in keines Menschen Herz gekommen ist[118]; hieraus dürfen wir eine überschwengliche Gewißheit und Freudigkeit schöpfen.

116 660,38–47 (GK zum 3. Artikel).
117 674,42.
118 674,34–39.

Die dritte Bitte um das Sich-Durchsetzen des göttlichen Heilsratschlusses

Wortlaut und Sinn der dritten Bitte[1]

1. Luthers Wiedergabe der Bitte

Die dritte Bitte um den göttlichen Heilsratschluß ist nur bei Matthäus überliefert. In ihr dürfte die judenchristliche Gemeinde die Dein-Bitten durch eine liturgisch reichere Wendung zusammengefaßt haben[2]. Vielleicht griff sie hierbei zurück auf ein „ursprünglich isoliert überliefertes kleines Gebetchen Jesu“[3].

Die Überlieferung schwankt hinsichtlich des Wortlautes in unwesentlichen Einzelheiten[4]; dies schlug sich auch in den deutschen Wiedergaben nieder[5]. Mit einer bei Notker einsetzenden Tradition übersetzt Luther das „fiat“ (γενηθήτω) mit „(es) geschehe“[6]; zugleich übernimmt er das singularische „im Himmel“. In der Zuordnung jener in sich abgestuften Einheit: Himmel – Erde bewahrt er – im Unterschied zu seiner Bibelübersetzung[7] – die Reihenfolge der Vulgata („sicut in caelo, et in terra“),

1 Zur Deutung dieser Bitte siehe besonders: LOHMEYER, Das Vaterunser, S. 75–92; SCHÜRMANN, Das Gebet des Herrn, S. 53–60; SCHRENK, Art. θέλημα; v. RAD/TRAUB, Art. οὐρανός; SASSE, Art. γῆ; GLOEGE, Art. Heilsratschluß (RGG³); RAHNER, Art. Heilswille Gottes (LThK²); sowie HARDELAND, Katechismusgedanken, S. 280–283; STEINLEIN, Wandlungen in Luthers Auslegung der 3. Bitte; MEYER, Hist. Komm., S. 401–408; GIRGENSOHN, Katechismus-Auslegung, Bd. 1, S. 207–218.

2 Nach JEREMIAS, Das Vater-unser, S. 12 f (= DERS., Abba. Stud. zur ntl. Theol., S. 157 f).

3 SCHÜRMANN, Das Gebet des Herrn, S. 54; GRÜNDMANN, Das Evangelium nach Matth., S. 201, möchte an Jesu Gethsemane-Gebet denken.

4 Vgl. LOHMEYER, Das Vater-unser, S. 75 f.

5 Siehe den Überblick bei MEYER, Hist. Komm., S. 97, sowie bei COHRS, MGP XXIII, S. 290–293.

6 Nach MEYER, Hist. Komm., S. 97; eine andere Tradition hat „werde“ (cod. Weiss. 91).

7 Hier übersetzt er zu Mt 6,10 wie zu Lk 11,2: „Dein Wille geschehe auf Erden wie in dem Himmele (wie im Himmel)“ (WADB 6,32 f.262 f); vgl. auch WA 10 II,457,23 (Betbüchlein, 1522 ff) und WA 52,301,6 (Hauspost. zu Joh 16,23–30, 1534/44).

schwankt freilich in den verknüpfenden Worten[8]. Erst im Großen und Kleinen Katechismus akzentuiert er die Relation scharf: „Dein Wille geschehe wie im Himmel, also auch auf Erden“[9]. Die ökumenische Fassung formuliert noch schlichter: „wie im Himmel, so auf Erden“. Der Himmel ist der ‚Ort‘, an welchem Gottes Wille schon jetzt vollkommen geschieht; dies erflehen wir auch für unsere Erde; so unterstreichen es die Katechismuspredigten[10].

2. *Traditionsgeschichte und Textprobleme der Deutung im Kleinen Katechismus*

Ohne eine präzis formulierte Grundlage in der mittelalterlichen Tradition[11] ordnet der Reformator auch die dritte Bitte dem Schema der ersten beiden zu: „Gottes guter, gnädiger Wille geschicht wohl ohn unser Gebet, aber wir bitten in diesem Gebet, daß er auch bei uns geschehe“[12]. Freilich weisen bereits einige altkirchliche Auslegungen in diese Richtung[13].

Die Zusammenstellung der Gegenmächte zur Herrschaft wie zum Willen Gottes: Teufel, Welt und Fleisch folgt der patristischen Tradition und taucht mehrfach in den Deutungen des 15. Jahrhunderts auf[14]. Der Reformator entfaltet den Gegenangriff jener Trias zur dritten Bitte stärker von außen her als ‚Anfeindung‘, zur sechsten Bitte dann stärker von innen her als ‚Anfechtung‘.

8 WA 2,86,21 (Auslegung dt. des Vaterunsers, 1519): „Dein Will geschehe als im Himmel und in der Erden“; WA 2,99,12 (ebd.): „Dein Wille gescheh als im Himmel und auf Erden“; vgl. auch WA 9,125,11; 137,9 (Auslegung und Deutung des Vaterunsers, 1517/18); WA 6,14,20 (Eine kurze Form, das Paternoster zu verstehen, 1519) = WA 7,224,2 (Eine kurze Form des Vaterunsers, 1520): „Dein Will geschehe als im Himmel und auf der Erden“; BSLK 556,22 (Vorrede zum GK): „Dein Wille geschehe als im Himmel auch auf Erden“; WA 38,361,6 (Eine einfältige Weise zu beten, 1535): „Dein Wille geschehe, wie im Himmel also auch auf Erden“.

9 BSLK 513,17; 675,40.

10 WA 30 I,14,2 (Kat.-Pred. vom 26. 5. 1528): „Voluntas dei in caelo fit, in terra non. Ideo oramus ut in terra fiat, sicut in caelo“; vgl. auch WA 30 I,48,4 (Kat.-Pred. vom 22. 9. 1528).

11 Siehe Dibelius, Das Vaterunser, S. 83; Meyer, Hist. Komm., S. 405.

12 BSLK 513,20.

13 Etwa Tertullian, De oratione 4,2,7 (CChrSL 1,259): „. . . idem iam est sensus petitionis, ut in nobis fiat voluntas Dei in terris . . .“; ebd. 5,1,1 (CChrSL 1,260): „Veniat quoque regnum tuum ad id pertinet, quod et fiat voluntas tua, in nobis scilicet“. Cyprian, De dom. oratione 14 (CSEL 3,1, S. 276,25): „Oramus et petimus ut fiat in nobis voluntas Dei“. Siehe ferner auch Chromatius, Tract. XIV,4 in Ev. Matth. (MPL 20,360 C); Walafried Strabo, Glossa ord. Ev. Matth. (MPL 114,101 C); Sicard von Cremona, Mitrale III (MPL 213,136 A).

14 Siehe Dibelius, Das Vaterunser, S. 83 f; Weidenhiller, Untersuchungen, S. 214 ff.

Der Wortlaut von Luthers Antwort auf die zweite Frage: „Wie geschieht das?“[15] ist voller stilistischer Härten und Inkonsequenzen[16]; freilich wird hierdurch der Sinn kaum verdunkelt. Der singularisch empfundene Doppelbegriff „Rat und Wille“[17] wird aufgenommen in einem pluralischen Relativsatz, „so uns den Namen Gottes nicht heiligen und sein Reich nicht kommen lassen wollen“[18]. Geleitet durch das Adjektiv „allen“[19] denkt Luther an die ständig wechselnden Anschläge der satanischen Gegengewalten in deren unvorhersehbarer Vielfalt. Die erneut singularische Anknüpfung „als da ist“[20] scheint stärker die Einheit jenes Gegenwillens gegen den einen gnädigen und guten Gotteswillen ins Auge zu fassen. Sie reibt sich ihrerseits mit der Trias: Teufel, Welt, Fleisch. Auch diese Trias hat Luther anscheinend nicht mehr einhellig durch einen durchgehenden Genitiv dem einen satanischen Gegenwillen zugeordnet. Vielleicht liegt hier ein Flüchtigkeitsversehen vor[21]. Der Satz „als da ist der Teufel (Nominativ), der Welt (Genitiv) und unsers Fleischs Wille“[22] mag ein erster Änderungsversuch der ‚Buchmacher‘ sein. Der erste Tafeldruck lautete wohl „als da ist der teuffel / die wellt und unsers fleischs wille“. Die Buchausgabe bei Schirlentz vom Mai 1529 hat bereits „der Welt“ und die vom Jahre 1536 auch „des Teufel(s)“[23]. Vielleicht handelt es sich auch lediglich um ein Schreib- oder Druckversehen, wofür die parallelen Wendungen in der Katechismuspredigt vom 14. Dezember 1528 und im Großen Katechismus sprechen würden[24]. Sprachlich hart ist ferner das „sondern“[25], welches die zweite Hälfte des Kernsatzes einleitet. Luther bezog es sinngemäß auf das Objekt der ersten Satzhälfte zurück, welche in den Nebensätzen entfaltet wurde, auf den „bösen Rat und Willen“[26], nicht jedoch, wie es die formale Logik der Sprache fordert, auf das Subjekt und Prädikat der ersten Satzhälfte, auf Gottes Kampf wider die Chaos-

15 BSLK 513,25–32.
16 Vgl. MEYER, Hist. Komm., S. 406 f.
17 513,25.
18 513,26.
19 513,25.
20 513,28.
21 So MEYER, Hist. Komm., S. 406 und S. 31 sowie ALBRECHT in WA 30 I,373, Anm. 2–5.
22 513,28.
23 Siehe ALBRECHT, Der Kleine Katechismus vom Jahre 1536, S. 92 f.
24 WA 30 I,101,14: „Papae, Caesaris, principum, diaboli, carnis nostrae voluntas“; BSLK 677,33: „nicht des Teufels und unserer Feinde Wille“; 678,42: „daß des Teufels und aller unser Feinde Willen und Furnehmen“.
25 513,29.
26 513,25.

mächte[27]. Der Sinn dieses recht locker zusammengefügten Satzes ist: Nur dort ist Gottes heilsamer Gnadenwille auf dem Plan, wo der Herr den Anschlägen der teuflischen Gegenkräfte keinen Raum läßt, „sondern" seine Hand schirmend über die Seinen hält.

3. *Der biblische Sinn der Bitte*

Diese nur bei Matthäus überlieferte Bitte: „Dein Wille geschehe!" stimmt bei demselben Evangelisten wörtlich überein mit Jesu Gebet im Garten Gethsemane (Mt 26,42)[28]. Sie klingt nach in dem Bericht vom Weg des Apostels Paulus hinauf nach Jerusalem sowie im Martyrium des Polykarp: „Der Wille des Herrn geschehe!" (Apg 21,14; Mart. Pol 7,1).

In diesem Gebetswunsch scheint sich tiefste heidnische Ergebung in unser unergründliches Menschenlos zu verschwistern mit frommer jüdischer Beugung unter den im Gesetz geoffenbarten Gotteswillen. Die demütige Formel: ‚Wie Gott es will', oder: ‚Es geschehe nach dem Willen der Götter' war den Griechen wie den Römern nicht unbekannt. Wenn sie sich auch im Alten Testament kaum findet[29], so klingt sie doch im Neuen Testament auf[30]. IhreTradition reicht weit zurück. Nach Platon nahm Sokrates die Nachricht, daß seine Todesstunde nahe, mit den Worten entgegen: „Wenn es den Göttern so lieb ist, sei es so"[31]. Von dem Pythagoräer Thymaridas berichtet die Anekdote: Als ihm ein Freund beim Antritt einer Seereise zurief: „Was du willst, möge dir von den Göttern geschehen!" habe er erwidert: „Gott behüte, sondern ich möchte wollen, was mir von den Göttern geschieht"[32]. Stoische Philosophen haben jenes Sich-Beugen unter das uns Zugemessene zu einer Formel verdichtet und ins Grundsätzliche erhoben: Allein derjenige Mensch wird in der gefahrumlauerten Reise unseres Erdenlebens nicht scheitern, welcher in allem, was ihm zustößt, den Willen der gottheitlichen Übermacht erkennt und diesen göttlichen Überwillen in sein Wollen aufnimmt[33]. Die

27 Eine Sinnparallele findet sich WA 30 I,101,15 (Kat.-Pred. vom 12. 12. 1528): „. . . non permittas meam, carnis meae etc. voluntatem fieri, Sed da gratiam, daß das Euangelium unverhinderlich gehe".

28 Etwas anders lautet die Bitte bei Lukas (Lk 22,42); bei Markus freilich ist sie stark verändert (Mk 14,36).

29 Etwa 1. Sam 3,18, 1. Chr 19,13.

30 LOHMEYER, Das Vater-Unser, S. 78 nennt 1. Kor 4,19; 16,7.12; Hebr 3,6; Apg 18,21; Jak 4,15; Ign Eph 20,1.

31 Platon, Kriton 43 D.

32 Nach LOHMEYER, Das Vater-unser, S. 78 f.

33 Siehe etwa Epiktet, Enchiridion 8; Dissertationes II,14,7; I,12,15; IV,7,20; Seneca, Epist. 74,20.

christliche Überlieferung griff jene tiefe menschliche Einsicht auf und tradierte sie zur dritten Bitte[34]. Der frühe Luther spitzte sie zu auf den Gebetswunsch: Durch allerlei Kreuz und Leiden möge der göttliche Überwille unseren selbstsüchtigen Eigenwillen brechen[35]. Jene Erkenntnisse verbleiben freilich im Horizont unseres geschöpflichen Gewiesenseins auf Gottes Übermacht, war doch denjenigen Menschen, welche sie formulierten, Gottes Heilswille verhüllt geblieben.

Wo der heilige Gott seinen hoheitlichen Rechtswillen geoffenbart hat, da erschließt sich uns Menschen eine weitere Dimension. Dieses Zweite hat sich niedergeschlagen in der stehenden Wendung der palästinischen Synagoge: „Gottes Willen, Gottes Wohlgefallen tun"[36]. Das Neue Testament greift auch diese Wendung auf. Es ist Jesu Amt, dem himmlischen Vater das gehorsame Volk zu bereiten, von welchem Jeremias verheißen hat, ihm werde das Gottesgebot ins Herz geschrieben sein[37]. Eingehen in Gottes Königtum wird allein die Schar derer, welche den Willen des Vaters im Himmel tun (Mt 7,21; Lk 6,45). „Wer den Willen Gottes tut", der ist Jesu „Bruder, Schwester und Mutter" (Mk 3,35 par). Nur die Gemeinschaft der Glaubenden, welcher sich Gott als Vater durch den Sohn im Heiligen Geist zum Heil erschlossen hat, vermag in selbstloser Zuversicht in seinen Heilswillen einzutreten.

Und doch, auch diese Deutung trifft noch nicht den vollen Gehalt dieser Bitte. Jene wendet sich in der Form eines zurückhaltenden Wun-

34 Man orientiert sich dabei freilich stärker am Gethsemane-Gebet Jesu, so etwa Origenes, Comment. Rom. nach Rufin VII,6,602; Zit. 62 und Chrysostomus, Hom. de consolatione mortis II,9 (MPG 56,306) und in der Rede Ante Exsilium 2 (MPG 52,430). In der Moderne hat SCHLEIERMACHER im Anschluß an Kant die ‚Ergebung' in den sittlichen Weltzusammenhang einseitig herausgestrichen. Nach ihm gibt es „kein Verhältnis der Wechselwirkungen zwischen Geschöpf und Schöpfer" (SCHLEIERMACHER, Glaubenslehre, Bd. 2, S. 381, § 147,2). So wandelt sich das Bittgebet in ein dankbares Sich-Einschwingen in den Prozeß der Versittlichung der Welt, der wechselseitigen Durchdringung von Vernunft und Natur. Ähnlich formuliert auch ALBRECHT RITSCHL: „Die Erhörung der aus der Not des Lebens an Gott gerichteten Bitten um einzelne Güter, welche in schrankenloser Weise zugesichert zu sein scheint (Mt 7,7–11), erfährt doch die Begrenzung durch die Vorbehalte, daß die Bitte mit der Vorsehung Gottes über uns zusammentreffen müsse (Mk 14,36; 1. Joh 5,14), und daß man in der Erfüllung der göttlichen Gebote begriffen sei (1. Joh 3,21 f)" (RITSCHL, Unterricht, S. 45, § 55). Moderne Deutungen suchen auch Luther in diesen Gesamtzusammenhang hineinzustellen; vgl. etwa E. W. SCHMIDT, Luther und das Bittgebet.

35 Siehe oben S. 47 f.

36 Belege bei SCHRENK, Art. ϑέλημα, S. 54.

37 Jer 31,31 ff bestimmt bereits Gottes Heilswerk als seinen Eingriff in unser Herzinnerstes. Der Herr selber werde das unter die Sündenschuld versklavte Herz wandeln und den pneumatischen Gehorsam wirken. Kein Prophet vor Jeremia hat „das göttliche Heilsgeschehen nach der anthropologischen Seite hin so sorgfältig unterbaut" (v. RAD, Theologie des AT, Bd. 2, S. 229; vgl. S. 224–229).

sches an Gott den himmlischen Vater selber, sie appelliert nicht an unsere menschliche Aktivität. Nicht wir Menschen sollen Gottes Willen auf uns nehmen, sondern Gott selber möge ihn durchsetzen. Jesu jüdische Umwelt ist voll von Aufrufen, sich unter Gottes Willen zu beugen und ihn zu erfüllen; ein analoges Gebet zu Gott hat man in ihr vergebens gesucht[38]. Der passivische Imperativ des Aorist streckt sich auch zu dieser Bitte aus nach einem einmaligen, in sich abgeschlossenen und letztgültigen Geschehen, welches für die hereinbrechende Zukunft erfleht wird: Gottes Wohlgefallen möchte sich mit weltumspannender Macht durchsetzen.

Dieses Verständnis der Bitte wird noch präzisiert durch den Hinweis auf Himmel und Erde. Sie bilden nach dem Alten Testament die Einheit alles Geschaffenen, und doch geht durch dieses „Universum" ein klaffender Riß hindurch[39]. Während die Erde als Stätte der Sünde seufzt unter dem Gottesfluch, ist der Himmel Jahwes sonderlicher Bereich, der Quellort aller Segensmächte[40], die Heimstatt des uns Staubgeborenen unzugänglichen ewigen Lebens, ja der „Ort, an dem das von Gott geplante Heil vor seiner Verwirklichung auf Erden schon vorhanden ist"[41]. Das Neue Testament identifiziert dieses Gottesheil mit dem zur Rechten des Vaters erhöhten Sohn[42]. Dort oben im Himmel hält jetzt der Hohepriester sein allgenugsames Opfer ständig gegenwärtig vor dem Thron der heiligen Majestät[43]. Der Himmel ist deshalb der ‚Ort' der entschleierten Herrlichkeit Gottes[44]; von dieser Stelle ist der Ankläger bereits verstoßen und herabgeschleudert auf die Erde[45]. Es ist der ‚Ort' des vollkommenen Gehorsams, der immerwährenden Anbetung. Es ist zugleich der ‚Ort', an welchem der für uns Geopferte und Auferweckte die Geheimbefehle Gottes entsiegelt, von welchem aus er das Ende der schuldbeladenen und fluchgepeinigten Welt in Gericht wie Errettung heraufführt[46]; damit ist es aber auch der ‚Ort', an welchem die ewigen Heilsgüter schon bereitet sind[47], von dem aus sie mit dem himmlischen Jerusalem herabkommen werden[48]. In allem ist es der ‚Ort', welchem sich die von der schuldbelade-

38 Nach SCHÜRMANN, Das Gebet des Herrn, S. 59.
39 Siehe hierzu v. RAD, Art. οὐρανός, S. 503–509 und WESTERMANN, Genesis, S. 140 f.
40 Vgl. etwa Gen 49,25; Dtn 33,13; 1. Kön 8,35 f.
41 v. RAD, Art. οὐρανός, S. 507,16.
42 Vgl. TRAUB, Art. οὐρανός, S. 522–529, sowie den Kommentar, Bd. 2, S. 157,165.
43 Vgl. etwa Hebr 7,24–26; 9,12–14.24; Apk 5,6.
44 Etwa Apk 4; 1. Tim 6,16.
45 Nach Apk 12,10, Joh 12,31; Lk 10,18.
46 Siehe etwa Apk 5,2 ff; 6,1 ff.
47 TRAUB formuliert unter Verweis auf eine Fülle von Belegstellen „Als Gottes Thron, als Ziel der Himmelfahrt und Ausgangsort des wiederkommenden Christus bezeichnet οὐρανός den Integrationspunkt für die gegenwärtig-zukünftigen Heilsgüter des neuen Äon" (TRAUB, Art. οὐρανός, S. 532,13).
48 Vgl. Apk 3,12; 21,2.10.

nen Erde Losgekauften[49] in Sehnsucht entgegenstrecken[50]: „Voluntas Dei in caelo fit, in terra non. Ideo oramus, ut in terra fiat sicut in caelo“[51].

Vom Himmel her wird Gottes Wille zugleich mit seinem Namen und seinem Königtum aufleuchten über aller Kreatur[52]. Hierdurch gewinnt auch der Inhalt jenes Gotteswillens seine eindeutige Bestimmung. Er umspannt beides zugleich und miteinander, Gottes Heilsratschluß und seinen Herrschaftswillen. „Gottes Wille ist sein ‚Wohlgefallen‘, das von Gott seit jeher Gewollte und Geplante, an dessen Realisierung und Durchsetzung er seine Freude hat. Gottes ‚Wohlgefallen‘ aber ist doppelter Art: (1.) daß Gottes *Heilsplan* zur Vollendung komme und (2.) daß sein *Herrschaftswille* sich durchsetze“[53].

Wo die betende Schar, angeleitet durch Jesus und im Aufblick zu ihm, jenes letztgültige Offenbarwerden des gnädigen Heilsratschlusses wie heiligen Rechtswillens Gottes erfleht, da tritt sie selber ein in Jesu Gehorsamsweg unter dem Willen des Vaters[54], da wird sie mit ihrem Herrn hineingerissen in jenen apokalyptischen Streit, welcher die gefallene Schöpfung durchtobt; auch für sie geht es schon hier und jetzt um Gottes Heilsratschluß und Herrschaftswillen. Wir flehen deshalb darum, daß „Gottes guter, gnädiger Wille . . . auch bei uns geschehe“[55]. Mitten in diesem eschatologischen Ringen sprach der Herr selber diese Bitte auf seinem Weg ans Kreuz. Jesu Gebetsringen in Gethsemane bestätigt und bekräftigt das eschatologische Verständnis dieser Bitte. Es geht in der Nacht der Dahingabe in die Hände der Menschen um mehr als um Jesu persönliches Geschick, um mehr als um das Annehmen des Todeskelches in demütig-freiem Sich-Beugen unter die lastende Hand einer sich verhüllenden Übermacht. Jesus nimmt sein Sterben an als den Heilsratschluß des himmlischen Vaters zur Versöhnung der Vielen. Doch indem er dies vollzieht, ist in sein Gebetsringen alles heidnische Sich-Hineinbergen in ein übermächtiges Geschick sowie alles jüdische Sich-Mühen um Gottes heiligen Rechtswillen eingegangen und aufgehoben.

49 So Apk 14,3; vgl. auch Hebr 11,13; Phil 3,20, Kol 3,2–5.
50 Siehe SASSE, Art. γῆ, S. 678 f.
51 WA 30 I,14,2 (Kat.-Pred. vom 26. 5. 1528).
52 Vgl. SCHRENK, Art. θέλημα, S. 56 f und SCHÜRMANN, Das Gebet des Herrn, S. 54.
53 SCHÜRMANN, Das Gebet des Herrn, S. 54.
54 Rhabanus Maurus, Commentar in Matth. 2 (MPL 107,818D-819A), formuliert einprägsam: „Voluntas autem Dei est quam Christus et fecit et docuit“ und entfaltet dies zugleich eindringlich.
55 BSLK 513,20 (KK).

Gliederung der Auslegung

Die Deutung der dritten Bitte im Großen Katechismus folgt im Wesentlichen der Katechismuspredigt vom 14. Dezember 1528[56]. Freilich löst sich Luther stärker von seiner Vorlage als zu den ersten beiden Bitten, sucht er doch das bisher Dargelegte zusammenzugreifen und die drei Dein-Bitten als eine Einheit zu fassen. Seine Auslegung gliedert sich in fünf Abschnitte: a) Zunächst fügt er die dritte Bitte ein in den Duktus der ersten beiden[57]. Wir bitten nicht allein darum, daß Gott uns herausreiße aus der Tyrannei der Verderbensmächte, sondern zugleich darum, daß er uns bis ans Ende unter seiner gnädigen Herrschaft gegen alle Angriffe des alt-bösen Feindes bewahre. b) Darauf schildert Luther die Gegenmacht Satans und dessen Trabanten, der argen Welt wie unseres eigenen faulen Fleisches[58]. c) Abschließend formuliert er noch einmal den Gehalt dieser Bitte[59]. Wir bitten um die Kraft, das „liebe heilige Kreuz"[60] mit Geduld bis in den Tod tragen zu können und darin unter Gottes Gnadenwillen zu bleiben. d) Sodann greift Luther den Gehalt der drei Dein-Bitten zusammen, indem er auf den Widersacher blickt[61]. e) Jene drei Bitten sind uns „Schutz und Wehre"[62] gegen den Teufel, sie gründen fest in Gottes Heilsratschluß und haben deshalb volle Erhörungsgewißheit[63].

Die drei zentralen Abschnitte lassen sich, wie folgt, untergliedern: a) Der Skopus der dritten Bitte im Gesamtzusammenhang der Dein-Bitten[64].

1. Zunächst greift der Reformator den Gehalt der ersten beiden Bitten zusammen[65]. Es geht um nichts Geringeres als um unser Anteilgewinnen

56 WA 30 I,101,7–102,18.

57 BSLK 675,43–676,21.

58 676,33–677,6.

59 677,14–40.

60 677,21.

61 678,6–24. Der nach WA 30 I,102,1–4 gestaltete Abschnitt verknüpft die Dein-Bitten im Hinblick auf die Gegenmächte und greift darin zurück auf Abschnitt a), so können wir beides zusammenfassen. Siehe ferner die Deutung des letzten Abschnitts der 2. Bitte (674,32–675,24) oben S. 83–87.

62 678,30.

63 678,30–48. Der nach WA 30 I,102,8–13 gestaltete Abschnitt nimmt die einleitenden Ausführungen über das Vaterunser als Schutz- und Angriffswaffe gegen den Satan (669,18–47) nahezu wörtlich auf, so kann auf das oben Dargelegte (siehe S. 28–34) verwiesen werden.

64 675,43–676,21.

65 Auch im KK greift Luther zurück auf die ersten beiden Bitten, sowohl in dem negativen Satz: „so uns den Namen Gottes nicht heiligen und sein Reich nicht kommen lassen wollen" (513,26), als auch in der Zusammenstellung: „in seinem Wort und Glauben" (513,30).

am dreieinigen Gott selber sowie an seiner Gnadenherrschaft hier auf Erden; es geht also, mit der Kernformel reformatorischer Rechtfertigung gesprochen, um „Gottes Ehre und unsere Seligkeit“[66]. Luther rekapituliert dieses Zentrum der Dein-Bitten unter den Stichworten: Evangelium, Glaube, Heiliger Geist; hierin spricht er sein eigenes Verständnis jener drei ersten Bitten prägnant aus[67].

2. Die neue Situation der dritten Bitte erwächst aus dem Blick auf die satanische Gegenmacht. Hat Gott der Vater uns durch die Hingabe des Sohnes und die Sendung des Geistes herausgerissen aus der Tyrannei der Chaosmächte und seiner Gnadenherrschaft inkorporiert, so muß er uns auch hinfort gegen die ständigen Angriffe Satans schützen. Luther verdeutlicht dies am Beispiel einer menschlichen Herrschaftsordnung, zu welcher ebenfalls nicht nur die nach innen hin aufbauenden und gestaltenden Regierungskräfte gehören, sondern auch die nach außen hin abwehrenden und schützenden Gewalten[68].

3. Der Verweis auf die unermüdlichen Angriffe der satanischen Gegenmacht beschließt diesen Abschnitt und leitet zum folgenden über[69].

b) Das satanische Gegenreich, seine Struktur und seine Intention[70].

1. Satan als gefallener Engel lebt durch Lüge und Irrlehre unter dem äußeren Schein der Gotteswahrheit. Der Einbruch in sein Reich erfolgt durch die gewaltlose und doch herzbezwingende Kraft des Christusevangeliums[71]. Mit diesem neuen Aspekt vertieft Luther die Deutung der ersten Bitte[72].

2. Neben den Satan treten als seine Trabanten die Welt und das Fleisch. Von außen bedrängt der Teufel die Glaubenden durch die dem Evangelium feindliche Welt; von innen bedient er sich der Trägheit und Leidensscheu des eigenen Fleisches der Christen[73].

3. Satan hat nur einen Willen, die Menschen unter seine Todesknechtschaft zurückzuzwingen[74].

66 676,2. Dies ist der zwiefache Skopus der reformatorischen Rechtfertigungsbotschaft; ihn nennen Apol. IV (BSLK 158,26–159,7; 184,4–36; 191,40–52) und FC SD III (BSLK 924,18–36) sowie Calvin, Inst. III,13,1–5.

67 675,42–676,4; 676,11–14.

68 676,4–11.14–16. Im KK korrespondieren diesem Absatz die Wendungen „bricht und hindert“ (513,26), sowie „stärket und behält uns feste ... bis an unser Ende“ (513,29).

69 676,16–21.

70 676,33–677,6. Dieser zweite Abschnitt entfaltet das Objekt des ersten Satzes zur zweiten Frage im KK sowie die Nebensätze, welche jenes explizieren: „allen bösen Rat und Willen ..., so uns den Namen Gottes nicht heiligen und sein Reich nicht kommen lassen wollen, als da ist der Teufel, der Welt und unsers Fleischs Wille“ (513,25).

71 676,33–42.

72 Siehe oben S. 62–69.

73 676,42–50, vgl. 677,38 ff.

74 676,50–677,6.

c) Entfaltung des Gehaltes der dritten Bitte[75].

1. Zunächst überblickt Luther noch einmal die gegnerische Heeresmacht[76].

2. Darauf schildert er das Kreuz, welches uns aus dem Zusammenprall des satanischen Gegenwillens mit dem göttlichen Gnadenwillen erwächst[77]. Hierzu greift er bis in die Formulierungen hinein zurück auf seine Darlegung des „Verus ordo Christianae vitae"[78], zugleich klingt die vierte Strophe des Liedes: ‚Ein feste Burg ist unser Gott' an[79].

3. Das abschließende Gebet um unser Bleiben unter Gottes Gnadenwillen gegen alle satanischen Anläufe[80] entfaltet den Inhalt der dritten Bitte bewußt im Horizont der heilsgeschichtlichen Schau der Dein-Bitten[81]. Gottes Name wird dort verherrlicht, wo sein heiliges Wort lauter und rein verkündigt und in lebendigem Glaubensgehorsam angenommen wird[82]. Gottes Reich kommt dort, wo sein heiliges Wort durch die Gnade des Heiligen Geistes Frucht schafft. Überall wo dies erfolgt, da erhebt die satanische Gegenmacht ihr Haupt. Der Mensch gerät in den Widerstreit jener beiden Willen und damit unter das Kreuz. Wie der Gottesgeist seinen Stützpunkt im glaubenden Herzen der Christen findet, so nistet sich die teuflische Gegenmacht im leidensscheuen Fleisch des alten Menschen ein, welches uns bis zum Tode anhaftet. Der Beter erfleht das Bleiben im Glaubensgehorsam wie in der Leidensgeduld, die Gabe des Beharrens bis ans Ende.

Charakteristika der Deutung Luthers

Der Überblick über den Aufbau zeigt bereits, daß Luther betont auch diese Bitte einzeichnet in seine Schau der beiden ersten Bitten. Das Wohlgefallen Gottes ist gedeutet im Lichte von Christi Kreuz und Auferweckung. Es ist Gottes Heilsratschluß, welcher uns Menschen in diesem Geschehen erschlossen wurde. So kann und darf sich die Christenheit im

75 677,14–40.

76 677,14–19.

77 677,19–30.

78 WA 14,682,2 (Dtn. cum annotationibus, 1525); siehe dazu den Kommentar, Bd. 2, S. 205–212 und vgl. oben S. 65 und S. 79.

79 WA 35,457,8–12 = EKG 201,4.

80 677,30–40.

81 Hierdurch sind sowohl die Gemeinsamkeiten als auch die Unterschiede zwischen den beiden Katechismen bedingt; weitere Zusammenfassungen finden sich in der Kat.-Pred. vom 14. 12. 1528 (WA 30 I,101,15–17.27–32; 102,4–7).

82 Im GK (677,34) ist der Name Gottes (so KK, 513,26) ersetzt durch das Wort Gottes; diese Identifikation greift zurück auf 512,32 (KK); 672,39–42 (GK).

Heiligen Geist hineinbergen in diesen geoffenbarten Gnadenwillen. Nicht das kreatürliche Geschick des einzelnen bildet den Ausgangspunkt der Auslegung, sondern die Teilhabe der Gemeinde Christi an Gottes Heilsoffenbarung, ihr Einbezogensein in Gottes Heilsratschluß wie Herrschaftswille.

Von diesem exegetisch fraglos sachgerechten Ausgangspunkt aus blickt der Reformator jedoch wieder nicht mit dem ursprünglichen Wortsinn der Bitte auf Gottes weltumspannende Vollendung, sondern auf das Hindurchgerettetwerden der betenden Gemeinde auf jene Endvollendung hin; Luther schaut also auf „unser Ende“[83] und den dornenvollen Weg täglichen Glaubensringens, bis dieses erreicht ist. Nur wenn der in Christus geoffenbarte Heils- und Herrschaftswille Gottes schon hier und jetzt von uns Besitz ergreift, werden wir auch an seinem endgültigen Hervorbrechen Anteil gewinnen. Ohne daß die futurisch-eschatologische Orientierung preisgegeben wird, konzentriert sich das Augenmerk auf den gegenwärtigen Kampf um den heiligen Gotteswillen hier unter uns auf dieser Erde.

1. Einheitliches Verständnis der Dein-Bitten von Gottes Retterwillen sowie von den widerstreitenden Chaosgewalten her

Luther greift zurück auf die ersten beiden Bitten und interpretiert alle Dein-Bitten als eine übergreifende Einheit. Sie erflehen nichts Geringeres als den Einbruch Gottes des Vaters durch den Sohn Jesus Christus im Heiligen Geist in den Herrschaftsbereich Satans[84]. Dieser Einbruch will ohne leibliche Gewalt erfolgen, allein durch das ohnmächtige Evangelium will der Gottesgeist unsere Herzen überwinden[85]. Wie der Reformator zur vierten Bitte zusammenfaßt[86], umspannen die Dein-Bitten den Streit zwischen Gott und Widergott um das geistliche Regiment über die Menschenseelen.

Hatte der Reformator, um dieses einheitliche Verständnis zu gewinnen, die erste Bitte um das Heilighalten des Gottesnamens auf die reine Predigt des Evangeliums und den gottgemäßen Glaubensgehorsam zugespitzt[87] und hierdurch in ihr die zweite Bitte präludiert, so richtet er nun auch die dritte Bitte auf die zentrale zweite Bitte aus: Gottes „guter, gnädiger,

83 513,31 (KK).
84 673,29–39 (GK).
85 676,11–16.
86 681,39–43.
87 512,32–34 (KK); 672,39–42 (GK).

vollkommener Wille"[88] ist nichts anderes als jenes Sich-Durchsetzen seiner Gnadenherrschaft in Jesus Christus. In allen drei Bitten geht es folglich um das Doppelzentrum der Rechtfertigungsbotschaft, um „Gottes Ehre und unsere Seligkeit"[89]. Alle drei Bitten erflehen, daß sich uns Gott der Vater durch den Sohn im Geist erschließt; sie alle erbitten, daß wir den dreieinigen „Gott sampt allen seinen Gütern zu eigen kriegen"[90]. Gottes Wille ist hierdurch eindeutig qualifiziert als der in Christus geoffenbarte Retterwille des himmlischen Vaters; dieser Heilswille Gottes setzt sich gegen allen Widerstreit der unheimlichen Chaosgewalten durch Mithilfe des armseligen und ohnmächtigen Wortes und erweist sich gerade darin als souveräner Herrschaftswille[91].

Wenn Luther auch den Satan von Anfang an als den Gegenspieler Gottes und unseren Hauptfeind ständig im Visier hat[92], blickt er in den Katechismen mit der Predigt vom 14. Dezember 1528 erst zur dritten Bitte „schel herumb auf einen Haufen, der heißt Teufel und seine Gesellen"[93]. Diese betonte Akzentuierung markiert eine neue Situation in jenem Widerstreit der Mächte. Kraft der Hingabe des Sohnes und der Sendung des Geistes hat Gott der Vater uns durch das Evangelium und die Taufe herausgerissen aus der Tyrannei der Chaosmächte und uns in sein Gnadenreich versetzt[94]; doch der alt-böse Feind gibt sich noch nicht geschlagen; wir müssen deshalb vor seinen unablässigen Angriffen weiterhin zu Gott fliehen und bitten, daß er uns unter seinem gnädigen Herrscherwillen bewahre[95]. Im Horizont dieser neuen Situation rekapituliert der Reformator zur dritten Bitte die beiden früheren Bitten[96]; hierbei skizziert er die Kampfestaktik des Gegners und unterstreicht zugleich den weltumspannenden Willenswiderstreit. In seinen früheren Auslegungen hatte Luther bereits zur zweiten Bitte das Gottesreich gegen die Satanstyrannei gestellt[97], was bis in die Katechismen hinein nachwirkt. Dem göttlichen

88 513,32 (KK); WA 38,361,16 (Eine einfältige Weise zu beten, 1535).
89 676,2.
90 676,3.
91 678,41–48.
92 Siehe oben S. 28–34.
93 WA 30 I,101,8.
94 673,28–39.
95 676,4–21.
96 Siehe 513,26–28 (KK); 676,35 f; 677,32–36; 678,12–18.41–48 (GK).
97 Texte zum Widereinander der zwei Reiche: WA 9,136,6–16 (Auslegung und Deutung des Vaterunsers, 1517/18) = WA 2,96,18–98,2 (Auslegung dt. des Vaterunsers, 1519); WA 6,13; 20–23 (Eine kurze Form, das Paternoster zu verstehen, 1516) = WA 7,222,24–28 (Eine kurze Form des Vaterunsers, 1520); WA 11,57,24–30 (Pred. über das Vaterunser vom 9./10. 3. 1523); WA 30 I,13,1–31; 47,28 f (Kat.-Pred. vom 25. 5. u. 22. 9. 1528); BSLK 674,21–28.

Willen freilich stemmte sich unser Eigenwille entgegen[98]. Jetzt werden wir zur dritten Bitte zum Kampffeld zwischen Gott und Widergott.

2. *Struktur und Kampftaktik der gottfeindlichen Trias: Teufel, Welt, Fleisch*[99]

Die satanische Gegenmacht umschreibt der Reformator mit der Tradition[100] als Teufel, Welt und Fleisch. Bereits Cyprian hatte jenes Dreigespann ‚Diabolus, mundus, caro'[101] wenn auch noch recht locker zusammengefügt als die eigentlichen Gegenspieler des göttlichen Heilswillens. Augustin griff dies auf und Petrus Chrysologus gab ihm formelhafte Prägnanz: „Nunc in terra multa fiunt pro diaboli voluntate, pro saeculi nequitia, pro desiderio carnis"[102]. Nach und nach bildete sich eine feste Verknüpfung dieser drei Gegenmächte, welche Abaelard auf die sechste Bitte übertrug[103].

Luther greift diese Trias sowohl zur dritten als auch zur sechsten Bitte auf, arbeitet freilich einen feinen Unterschied heraus. Zur dritten Bitte schildert er die Angriffe jener düsteren Gesellen stärker mit der Tradition; von außen her dringen sie gegen uns an, so müssen wir „viel Anstöße und Büffe" erleiden[104]. Zur sechsten Bitte entfaltet er seine Einsichten in unser inwendiges Angefochtensein. Hier dringt Satan mit Hilfe der feindlichen Welt gegen uns vor und trifft dabei auf unser erdverhaftetes Leibesle-

98 WA 9,137,12–20 (Auslegung und Deutung des Vaterunsers, 1517/18) = WA 2,105,12–16 (Auslegung dt. des Vaterunsers, 1519); WA 11,58,18–20 (Pred. über das Vaterunser vom 9./10. 3. 1523).

99 Zu dieser Trias siehe besonders Forester/v. Rad, Art. διάβολος; Foerster/Schäferdiek, Art. σατανᾶς; Mensching/Horst/Adam/Philipp, Art. Teufel (RGG³); Müller/Schnackenburg/Rahner/Krebs, Art. Teufel (LThK²); Obendiek, Der Teufel bei M. Luther; Adam, Der Teufel als Gottes Affe; H.-M. Barth, Der Teufel und Jesus Christus in der Theologie M. Luthers, S. 123–153; Sasse, Art. κόσμος; Gloege, Art. Welt (RGG³); Mussner/Metz/Auer, Art. Welt (LThK²); Schweizer/Baumgärtel/Meyer, Art. σάρξ; Fichtner/Schweizer, Art. Fleisch und Geist (RGG³); J. Schmid, Art. Sarx (LThK²).

100 Vgl. Dibelius, Das Vaterunser, S. 83 f.

101 Cyprian, De dom. oratione 14–16.

102 Augustin, Serm. 207,1 (MPL 38,1042); Petrus Chrysologus, Serm. 70 (MPL 52,400A).

103 Abaelard, Expositio orationis dominicae (MPL 178,617A/B): „Tria autem sunt quae nos tentant, caro, mundus, diabolus. Caro nos tentat per gulam et luxuriam, mundus per prospera et adversa: per prospera ut decipiat, per adversa ut frangat. Diabolus omnibus modis nos aggreditur, et ad omnem nequitiam nos perducere conatur".

104 BSLK 676,18.

ben[105]; dort schießt Satan die Giftpfeile der Anfechtung mitten ins Herzzentrum unserer personalen Existenz vor Gott[106].

Mit der Schrift schildert auch Luther den Satan als machtvollen und hoheitlichen Fürsten dieser Welt[107], als den „Gott dieses Äons" (2. Kor 4,4). Wie dem Herrn Christus die Lichtengel dienen, so ist auch Satan umgeben von seinen Heerscharen[108]. In den Katechismen stellt Luther uns einfach mitten hinein in jenes kosmische Ringen der Äonenmächte; nach dem Woher der satanischen Gewalten wird nicht gefragt. Mit dem Judentum und der frühen Christenheit sieht auch der Reformator im Teufel einen Engelfürsten, welcher im Urbeginn von Gott abfiel und mit seinem Anhang aus dem Himmel herabgestürzt wurde[109].

Als der „Arge und Boshaftige"[110] sucht er mit List und Gewalt die Erretteten wieder unter seine Tyrannei zu bringen; hierauf geht all sein Sinnen und Trachten. Im Kleinen Katechismus spricht Luther von „allem bösen Rat und Willen"[111]. Der Große Katechismus legt dies aus[112]. „Wille" meint hier jenes unablässige Sinnen und Trachten bei Tag und bei Nacht, welches gleichsam den Teufel mit Gott verbindet. Doch der satanische Wille ist böse und hinterlistig; so möchte das hinzugefügte „Rat" das Unbeständig-Zwielichtige anklingen lassen. Es ist negativ zu hören und meint etwa soviel wie Anschlag oder Komplott[113]. Zur sechsten Bitte greift Luther dies Heimtückisch-Sich-Einschleichende auf in dem Bild vom Kopf der Schlange, welcher dort, wo er eine kleine Lücke gefunden hat, den ganzen Leib nachzieht[114].

105 Siehe 677,24–26 und WA 30 I,48,9 (Kat.-Pred. vom 22. 9. 1528).

106 Vgl. 686,37–41; 688,17 f sowie die Auslegung unten S. 172–174.

107 Vgl. etwa Joh 12,31; 14,30; 16,11.

108 677,16 f; zum Streit der Engelmächte siehe vor allem: WA 23,511,33–515,11 (Sacharja-Auslegung, 1527); WA 30 II,177,11–179,24 (Heerpredigt wider den Türken, 1529); WA 32,111–121 (Sermon von den Engeln, 29. 9. 1530); WA 34 II,222–287 (3 Michaelispredigten, 1531); WA 47,853–858 (Pred. von den Engeln vom 29. 9. 1539); WA 51,617,26–618,22 (Vermahnung zum Gebet wider die Türken, 1541).

109 Vgl. Foerster, Art. διάβολος, S. 78; Foerster, Art. σατανᾶς, S. 151–156; K. L. Schmidt, Luzifer als gefallene Engelsmacht, sowie Obendiek, Der Teufel bei M. Luther, S. 210 f und H.-M. Barth, Der Teufel und Jesus Christus in der Theologie M. Luthers, S. 188–190.

110 BSLK 689,5.

111 513,25; vgl. 678,37 (GK).

112 677,2–6.

113 Vgl. Jes 8,10; Ps 1,1; 33,10 sowie etwa WA 5,27,31–28,8 (Op. in Ps., 1518–21); WA 30 I, 14,10 (Kat.-Pred. vom 26. 5. 1528); WA 32,420,35 (Wochenpredigten zu Mt 6,5–15, 1532); WA 38,361,7–12 (Eine einfältige Weise zu beten, 1535).

114 688,32–36.

Die „arge und böse" Welt [115] als den „Inbegriff der durch den Sündenfall zerrütteten und unter dem Gericht stehenden Schöpfung Gottes"[116] schildert Luther hier nicht so sehr als die Macht, welche uns verführt und betört, sondern als die Macht, welche uns bedrängt und verfolgt. Hierzu entnimmt er den Psalmen das Stichwort „unsere Feinde"[117]. Der Reformator denkt dabei nicht so sehr an persönliche Widersacher als an den allgemeinen Widerstreit gegen „unser Evangelium"[118]; „unsere Feinde" sind also primär die Feinde der Gnadenherrschaft wie des Erretterwillens Gottes und darin dann sekundär auch Feinde der evangelischen Christen. Luther entfaltet dies nicht im einzelnen; er nennt lediglich die hervorragenden Häupter des feindlichen Heerhaufens, den Papst und die Bischöfe, welche das Evangelium mit dem Bannstrahl verfolgen, den Kaiser und die tyrannischen Fürsten, welche dem kirchlichen Bann den weltlichen Arm der Reichsacht leihen[119], sowie die Ketzer, welche der angefochtenen Schar der Gläubigen noch in den Rücken fallen[120].

Der Angriff des Teufels und der Welt hat einen bleibenden Stützpunkt in den Christgläubigen selber, unser zum Bösen geneigtes Fleisch[121]. ‚Fleisch', das meint den „Menschen als Subjekt der Sünde"[122], „sein Verfallensein an das, was ihn von Gott wegziehen will"[123]. Hier zur dritten Bitte deutet Luther jene Abgründe der bleibenden Selbstversklavung alles Menschenwesens lediglich an in der Wendung, auch das Fleisch der Gläubigen sei „an ihm selbs faul und zum Bösen geneigt"[124]. Jene „perpetua naturae inclinatio"[125] bleibt hinsichtlich ihrer Tiefe verdeckt; die Ursünde unserer Existenz „sine metu Dei, sine fiducia erga Deum"[126] lotet Luther nicht aus[127]. Er verbleibt im Horizont unseres leiblichen

115 676,50.

116 SASSE, Art. κόσμος, S. 893,25.

117 677,17,33; 678,42.

118 678,33.

119 678,32–34; vgl. WA 30 I,14,12.16.20; 101,14 f (Kat.-Pred. vom 26. 5. und 14. 12. 1528).

120 Vielleicht ist in diesem Sinne auch die Stelle in der Kat.-Pred. vom 26. 5. 1528 zu präzisieren, in der es heißt: der Teufel „suscitabit falsas doctrinas, amicos tuos contra te movebit" (WA 30 I,14,9).

121 676,45–49; vgl. WA 30 I,101,13 f (Kat.-Pred. vom 14. 12. 1528).

122 SCHWEIZER, Art. Fleisch und Geist (RGG³), Sp.976.

123 SCHWEIZER, Art. σάρξ, S. 136,5; vgl. J. SCHMID, Art. Sarx (LThK²), Sp.338: „Weil Paulus mit dem AT und dem Judentum den Menschen als eine Einheit sieht, darum meint er auch, wenn er das Wort Sarx im prägnanten Sinn gebraucht, den ganzen von Gott abgewandten Menschen".

124 676,47.

125 BSLK 146,48 (Apol. II).

126 BSLK 53,5 (CA II).

127 Texte und Literatur zur Erbsünde siehe den Kommentar, Bd. 2, S. 172.

Ringens, also der ‚concupiscentia', hier nennt er lediglich die träge Lässigkeit sowie die furchtsame Leidensscheu[128] unseres alten Menschen.

3. Das „liebe heilige Kreuz" als Erleiden des Willenswiderstreites zwischen Gott und Satan

Der Zusammenprall jener beiden Regimente und Willen wird von Luther ganz positiv gewertet und unter dem Symbol des „lieben heiligen Kreuzes"[129] begriffen. Luther vermag jenem Angriff der Chaosmächte diesen eindeutig positiven Akzent abzugewinnen, weil er ihn ganz von Gottes Heilswillen aus beurteilt, welcher das Trachten des Teufels, die Christen zum Abfall zu bringen, nicht zu seinem Ziel kommen läßt. Insofern bleiben in dieser späten Darstellung die grundlegenden Erkenntnisse der frühen Auslegungen gegenwärtig: Allein dort, wo wir hinter dem Angriff „des Teufels oder böser Menschen" Gottes gnädigen Willen erkennen, „der solchs alles ordiniert zu unsers Willens Hindernus und zu mehrer Seligkeit" in seinem Reich[130], können wir jene satanischen Anfeindungen als von Gott selber auferlegtes Kreuz annehmen.

Im Unterschied zu seinen früheren Deutungen blickt Luther im Großen Katechismus nur noch auf das Leiden um des Evangeliums willen. Hierzu greift er erneut zurück auf den „rechten Orden eines Christenlebens", wie er ihn gegen Karlstadt und dessen spätmittelalterliche Kreuzesmystik wie Leidensimitation eingeschärft hatte[131]. Allein und ausschließlich aus dem Zuspruch des Evangeliums, welches die Anklage des Gesetzes überwindet, erwächst der geistgewirkte Glaube. Wo diese Zuversicht unser Herz durchpulst und unser Gewissen frohmacht, da können wir nicht schweigen; die neue Glaubenszuversicht muß hervorbrechen in Wort und Tat, im ungeheuchelten Liebesdienst sowie im freien Bekennen der frohen Botschaft, auf daß Christi Reich unter uns wachse[132]. Wo dies erfolgt, da stellt sich sofort auch der satanische Gegendruck ein; es entsteht das „heilige Kreuz" als ein bleibendes Kennzeichen des rechten Gottesvolkes, „daß es muß alles Unglück und Verfolgung, allerlei Anfechtung und Übel (wie das Vater-unser betet) vom Teufel, Welt und

128 677,39.
129 677,21.
130 WA 6,15,3 (Eine kurze Form, das Paternoster zu verstehen, 1519); WA 7,224,21 (Eine kurze Form des Vaterunsers, 1520); vgl. oben S. 51 f.
131 Siehe den Kommentar, Bd. 2, S. 205–212, sowie oben S. 65 und S. 79. Der Überschritt zu dieser Sicht des Leidens um des Gotteswortes willen wird vollzogen in der Vaterunser-Predigt vom 10. 3. 1523 (WA 11,58,18): „Hoc trifft das sanctam crucem, quando deus vult hinzutun, ut regnum dei multiplicetur, so tast er an den alten Adam cruce".
132 Siehe auch WA 14,681,28–31 (Dtn. cum annotationibus, 1525)

Fleisch, inwendig trauren, blöde sein, erschrecken, auswendig arm, veracht, krank, schwach sein, leiden, damit es seinem Häubt Christo gleich werde"[133]. In seinen späten Schriften zur Kirche hat Luther das Kreuz unter die Notae ecclesiae gezählt[134]. Dieses Kreuz ist nicht selbst erwählt oder gesucht; es erwächst mit letzter Notwendigkeit aus dem Aufeinanderprallen der beiden Mächte. Kein wirklicher Christ wird ihm entgehen[135].

Wo wir um des Evangeliums willen leiden, dürfen wir deshalb auch volle und unumstößliche Gewißheit gewinnen, daß wir in Wahrheit mit Christus leiden, geht es letztlich doch nicht mehr um uns, nicht einmal mehr um Gottes dunklen Schöpferwillen, sondern um seinen eindeutigen Heilswillen, wie dieser uns im Christusevangelium verbürgt ist. An diese göttliche Gnadenzusage dürfen wir uns klammern, in ihr darf unser angefochtenes Herz einen letzten Ankergrund finden. Es ist höchst beachtenswert, wie stark Luther gerade zu dieser dritten Bitte[136] bewußt zu Gottes offenbarem Retterwillen Zuflucht nimmt und unsere handfesten Lebensnöte in seinem Lichte betend durchleidet[137].

133 WA 50,642,1 (Von den Konziliis und Kirchen, 1539).

134 Hierzu ebd. 641,35–642,21 und WA 51,484,17–485,17 (Wider Hans Worst, 1541); vgl. auch KINDER, Der ev. Glaube und die Kirche, S. 103–115.

135 Vgl. WA 14,681,32–37 (Dtn. cum annotationibus, 1525) sowie WA 18,65,24–30 (Wider die himmlischen Propheten, 1525); aber auch die Mahnung in WA 19,644,19 (Ob Kriegsleute auch in seligem Stande sein können, 1526): „Den andern, die gerne ihr Gewissen wollten bewahren, sagen wir also, Gott hat uns in die Welt geworfen unter des Teufels Hirrschaft also, daß wir hie kein Paradies haben, sondern alles Unglücks sollen gewarten alle Stunde an Leib, Weib, Kind, Gut und Ehren". Der Verweis auf das uns auferlegte Kreuz ist aufgenommen in den Nürnberger Kinderpredigten (REU, Quellen, Bd. I,1, S. 532,22–533,8); Calvin nennt das Kreuz schon zur zweiten Bitte (Inst. III,20,42).

136 678,6–9.41–48.

137 Luther unterscheidet sorgfältig zwischen dem Gebet um unser Geschick als Gottes Geschöpfe und dem Gebet um den Fortgang der Gottesherrschaft; bei ersterem ist demütige Ergebung geboten, bei letzterem unverschämtes Geilen, vgl. WA 52,741,17–39 (Hauspost. zu Mt 26,36–46). Dieser Unterschied ist von ihm selber praktiziert einerseits beim Tode seiner Tochter Magdalena und andrerseits bei Melanchthons Erkrankung. Am Sterbebett seiner Tochter sagt Luther: „Lieb hab ich sie sehre. Aber so es Dein Wille ist, Du lieber Gott, daß Du sie nehmen willt, ich will sie gerne bei Dir wissen" (WATR 5,189,23, Nr. 5494). Um Melanchthon als ein unentbehrliches ‚Organon' für die Reformation der Kirche ringt er bis an die Grenze der Unverschämtheit mit Gott. „Allda mußte mir unser Herrgott herhalten; denn ich warf ihm den Sack vor die Tür und rieb ihm die Ohren mit allen seinen Verheißungen, daß er das Gebet erhören wolle, die ich in der heiligen Schrift aufzuzählen wußte, daß er mich müßte erhören, wo ich anders seinen Verheißungen trauen sollte" (NEUDECKER, Die handschriftliche Geschichte Ratzebergers über Luther und seine Zeit, S. 103; vgl. CR 3,1060 f).

4. Der Mensch im Widerstreit der Mächte

Luthers Analyse des Widerstreites der Mächte hat zugleich ihre anthropologischen Dimensionen. Gott der Herr wirkt durch das Wort und den Geist auf das Herzinnere des Menschen ein und greift von dort aus auch auf dessen leibliches Leben über; der Satan hinwiederum greift den leiblichen Menschen von dessen In-der-Welt-Sein her an, er benutzt das träge Fleisch als seinen Stützpunkt, um auch das Herz zum Abfall vom Glaubensgehorsam zu bringen. Diese unterschiedlichen Einsatzstellen sowie das einander konträre Vordringen zeigt Luther an zwei Punkten auf; in einer Art Nachtrag zur ersten Bitte[138] schildert er zunächst das Hereinbrechen des Gottesnamens in das Satansreich, sodann reflektiert er die Situation des Christenmenschen unter dem Kreuz.

Der Nachtrag zur ersten Bitte[139] weist indirekt hin auf die Christusgestalt jenes gewaltlosen Einbruches Gottes in die Satanstyrannei. Im Hintergrund steht die Trias: Evangelium, Glaube und Geist[140]. Christus herrscht in Gottes Gnadenreich nicht durch das Schwert und die Faust, sondern durch das Wort und die Stimme, dies gilt auch für die Seinen. Im Hinblick auf unseren inwendigen Menschen bedeutet dies: „Die Seele des Menschen ist ein ewig Ding uber alles, was zeitlich ist. Darumb muß sie nur mit ewigem Wort geregiert und gefaßt sein"[141]. Allein das gewaltlose Wort des Evangeliums birgt in sich die Vollmacht, Menschen aus den satanischen Fesseln der Gewissensversklavung zu befreien; „dann das Wort hat Himmel und Erd geschaffen und alle Ding, das muß es tun und nit wir armen Sünder. Summa summarum: predigen will ichs, sagen will ichs, schreiben will ichs. Aber zwingen, dringen mit der Gewalt will ich niemands, dann der Glaube will willig, ungenötigt angezogen werden"[142].

Im Hinblick auf den Satan erinnert der Reformator gerne an Dan 8,25 und 2. Thess 2,8: der Herr werde den Antichristen töten mit dem Geist seines Mundes, nicht mit einem leiblichen Schwert[143]. Allein durch die lautere Predigt der Frohbotschaft werde der falsche Gottesdienst des Papsttums wie der Schwarmgeister entlarvt und Satan die Maske des

138 BSLK 676,33–42.

139 Vgl. S. 66–69.

140 676,12.

141 WA 11,409,2 (Daß eine christliche Versammlung ... Recht und Macht habe, alle Lehre zu urteilen ..., 1523).

142 WA 10 III,18,8 (2. Invocavitpred. vom 10. 3. 1522). Siehe auch die folgenden, oft zitierten Worte zur Selbstmacht des Gotteswortes, ebd. 18,24–19,24.

143 Vgl. hierzu besonders: Eine treue Vermahnung ..., sich zu hüten vor Aufruhr und Empörung, 1522 (WA 8,676–687) sowie die Warnung an seine lieben Deutschen, 1531 (WA 30 III,276–320).

Lichtengels von seiner Tierfratze gerissen[144]. In seiner ‚treuen Vermahnung' von 1522 sieht der Reformator in jenem „Riß"[145], welchen das gewaltlose Evangelium in die waffenstarrende und doch letztlich ohnmächtige Satansherrschaft hineintrieb, ein streng eschatologisches Geschehen, ein Zeichen des hereinbrechenden Jüngsten Tages: „Was dem Mund Christi (der Predigt) uber bleibt, das wird seine Zukunft vortilgen"[146].

Dort, wo Luther auf den Christen unter dem Kreuz blickt, wiederholt sich jener Zusammenstoß des göttlichen mit dem satanischen Wollen und enthüllt dabei noch stärker seine anthropologischen Relationen. Satan bedient sich zu seinem Angriff der Welt, welche er gegen unsere Leibesexistenz vortreibt. Der Glaubende muß alles drangeben und aufs Spiel setzen, „was er auf Erden hat, Gut, Ehre, Haus und Hof, Weib und Kind, Leib und Leben"[147]. Die Predigt vom 22. September 1528[148] erinnert noch stärker an die oft leichtfertig dahingesungenen Verse aus „Ein feste Burg", welche in jenem Jahre verfaßt sein dürften: „Nehmen sie den Leib, / Gut, Ehr, Kind und Weib: / Laß fahren dahin, / sie habens kein' Gewinn, / das Reich muß uns doch bleiben"[149].

Für den Christen bleibt das hohe Gut des irdischen Friedens[150], welches die vierte Bitte erfleht, umgriffen und eingeklammert vom Trachten nach der Gottesherrschaft, wie Luther dies zur zweiten Bitte darlegte[151]. Der Glaubende wird seine gesamte erdverhaftete Existenz um der Verheißung des „Ewigen und Unvergänglichen"[152] willen in den Tod dahingeben müssen, und dennoch wird der Herr über Tod und Leben ihm auch mitten unter Verfolgungen den irdischen Segen nicht versagen[153]. Hier zur dritten Bitte unterstreicht Luther freilich den Leidensgehorsam und das Fahren-Lassen[154].

144 Zu 2. Kor 11,24 und der ‚Nachgeschichte' dieses Verses vgl. ADAM, Der Teufel als Gottes Affe und H.-M. BARTH, Der Teufel und Jesus Christus in der Theologie M. Luthers, S. 25.103 ff.129.188 ff.

145 BSLK 676,41.

146 WA 8,684,25; vgl. H.-M. BARTH, Der Teufel und Jesus Christus in der Theologie M. Luthers, S. 112–123.

147 BSLK 677,24.

148 WA 30 I,48,8: „Willtu und solltu Gottes Namen mit Lehre und Leben ehren, so wird dich der Teufel gar getrost angreifen an Leib, Ehr, Gut, Weib und Kind"; vgl. auch die in Anm. 135 zitierte Stelle.

149 WA 35,457,8 = EKG 201,4.

150 BSLK 677,23.

151 674,32–675,24; siehe dazu oben S. 83–87.

152 675,23.

153 Luthers Auslegungen von Mt 19,27–30 sind zusammengestellt bei MÜLHAUPT, Ev.-Auslegung, Bd. 2, S. 665–672.

154 BSLK 677,28–30.

Zugleich jedoch bittet der Reformator darum, daß Gott den „bösen Rat und Willen“ der Chaosgewalten „brechen und hindern“ möge[155]. Daneben begegnen Verben wie „wehren“ und „steuern“[156], „zurückschlagen und niederlegen“[157]. Daß Gottes Heilsplan auch das Aufbegehren der Gegenkräfte übergreift und einbezieht, ist nicht reflektiert; Luther sieht sich unmittelbar hineingerissen in den eschatologischen Kampf, so gilt für ihn: Gottes guter und gnädiger Erretterwille wird den Verderberwillen Satans und seiner Trabanten zuletzt endgültig vernichten[158]. Wodurch und auf welche Weise sich die Gottesherrschaft schon hier auf Erden durchsetzen will und den satanischen Gegenwillen bricht und zurückschlägt, das präzisiert Luther zur dritten Bitte nicht. In seiner Auslegung des Propheten Sacharja von 1527[159] sowie in den Michaelispredigten von 1531[160] hat er dies getan. Gott bedient sich einer drei- oder gar vierfach gestuften und gegliederten Schar von Mithelfern, welche ihm „Hand, Rohre und Mittel“[161] sind. Steigen wir gleichsam von unten nach oben auf, so wäre zunächst die außermenschliche Kreatur zu nennen, sodann wären die Menschen zu erwähnen, sowohl im „häuslich und nachbarlich oder bürgerlich Wesen und Regiment“[162], als auch in seinem geistlichen Regiment, zuletzt oder besser zuhöchst stehen die guten Engel, ja einem jeden Menschen hat Gott seinen Schutzengel zugeordnet, welcher mit dem ihm widerstehenden Dämon um dessen Seele ringt[163]. Dieses viergliedrige Heer von Mithelfern Gottes kann freilich lediglich von außen her die Angriffe der ebenfalls in vier Heerhaufen geteilten satanischen Gewalt abfangen und uns Menschen schützen, wobei für Luther jener auswendige Hilfsdienst tief hineinreicht in die innersten Regungen und Gedanken unserer Herzen. Eine messerscharfe Grenzlinie bleibt jedoch bestehen; wir hatten sie in der Credo-Auslegung markiert[164]: „Von inwendig erhält

155 513,26 (KK); 678,46 (GK).

156 Vgl. 676,9 (GK); WA 30 I,14,13; 102,6 (Kat.-Pred. vom 26. 5. u. 14. 12. 1528); WA 38,361,17.34 (Eine einfältige Weise zu beten, 1535); WA 37,392,2 f (Pred. über Joh 16,23 ff vom 10. 5. 1534) = WA 52,301,6 f.10 (Hauspostille) sowie WA 35,464,12 (EKG 241,4): „Wehr und steur allem Fleisch und Blut / das wider Deinen Willen tut“.

157 BSLK 678,31.

158 678,41–45.

159 WA 23,511,33–515,11.

160 WA 34 II,222–287; weitere Belege finden sich bei MAURER, Lehre von den drei Hierarchien, S. 35–44.

161 BSLK 566,21 (GK zum 1. Gebot).

162 679,44.

163 Siehe etwa WA 34 II,249,14–252,25; 253,21 ff; 280,19–282,16 (Michaelispredigten, 1531); WA 23,512,4–513,7; zur mittelalterlichen Vorstellung von den persönlichen Schutzengeln siehe die Kommentare zu Sent. II, dist. 11.

164 Siehe den Kommentar, Bd. 2, S. 73 f.

und hilft alleine der einige Gott"[165]; er allein gewährt und bewahrt das Leben in seinen drei Dimensionen, im Bereich der Schöpfung, der Erlösung und der Neuschöpfung.

Jenes unmittelbare inwendige Eingreifen Gottes ist im Großen Katechismus anvisiert in dem Gebet: „Lieber Vater, ... gib uns, daß wir alles ... mit Geduld tragen und überwinden"[166]. Diese Bitte greift den Leitton der ersten beiden Auslegungen in den Katechismuspredigten von 1528 auf: „Da pater patientiam"[167] und präludiert zugleich das Vaterunser-Lied: „Gib uns Geduld in Leidens-Zeit / gehorsam sein in Lieb und Leid"[168]. Im Kleinen Katechismus ist jenes inwendige Gotteswirken zurückgebunden an das geistliche Regiment, „das Gott durch Menschen fuhret, als durch die Apostel und Prediger"[169], zugleich aber auch eschatologisch ausgerichtet durch die Wendung: „... (Gott) stärket und behält uns feste in seinem Wort und Glauben bis an unser Ende"[170]. In seiner eschatologischen Dynamik greift dieser Satz zurück auf die Deutung der zweiten Bitte[171] und weist voraus auf die Erklärung zur siebten Bitte[172]. Gott stärkt und festigt unseren inwendigen Menschen durch das Gnadenwirken seines Heiligen Geistes und ordnet so alles, was uns von unserem Leibesleben her zustößt, seinem guten und gnädigen Retterwillen ein und unter. Das ‚schlechthinnige Abhängigkeitsbewußtsein', welches aller vernunftbegabten Kreatur gemeinsam ist und sich zur Formel ‚Wie Gott es will' verdichtet, verknüpft sich mit dem erst unter Gottes Rechtsoffenbarung möglichen Gebot, sein ‚Wohlgefallen' zu wirken, in diesem flehentlichen Ruf der Christen, ‚Der Herr selber möge uns bis ans Ende in seinem gnädigen Heils- und gütigen Herrschaftswillen bewahren'[173]. Mitten in all unserem Rennen und Laufen, nicht jenseits desselben, sind wir geborgen

165 WA 23,512,3 (Sach.-Ausl., 1527); vgl. auch WA 34 II,273,17–25; 226,25–227,18 (Michaelispredigten).
166 677,32.
167 WA 30 I,48,11.15.21; 14,13.
168 WA 35,464,9 = EKG 241,4.
169 Nach WA 23,513,8–20 (Sach.-Ausl.).
170 BSLK 513,30 (KK).
171 513,14.
172 515,5–8.
173 Diese zentralen Relationen akzentuieren die klassischen Vaterunser-Auslegungen recht unterschiedlich. Thomas von Aquin, In orationem dom. expos., § 1067, S. 228, verknüpft das eschatologische Ziel mit dem protologischen Ursprung: „Tertium quod vult Deus de nobis, est, ut restituatur homo ad statum et dignitatem in qua creatus fuit primus homo". Bonaventura, Expos. orationis dom. 8, Sp. 654a, rubriziert die verschiedenen Willensrichtungen Gottes kunstvoll: „est ergo voluntas Dei creans, gratificans, de qua hic accipitur, et glorificans". In eindringlicher Gebetsmeditation führt uns Erasmus Gottes weltumspannendes Heilswirken vor Augen und unterstreicht ganz mit Augustin die Ohnmacht der Beter: „Nec possumus efficaciter velle quod tu vis, nisi tua divina voluntas nos

und gehalten allein durch Gottes ungeschuldeten Gnadenwillen; dieses Geheimnis deutet sich an bereits auf der Ebene unserer kreatürlichen Existenz; nicht allein die Christen, auch die Nichtchristen wissen um die abgründige Ohnmacht mitten in unserer menschlichen Freiheit. So wenig wie ich mein erdverhaftetes Leben in der Hand habe, so wenig vermag ich auch mein Beharren im Glaubensgehorsam selber zu garantieren; beides kann und will mein Schöpfer und Erretter vor den Anläufen der Chaosgewalten schützen und bewahren.

Eigenartig und bedenkenswert ist hierbei das kleine Wörtlein ‚in', „in seinem Wort und Glauben (in suo verbo et fide)"[174], welches die Wendungen „in welcher Christenheit"[175] sowie „alle Gläubigen in Christo"[176] aus der Auslegung des dritten Artikels[177] aufgreift und weiterführt. Nicht allein Wort und Sakrament sind uns „ein Furt, ein Bruck, ein Tur, ein Schiff und Tragbahr, in wilcher und durch wilch wir von dieser Welt fahren ins ewige Leben"[178], auch ‚der Glaube' hüllt uns mütterlich ein und trägt uns hindurch ins Eschaton. Der Reformator formuliert dies prägnant zum Eingang wie zum Beschluß seines Bekenntnisses von 1528[179]. Wort und Glaube können jene bergend-umhüllende und ins Eschaton hineinrettende Funktion nur haben, weil Gott selber in ihnen mit seinem Heilswillen auf dem Plan ist; durch Wort und Glauben reißt er uns heraus aus dem Machtbereich der Chaosgewalten, schützt uns vor ihren Angriffen und rettet uns hindurch vor sein Angesicht.

Diese unsere Interpretation bekräftigt freilich die Einsicht: Luther läßt auch die dritte Bitte nicht streng futurisch-eschatologisch ausgerichtet sein auf jenes endgültige Offenbarwerden des göttlichen Heilsratschlusses

attraxerit" (Erasmus, Precatio dominica, Sp. 1224 E). Die Nürnberger Kinderpredigten richten diese Bitte bereits aus auf Gottes weltliches Regiment sowie den zeitlichen Frieden und rücken den Gehorsam gegen die zweite Tafel des Dekaloges ins Zentrum (Reu, Quellen, Bd. I,1, S. 530,5–531,27). Melanchthons Catechismus puerilis von 1532 denkt an unser Sich-Beugen unter Gottes „voluntas beneplacens et perfecta" (Reu, Quellen, Bd,I,II,2, S. 13,14–19). Calvin, Genfer Katechismus, Fr.271–274; Inst. III,20,43, drängt auf die absolute Unterwerfung aller Geschöpfe unter Gottes ausdrücklichen Willensentscheid. Nach dem Heidelberger Katechismus, Fr.124, erbitten wir für uns und alle Menschen, daß wir dem Eigenwillen absagen, Gottes „allein gutem Willen ohne alles Widersprechen gehorchen" und „also jedermann sein Ampt und Beruf so willig und treulich ausrichte wie die Engel im Himmel".

174 513,30 (KK).

175 512,8.

176 512,12.

177 Vgl. den Kommentar, Bd. 2, S. 230–240.

178 WA 2,753,17 (Ein Sermon von dem hochwürdigen Sakrament des heiligen wahren Leichnams Christi . . ., 1519); vgl. auch im Kommentar, Bd. 4 den Abschnitt: ‚Die Sakramente in ihrer Zuordnung'.

179 WA 26,499,19–23; 509,19–28 (Vom Abendmahl Christi).

wie Herrscherwillens über der gesamten Kreatur. Der Reformator blickt vielmehr auf den gefährlichen und dornenvollen Weg, welchen das Gotteswort und mit ihm die gesamte Christenheit wie jeder einzelne Glaubende noch vor sich hat bis hin zu jenem weltumspannenden Ziel; jene uns noch verhüllten verschlungenen Wege rückt Luther in das helle Licht des väterlichen Gnadenwillens Gottes, welcher uns durch Jesus Christus im Heiligen Geist erschlossen ist.

Die vierte Bitte um das tägliche Brot

Sinnwandel der Brotbitte[1]

Die Bitte um das tägliche Brot leitet die zweite Hälfte des Vaterunsers ein. Mit ihr weichen die passiven Prädikate den aktiven. Das Possessivpronomen ‚Dein' wandelt sich in ein ‚Uns' oder ‚Unser'. Neben die Dein-Bitten, welche wie unbehauene Quadern unverbunden nebeneinander gestellt sind, treten die untereinander verknüpften Unser-Bitten. Sie tragen die zentralen Nöte der herausgerufenen Schar, welche dem nahenden Königtum Gottes entgegeneilt, vor den himmlischen Vater.

1. Der umstrittene biblische Sinn der Brotbitte

So einhellig der Wortlaut dieser Bitte auch bei Luther mit der Tradition überliefert ist: „Unser täglich Brot gib uns heut(e)"[2], so umstritten ist ihr ursprünglicher Sinn. Das Wörtlein, welches mit „täglich" wiedergegeben wird, ἐπιούσιος findet sich nur noch in einem oberägyptischen Papyrus aus dem 5. Jahrhundert als ἐπιούσια (= diaria, Tagesration) belegt[3], was selber wohl auf das Vaterunser zurückgehen dürfte. Bereits Origenes erklärte, jenes Wort existiere weder in der griechischen Literatursprache,

1 Zur Deutung dieser Bitte siehe besonders: LOHMEYER, Das Vater-unser, S. 92–110; SCHÜRMANN, Das Gebet des Herrn, S. 61–74; JEREMIAS, Das Vater-unser, S. 22–24 (= DERS., Abba. Stud. zur ntl. Theol., S. 165–167); BEHM, Art. ἄρτος; FOERSTER, Art. ἐπιούσιος; v. RAD/DELLING, Art. ἡμέρα; FUCHS, Art. σήμερον; sowie DÜSTERDIECK, Sprachliches zu der Lutherischen Erklärung der vierten Bitte; BERTHEAU, Noch einmal die Lutherische Erklärung der vierten Bitte im Vaterunser; EBELING, Die vierte Bitte des Vaterunser in Luthers Kleinem Katechismus; BACHMANN, Zu Luthers Auslegung der 4. Bitte; HARDELAND, Katechismusgedanken, S. 283–286; MEYER, Hist. Komm., S. 408–415; GIRGENSOHN, Katechismus-Auslegung, Bd. 1, S. 218–226.

2 WA 9,125,13; 141,4 (Auslegung und Deutung des Vaterunsers, 1517/18); WA 2,86,36; 105,29 (Auslegung dt. des Vaterunsers, 1519); WA 6,15,28 (Eine kurze Form, das Paternoster zu verstehen, 1519); WA 7,225,18 (Eine kurze Form des Vaterunsers, 1520); WABibel 6,32 f; BSLK 513,36 (KK); 556,23 (Vorrede zum GK); 679,10 (GK).

3 Siehe hierzu FOERSTER, Art. ἐπιούσιος; FIEBIG, Das Vaterunser, S. 81–83.

noch sei es im Volksmund geläufig[4]. So müssen sich die Ausleger mit den Kirchenvätern aufs Raten verlegen. Die einfachste Lösung schlägt Karl Georg Kuhn vor: Der hebräische (aramäische) Urtext habe ein Wort enthalten, welches beides umfasse, sowohl „unser Brot, nur soweit es für den Tag gerade nötig ist", als auch die Verknüpfung „für heute gib es uns"[5], also sowohl ἐπιούσιος wie σήμερον[6]. Joachim Jeremias dagegen verweist mit dem Kirchenvater Hieronymus auf das aramäische Nazaräerevangelium, welches *mahar* las: „unser morgiges, das heißt zukünftiges Brot gib uns heute". Dieses Wörtlein ‚morgen' bezeichnete im Spätjudentum nicht allein den nächsten Tag[7], sondern den weltumspannenden großen Morgen der Endvollendung[8]. Die Bitte hätte dann ursprünglich intendiert: Schon jetzt und heute gib uns das ewige Lebensbrot der Heilszeit. Dieses Verständnis würde sich bruchlos einfügen in den streng futurisch-eschatologischen Duktus der Dein-Bitten; freilich bleibt unverständlich, weshalb hierfür das ἐπιούσιος als angemessene Wiedergabe gewählt sein soll[9]. Welche Deutung auch immer die richtige sein mag, die in diesen Auslegungen von ihren beiden Endpolen her anvisierte Spannung prägt den biblischen Gesamtsinn der Bitte; in ihr geht es um die Fristung unserer leiblichen Existenz im kleinen Heute angesichts des hereinbrechenden großen Morgens Gottes.

Die Brotbitte des Herrengebetes hebt sich darin deutlich von den etwa gleichzeitigen jüdischen Gebeten ab, daß sich der Blick gleichsam einengt auf das Heute. „Wo sonst in alttestamentlichen oder jüdischen Gebeten Gott um Speise und Trank gebeten wird, da ist entweder gar keine zeitliche Grenze genannt oder die Dauer durch ein Menschenleben oder auch eine Jahreszeit begrenzt"[10]. Hier bittet eine Gemeinschaft, welcher Gott einen weiten Lebens- und Atemraum auf Erden gewährt hat. Es

4 Origenes, De oratione II,27,7 (GCS Origenes II, S. 366,33–367,2).

5 Kuhn, Achtzehngebet und Vaterunser und der Reim, S. 37; analoge Deutungen sind zusammengetragen bei Foerster, Art. ἐπιούσιος, S. 593, Anm. 57; vgl. auch Grundmann, Das Evangelium nach Lukas, S. 232 f.

6 Kuhn bietet folgenden Wortlaut: *laḥmana l^e^joma hab lana'*.

7 So deutet es Schlatter, Der Evangelist Matthäus, S. 210-213, er bezieht es auf „das für den nächsten Tag bestimmte und für ihn ausreichende Brot".

8 Jeremias, Das Vater-unser, S. 22 ff (= Ders., Abba. Stud. zur ntl. Theol., S. 165 ff).

9 Dies wendet bereits Foerster, Art. ἐπιούσιος, S. 591 f kritisch ein; vgl. auch noch Stuhlmacher, Gerechtigkeit Gottes bei Paulus, S. 253, Anm. 2. Foerster möchte deshalb jegliche zeithafte Präzisierung abstreifen und lediglich an das zum Leben Notwendige und Geringe denken. Herrmann, Der alttestamentliche Urgrund des Vaterunsers, S. 87 f, verweist auf jüdische Parallelen und denkt an die notwendige wie zureichende Tagesportion.

10 Lohmeyer, Das Vater-unser, S. 96. So lautet die entsprechende Bitte im Achtzehngebet: „Segne uns, Herr, dieses Jahr mit allen Arten des Ertrages!" Und der dritte Segensspruch erfleht: „Unser Gott, unser Vater, weide uns, speise uns, versorge uns, ernähre und und schaffe uns weiten Raum, ja schaffe uns weiten Raum eilends aus allen unseren

betet gleichsam der Landmann unter dem Regenbogen des göttlichen Segens, welcher die Erde überspannt, unter der weltumgreifenden Zusage von Gen 8,22: „Solange die Erde steht, soll nicht aufhören Saat und Ernte, Frost und Hitze, Sommer und Winter, Tag und Nacht".

Im Vaterunser dagegen engt sich der weite Horizont des Bauern ein auf das ungewisse Heute eines Tagelöhners, welcher in der Frühe noch nicht weiß, ob er an diesem Tage auch Arbeit und Brot finden wird, oder noch spezifischer, auf den ungewissen Wanderweg der Jüngerschar, welche nach der Weisung ihres Herrn ohne Brot, Tasche und Geld (Mk 6,8 parr) die Gottesherrschaft ansagen soll. Auf diese Ursprungssituation der ungesicherten Boten des Gottesreiches möchte HEINZ SCHÜRMANN die Bitte zugespitzt sehen; hierdurch bekäme auch das ‚Unser' einen echten Gemeinschaftsbezug. Die vom Herrn in die Welt hineingesandte Schar der Jünger bittet um den gemeinsamen Lebensunterhalt und darin um die Existenzgrundlage und den Lebensraum für die Proklamation des anbrechenden Königtums Gottes[11].

Die kärgliche Tagesration ist hierdurch streng eingefügt in Gottes Königsherrschaft, war doch jeder bescheidene Bissen Brot in der Mahlgemeinschaft Jesu mit seinen Jüngern überstrahlt vom Essen und Trinken im Reiche Gottes, welches hierin in Glaube und Hoffnung bereits anbrechen wollte. So hat ERNST LOHMEYER jene Spannung zwischen dem vergehenden kleinen Heute und dem hereinbrechenden großen Morgen gefüllt mit einer Besinnung zu Jesu Umgang mit dem Brot[12]. Auch diese Bitte des Vaterunsers läßt sich nicht isolieren von Jesu Gleichnissen über das himmlische Hochzeitsmahl, von seiner Tischgemeinschaft mit Zöllnern und Sündern; diese Bitte um das Brot läßt sich nicht völlig abtrennen von dem brüderlichen Mahl in der Nacht des Verrates, aber auch nicht von der geheimnisvollen Mahlgemeinschaft des Auferstandenen und zur Rechten des himmlischen Vaters Erhöhten mit seinen Jüngern. Ja diese schlichte Bitte ist letztlich eingebettet in die Bundesmahle der gesamten Schrift, welche einen weiten Bogen spannen von der Einkehr Gottes bei Abraham (Gen 18,1–16), vom Passamahl (Ex 12) sowie dem Essen und Trinken der

Bedrängnissen!" (BILLERBECK, Kommentar, Bd. 4, S. 631). Doch finden sich im Anschluß an Spr 30,8 auch auf das Heute wie auf das Notwendige zugespitzte Gebete, etwa das Beispiel eines kühnen Flehens, welches uns Menschen noch erlaubt sei: ‚Ich weiche nicht von hier, bis Du die Bedürfnisse dieses Tages befriedigst" (DALMAN, Die Worte Jesu, Bd. 1, S. 329b).

11 SCHÜRMANN, Das Gebet des Herrn, S. 66–70.111 f. Diese Deutung findet sich bereits in der Vaterunser-Auslegung, welche unter dem Namen des Chrysostomus, In Matth. hom. XIV,11 (MPG 56,713) überliefert ist: „Forsitan solis conveniebat apostolis, qui docendi gratia per singulas civitates omni tempore vagabantur, et ipsa vagatio amplius quotidiano victu possidere non poterat".

12 LOHMEYER, Das Vater-unser, S. 101–104, sowie DERS., Das Abendmahl in der Urgemeinde, S. 217.252.

Ältesten Israels auf dem Gottesberge im Angesicht des Erhabenen (Ex 24,9–11) bis hin zur verheißenen Hochzeit des Lammes mit der ihm zubereiteten Braut (Apk 19,7–9; 21,9).

Die betende Schar blickt streng auf das Hier und Jetzt, auf das Heute unseres Erdenalltags, sie erbittet das leibliche Brot als die Nahrung der Bedürftigen und Armen, und doch steht sie in dieser Bitte an der Schwelle der Ewigkeit. In dem Elendsbrot ergreift sie die Segenshand des himmlischen Vaters und tritt an den durch ihn gedeckten Tisch, läßt sich einladen zum Mahl der Erwählten und Begnadeten[13]. So erweist sich Jesus von Nazareth als heimlich anwesend in dieser Bitte, wie dies die Lebensbrotrede aus dem Johannesevangelium (Joh 6) zu zeigen sucht. Die Kernworte dieser Rede prägen die altkirchlichen Deutungen der Brotbitte.

Hierin erkennt und bezeugt die Christenheit, daß der Sohn eingegangen ist in die Bitte der Kinder an den himmlischen Vater. „Das Brot, das er darreichte, wenn er mit den Zöllnern und Sündern zu Tische lag, war alltägliches Brot und doch mehr: Lebensbrot. Das Brot, das er den Seinen beim letzten Mahl brach, war irdisches Brot und doch mehr: sein für die Vielen in den Tod gegebener Leib, Anteilgabe an der Sühnkraft seines Todes. Jede Mahlzeit seiner Jünger mit ihm war ein gewöhnliches Essen und doch mehr: Heilsmahl, Messiasmahl, Abbild und Vorwegnahme des Vollendungsmahles, weil er der Hausherr war. So war es noch in der Urgemeinde: Ihre täglichen gemeinschaftlichen Mahlzeiten waren gewöhnliche Sättigungsmahlzeiten und doch zugleich ‚Herrenmahl' (1. Kor 11,20), das Gemeinschaft mit Ihm vermittelte und die am Tisch Sitzenden zur Gemeinschaft untereinander zusammenschloß (1. Kor 10,16 f)".[14]

2. *Die Brotbitte in der kirchlichen Tradition*

So ist es nicht verwunderlich, wenn sich vor allem seit Origenes[15] der hintergründige ‚geistliche' Bezug[16] jener Bitte auf den Christus-Logus oder auf den erhöhten Herrn, welcher sich den Seinen in der täglichen Eucharistie darreicht und diese hierdurch zum Christusleib der Gemeinde

13 LOHMEYER, Das Vater-unser, S. 107: „Es bedeutet ... das künftige, das kommende Brot, das Brot von und für morgen, welches Gott in dem Heute geben möge, und es ist damit jene Doppelheit angedeutet, welche der Anschauung vom Brot in den Worten Jesu innewohnt".

14 JEREMIAS, Das Vater-unser, S. 24 (DERS., Abba. Stud. zur ntl. Theol., S. 167).

15 Origenes, De oratione II,27,1.9.

16 WA 2,108,39 (Auslegung dt. des Vaterunsers, 1519): „Es ist ein tiefe Bitte"; vgl. WA 9,142,19 ff (Auslegung und Deutung des Vaterunsers, 1517/18).

zusammenschließt, über den handgreiflichen Sinn, Gott möge unser erdverhaftetes Leben fristen, lagert und ihn zu verdrängen sucht. Unter den altkirchlichen Auslegern des Herrengebetes lassen lediglich Gregor von Nyssa und Chrysostomos[17] den leiblichen Sinn allein gelten; freilich ordnen sie zugleich die vierte Bitte der dritten zu und interpretieren sie auf die Askese hin: Damit wir wie die Engel werden und alle Tugenden vollkommen erfüllen, gib uns nur das Nötigste für den Leib, um ihn in rechter Anspruchslosigkeit zu üben!

Bereits Tertullian deutet eine dreifache Beziehung der Brotbitte an, auf unsere irdisch-leiblichen Bedürfnisse, auf Christus als unser wahres Lebensbrot (Joh 6,35) sowie auf den Christusleib der Eucharistie (Mt 26,26)[18], Cyprian gestaltet dies aus[19]. Augustin verknüpft es locker mit dem dreifachen Schriftsinn, dabei akzentuiert er die Eucharistie[20]. Bei Petrus Chrysologus ist die eucharistische Dimension allein übrig geblieben: „Er ist das Brot, welches ausgesät wurde in der Jungfrau, durchsäuert im Fleische, zubereitet im Leiden, gebacken im Ofen des Grabes, gewürzt in den Gemeinden, geopfert auf den Altären – dies Brot teilt er selbst als Himmelsbrot täglich den Gläubigen aus“[21].

Thomas und Bonaventura bieten in ihren Auslegungen erneut die dreifache Interpretation, den sakramentalen Akzent behalten sie freilich bei[22]. Ihnen folgen zumeist auch die deutschsprachigen Auslegungen[23]. In

17 Gregor von Nyssa, De oratione IV; Chrysostomus, 19. Hom. zum Mt-Ev.; zu beiden vgl. WALTHER, Untersuchungen, S. 39–41 bzw. 57–59.

18 Tertullian, De oratione 6,2–4.

19 Cyprian, De dom. oratione 18–21.

20 Siehe bes. Augustin, De serm. Domini in monte II,7,25–27; serm. 56,10; 57,7; 58,5; 59,6.

21 Petrus Chrysologus, serm. 67 (MPL 52,392 B): „Ipse est panis, qui satus in Virgine, fermentatus in carne, in passione confectus, in fornace coctus sepulcri, in Ecclesiis conditus, illatus altaribus, coelestem cibum quotidie fidelibus subministrat“; siehe auch ders., serm. 68.70.72 (MPL 52,395 B/C; 400 A/B; 406 B).

22 Thomas, In orationem dom. expos., § 1070–1079: a) „... idest necessaria ad praesentem vitam secundum conditionem uniuscuiusque“ (§ 1072; hierauf liegt durchaus der Akzent); b) „Petimus ergo panem nostrum sacramentalem, qui quotidie in Ecclesia conficitur“ (§ 1079); c) „Item alius panis est verbum Dei“ (§ 1079). – Bonaventura, Expos. orationis dom. 9, Sp. 654a, unterscheidet zwischen dem „panis corporalis – sacramentalis – aeternalis“.

23 DIBELIUS, Das Vaterunser, S. 143: „An dem gepet pitt wir dreyerlay prod: von erst das gemain prot, und in dem alle andre ding leiplicher narung und notdurfft. Zw dem andern mal pit wir das hymelisch prot: das ist gottes leichnam. Zw dem dritten mal pit wir das geistlich prot der lere, das da geistleichen die sel nert und pesterkcht (stärkt)“; ebd., S. 174:
„Unse degelike brot gif uns hude
Dat materlye broth
Dat sacramentlike broth
Dat brot der lere“.

den spätmittelalterlichen Texten wird durchgehend zunächst das „gemein Brot" erbeten und in ihm „alle andre Ding leiplicher Nahrung und Notdurft"[24]. Die mittlere und zentrale Stelle nimmt sodann der Christusleib der Eucharistie ein als unser „sakramentliches" oder „himmliches Brot" und „Gottes Leichnam"[25]. Als ein drittes tritt das Gotteswort hinzu; es ist „das geistliche Brot der Lehre"[26]. Bereits bei Augustin deutet es sich an in den „sermones, lectiones et hymni sacri"[27], und Anselm von Laon weitet es aus auf die vielgestaltige Christuskonfrontation, im Altarsakrament, im Wort der Verkündigung und in allen möglichen Weisen[28]. Durch das ganze Mittelalter hindurch können wir beobachten, wie sich die Passions- und Kreuzesmystik der Predigermönche über den Meßvollzug darüberlagert und auch tief in die Gebete der Laien hineinwirkt[29]. Wie man unter der emporgehobenen Hostie den Geopferten mit seinen Nägelmalen visionär schaute[30], so bezieht spätmittelalterliche Mystik auch das Herrengebet ein in die Meditation der Wunden Jesu, an welche sich die einzelnen Bitten richten[31]. Ein deutsches Gebetbuch aus dem 15. Jahrhun-

24 Nach DIBELIUS, Das Vaterunser, S. 143; in fast allen Auslegungen hat das irdische Brot durchaus den Vorrang.

25 Ebd. – Meister Eckehart, Super oratione dominica, S. 12,7, nennt an zweiter Stelle Christus als „caelestis doctrina sive inspiratio aut illustratio" und darauf erst die Eucharistie (ebd., S. 12, 13). Auch Erasmus, Precatio dominica, Sp. 1224 F–1225E, welcher das tägliche Brot weithin übergeht, legt den Akzent auf Christus als unser wahres Lebensbrot, erwähnt erst danach die Eucharistie und stellt ihr die Evangeliumsverkündigung zur Seite.

26 DIBELIUS, Das Vaterunser, S. 143. In einer analogen Wendung spricht das 2. Vaticanum in der ‚Constitutio de Sacra Liturgia' von der „mensa verbi Dei" (§ 51; S. 54); vgl. auch den Kommentar, Bd. 4 zum Abschnitt: ‚Das Wort als sacramentum audibile und das Sakrament als verbum visibile'.

27 Augustin, serm. 57,7 (MPL 38,389); vgl. serm. 56,10 (MPL 38,381): „Ipse est sermo Dei, qui nobis quotidie erogatur".

28 Anselm von Laon, Enarr. in Matth. VI (MPL 162,1307A): „Comendimus ergo eum semper sub aliqua specie, in sacramento altaris, in Scripturis, et in verbo praedicationis et in omnibus modis"; vgl. die anonyme Expositio in orationem dom. (MPL 184,814C/D). Zwischen Augustin und Anselm von Laon stehen Beda, Pseudo-Alkuin und Walafried Strabo. Beda, In Matth. Ev. expos. I,6 (MPL 92,32D–33A), denkt beim täglichen Brot auch an die „divina praecepta", welche wir täglich sinnend bedenken und tätig befolgen sollen. Pseudo-Alkuin, Liber de divinis officiis 40 (MPL 101,1268A), bezieht jene „divina eloquia" nicht allein auf das Gesetz, sondern auch auf die Propheten, Psalmen und Evangelien. Walafried Strabo, Glossa ord. Ev. Matth. (MPL 114,102A), formuliert: „Panis, corpus Christi est, vel verbum Dei, vel ipse Deus quo quotidie egemus, vel qui est super omnes substantias".

29 Siehe dazu STADLHUBER, Das Laienstundengebet vom Leiden Christi. Schon die alte Kirche hatte das Stundengebet am Leiden Christi orientiert; dies zeigt ebenfalls STADLHUBER, Das Stundengebet des Laien im christlichen Altertum; siehe auch JUNGMANN, Christliches Beten in Wandel und Bestand, S. 98–131.

30 Siehe BROWE, Die eucharistischen Wunder des Mittelalters.

31 Siehe hierzu die bei DIBELIUS, Das Vaterunser, S. 164–186 abgedruckte Auslegung eines Gebetbuches aus dem 15. Jh. sowie die Hinweise bei WEIDENHILLER, Untersuchun-

dert erfleht zur Brotbitte, Christus möge unsere hungrige Seele speisen mit sich selber als dem „überwesentlichen“ Lebensbrot[32] und uns hierdurch die innere Wandlung schenken[33].

3. *Der Wandel in Luthers Verständnis der Brotbitte*

Luthers erste Vaterunser-Predigten, welche uns weithin nur in Agricolas freier Wiedergabe überliefert sind, atmen noch die fremde Luft spätmittelalterlicher Jesusminne wie Kreuzesmystik; sie meditieren zur Brotbitte Christi Passion. Ein jedes „Blutstropflein des rosenfarben Blutes Christi“[34] dient uns zur Seelenspeise. Unsere irdische Nahrung, welche Luther mit Cyprian in die Brotbitte einschließen möchte[35], wird in der Deutung selber nur flüchtig gestreift[36], der Akzent liegt eindeutig auf dem Gekreuzigten als der Speise unseres inwendigen Menschen. So beginnt auch die ‚Kurze Form' von 1519: „Das Prot ist unser Herr Jesus Christus, der die Seele speiset und tröstet“[37], und die ‚Auslegung deutsch' unterstreicht: „Die Christenheit und ein igliche Christen-Seele ist geborn in und durch das Wort Gottis“[38].

Damit löst sich aus dem dritten Bereich der Brotbitte, welcher im Spätmittelalter unter dem Stichwort: ‚Brot der Lehre' gefaßt wurde,

gen, S. 223 f. Bei der Elevation der Hostie wurden von den Knieenden häufig fünf Vaterunser und Ave Marias gebetet zu Ehren der fünf Wunden Christi; vgl. H. B. MEYER, Die Elevation; weitere Hinweise bei JUNGMANN, Christliches Beten in Wandel und Bestand, S. 101–110.113 f.119–125.

32 Nach der Wiedergabe des ἐπιούσιος in Mt 6,11 mit der Vulgata als „panis supersubstantialis“.

33 DIBELIUS, Das Vaterunser, S. 167. Dieses Verständnis der Brotbitte durchwaltet auch die Predigten des Kusaners, welcher unermüdlich das Einswerden des Christus-Logos mit unserer Seele als den verborgenen Sinn des gesamten Vaterunsers hervorhebt (Cusanus-Texte I,6, S. 16–18.54–74.108–114.134; vgl. auch WEIDENHILLER, Untersuchungen, S. 222).

34 WA 9,143,21–32 (Auslegung und Deutung des Vaterunsers, 1517/18): „Darumb ist kurz die Meinung: Die Speise der Seele ist in den Worten, Werken, Leben, Leiden, Tode, Blutvorgießen, Kronung, Geisselung Christi unsers frommen Gottes, so je die Seele disser eins einbildet, werd sie ausgebreit't und frisch gemacht, angesteckt und gereizet zu Andacht, Lieb, Keuschheit, Bueß, Frommkeit und ander dergleichen . . . Also wird nun unser Seele gespeiset durch alle Wort und Werk Christi. Auch ist ein itzliches Blutstropflein des rosenfarben Blutes Christi, ein itzlich Dornlein . . . ein Gericht, davon das Imbiß der Seelen wird bereitet“. Siehe auch die Leidensmeditation, mit welcher sich der Priester auf die Messe vorbereiten soll, ebd. 146,21–27.

35 Ebd. 141,11: „Daraus wir lernen, daß zweierlei Speise ist des Menschen, des Geistes und des Leibes, innerlich und außerlich, als Sanctus Ciprianus saget“.

36 Ebd. 141,13–18.

37 WA 6,15,30 = WA 7,225,20.

38 WA 2,111,4.

wiederum dasjenige heraus, was schon bei Origenes das Zentrum bildete, der Christus-Logos. Als personal orientierte ,Viva vox Evangelii' rückt dies neu-alte Zentrum vor und über Christi Nahesein unter den sakramentalen Gestalten[39]. Hier zur vierten Bitte kristallisieren sich Luthers Einsichten zur Gegenwart Christi im verkündigten Wort sowie unter den dargereichten Gaben; dabei bilden sich die revolutionären Thesen, welche Luther im Sermon vom Neuen Testament und in der Schrift zur babylonischen Gefangenschaft der Kirche vorlegen wird[40]. Fraglos ist der Herr im Abendmahl gegenwärtig unter den Gestalten von Brot und Wein; jedoch was hilft uns sein Nahesein, wenn wir ihn allein von ferne in der Augenkommunion schauen dürfen und er uns nicht zugleich in der Verkündigung „zu Worten" gemacht wird, daß wir ihn hören und erkennen können[41]. Christi Einsetzung läßt sein leibliches Handeln ganz vom gesprochenen Wort geprägt und durchwaltet sein, deshalb erfordert sie nach dem Apostel primär die worthafte Proklamation (1. Kor 11,25). Allein durch die ,Viva vox Evangelii' will sich uns der Herr darreichen als das wahrhaftige Lebensbrot. „Christus ist das Brot, Gottis Wort ist das Brot, und doch ein Ding, ein Brot. Dann er ist in dem Wort und das Wort in ihm, und gläuben in dasselbe Wort, das heißt essen das Brot, und wem Gott das gibt, der lebet ewiglich"[42].

Luthers frühe Deutungen der Brotbitte sind also dadurch charakterisiert, daß sie nahezu ausschließlich auf Chistus als die wahre Seelenspeise blicken und mit der spätmittelalterlichen ,Sterbekunst' primär an unser Bestehen in der Todesstunde wie im Jüngsten Gericht denken[43]. Christus als das göttliche Himmelsbrot wird uns zuerst in der Verkündigung dargereicht. Als Meditation des Kreuzes drängt die Christuspredigt das

39 Analog, wenn auch nicht so scharf pointiert, stellt Erasmus es dar in seiner Precatio dominica, Sp.1225B: „Non enim explebat animum nostrum panis Philosophorum aut Pharisaeorum: sed panis ille tuus, quem nobis misisti, vitam reddidit mortuis: de quo quisquis ederit, non morietur in aeternum".

40 Siehe WA 9,144,30–37 (Auslegung und Deutung des Vaterunsers, 1517/18) und WA 2,112,8–114,4 (Auslegung dt. des Vaterunsers, 1519), sowie den Kommentar, Bd. 4 zum Abschnitt: ,Das Einordnen der Sakramente in Gottes Heilshandeln an uns durch das Evangelium'.

41 WA 2,113,37 f (Auslegung dt. des Vaterunsers, 1519).

42 Ebd. 114,1. WA 9,147,20 (Auslegung und Deutung des Vaterunsers, 1517/18): „Das heißt ,Comedere Christum', Christum essen und van ihm gespeiset werden". WA 6,16,19 (Eine kurze Form, das Paternoster zu verstehen, 1519) = WA 7,226,12 (Eine kurze Form des Vaterunsers, 1520): „Summa summarum, gib uns unser täglich Prot, daß Christus in uns und wir in ihm ewiglich bleiben und den Namen, daß wir von ihm Christen heißen, wirdiglich tragen".

43 Zum Blick auf unser Sterben siehe etwa WA 2,108,14 f (Auslegung dt. des Vaterunsers, 1519); WA 6,16,1–3.14–16 (Eine kurze Form, das Paternoster zu verstehen, 1519); WA 7,225,25–27; 226,7 f (Eine kurze Form des Vaterunsers, 1520).

Altarsakrament in die zweite Linie und wandelt zugleich die Brotbitte um in eine Bitte um Gottes geistliches Regiment, um den Stand der Diener am Gotteswort und sein Bewahrtwerden vor Irrlehre wie Irrleben[44].

Die vierte Bitte greift somit die drei Dein-Bitten zusammen und zieht aus ihnen das Fazit. Sie erfleht Christus selber als den einzigen Helfer, welcher uns die Kraft schenkt, den alten Menschen in den Tod zu geben und den neuen erstehen zu lassen. Die Brotbitte wird so ganz von der dritten Bitte her verstanden, welche ja das heimliche Zentrum der frühen Auslegungen bildete[45]. Ist es Gottes Wille, „daß wir von den Sünden geheiliget werden und unsere Sünd und Laster durch das Kreuz und den Tod Christi unsers Herrn ... töten und umbringen ..., so bedürfen wir einer sunderlichen Hilf, das ist, des Worts Gottes und des Sakraments Christi, wenn (denn) das Wort Gottes ist unser täglichs Brot, mit welchem der Geist gespeiset und das Fleisch getöt't wird“[46].

Durch diese Deutung hat der Reformator die Bemühungen, welche schon mit Tertullian und Origenes einsetzten, das Christusgeschehen in das Vaterunser einzuzeichnen, zu einem gewissen Zielpunkt und Abschluß gebracht. Das weltumspannende geistliche Regiment, welches Gott durch Christus im Geist ausübt, wird in die Brotbitte eingetragen. Luther war freilich ein zu gewissenhafter Exeget, um das Künstliche und Gezwungene jener Zuweisung nicht zu spüren. Er beschränkt zunehmend Gottes geistliches Regiment auf die drei Dein-Bitten und zeichnet in die vierte Bitte das weltliche Regiment ein.

In der Vaterunserpredigt vom 10. März 1523 erringt das ‚leibliche Brot‘ („panis corporalis“) einen breiteren Raum[47]. In der Katechismuspredigt

44 WA 6,16,8 (Eine kurze Form, das Paternoster zu verstehen, 1519) = WA 7,226,1 (Eine kurze Form des Vaterunsers, 1520): „Erbarme Dich aller Bischofen, Priestern, Geistlichen und aller Oberkeit, daß sie durch Deine Gnade erleucht', uns recht lehren und führen mit Worten und guten Exempel“; vgl. auch WA 9,151,3–152,24 (Auslegung und Deutung des Vaterunsers, 1517/18) und WA 2,114,4–31 (Auslegung dt. des Vaterunsers, 1519). Diesen Akzent eines Gebetes um rechte Priester, welche uns das geistliche Brot zum Segen darreichen, gewinnt die Brotbitte bereits in Abaelards Expositio orationis dominicae (MPL 178,614D–615D).

45 Vgl. oben S. 42–55.

46 WA 6,21,21–28. Freilich erneut mit dem Zusatz: „Wiewohl durch das tägliche Brot auch das leiblich Brot mag verstanden werden“. Luthers frühe These aus der ‚Auslegung und Deutung des Vaterunsers‘: „Darumb ist dies das allergroßte Gebet unser Not halben, das mittelste under den sieben, und ist das, das die andern regiert“ (WA 9,152,19), erinnert uns daran, daß schon Anselm von Laon, Enarr. in Matth. VI (MPL 162,1305B/C; vgl. die anonyme Expositio in orationem dom.; MPL 184,813A) die Brotbitte ins Zentrum rückte; der Kusaner folgte ihm hierin (vgl. oben S. 117, Anm. 33).

47 WA 11,58,33: „Et est corporalis et spiritualis panis, quia omnia bona sunt petenda ab eo, qui non solum animam cibat, sed et corpus“. Melanchthon, Catechismus puerilis von 1532: „Speis Leib und Seel“ (Reu, Quellen, Bd. I,II,2, S. 13,25).

vom 26. Mai 1528 hat es vollends den Sieg errungen; das ‚geistliche Brot' („panis spiritualis") wird nur flüchtig erwähnt[48], um in den Katechismuspredigten sowie in den Katechismen gänzlich dem leiblichen Brot zu weichen. Bereits in der Deutschen Messe lautet die Brotbitte: „Wollt uns auch unser täglich Brot geben, vur Geiz und Sorge des Bauchs behüten"[49], und die Ausgabe des Betbüchleins von 1529 fügt an die christozentrisch-sakramentale Deutung der ‚Kurzen Form' ein ausführliches Gebet um den „seligen Frieden" an[50]. So konzentriert der Reformator stärker und stärker das geistliche Regiment auf die Dein-Bitten und entfaltet zur Brotbitte Gottes weltliches Regiment vom Zentrum des christlichen Hauses aus. Die vierte Bitte umspannt jetzt das „regnum saeculare et oeconomiam"[51], also sowohl das Haus als Lebens- und Wirtschaftsgemeinschaft und mit ihm „alles, was beide häuslich und nachbarlich oder bürgerlich Wesen und Regiment belanget"[52], als auch die übergreifende politische Ordnung und Obrigkeit, und somit letztlich „das ganze Wesen auf Erden"[53].

Indem der Reformator unsere gesamte weltverhaftete Existenz in diese Bitte einträgt, überschreitet er notwendig das ungewisse Heute des Tagelöhners oder gar die Situation der von Tür zu Tür gehenden Boten der Gottesherrschaft; er blickt wieder mit den alttestamentlichen und jüdischen Gebeten auf die bäuerliche Großfamilie. Ähnlich wie im ersten Artikel des Credo[54] löst sich auch in der Brotbitte die bäuerlich-patriarchalische Welt der Institutionen des Schöpfers heraus aus dem Flehen um Gottes eschatologisches Hereinbrechen in das armselige Heute der bedrängten und verfolgten Gemeinde. Dennoch ruft Luther auch zu dieser Bitte auf zum Gebet wider den Fürsten dieser Welt[55] und fügt damit auch sie ein in den weltumspannenden Streit zwischen Gott und Widergott.

Schon in seinen frühen Deutungen interpretiert Luther die Brotbitte nach derjenigen Richtung, welche sich in der Änderung des Lukastextes (Lk 11,3) anbahnt: Das Brot, welches wir für ein ungewisses zukünftiges Morgen benötigen, laß uns Tag für Tag aus Deiner gütigen Hand empfan-

48 WA 30 I,14,22: „Quanquam hic contineatur etiam spiritualis panis, in simplici tamen sensu manebimus, quia pueris praedicamus".

49 WA 19,96,8.

50 WA 10 II,400 Anm.: „Gib uns einen seligen Friede und Einigkeit in allen Landen. Behüt uns vur Krieg und Hader und allem Unfriede, auf daß wir des täglichen Brots und leiblicher Nahrung mit stiller Ruge gebrauchen mügen zu Deinem Lob"; vgl. auch den ‚Kurzen Begriff des Vaterunsers' (WA 10 II,457,30–32).

51 WA 30 I,14,35 (Kat.-Pred. vom 26. 5. 1528).

52 BSLK 679,44 (GK).

53 WA 30 I,48,28 (Kat.-Pred. vom 23. 9. 1528).

54 Siehe den Kommentar, Bd. 2, S. 71–91.

55 BSLK 681,35 (GK): „Fürnehmlich aber ist dies Gebete auch gestellet wider unsern höhisten Feind, den Teufel".

gen! Um diese Akzentsetzung zu erreichen, bezieht Luther das überkommene dreifache Verständnis des ἐπιούσιος auf unsere täglich neue Not und Bedürftigkeit[56]. Mit der Vaterunser-Paraphrase der Deutschen Messe gibt er die geistliche Deutung preis; hierdurch verringert sich freilich nicht der weite Horizont jener Bitte. Da das Herrengebet alles in sich schließen muß, was wir Menschen von Gott erflehen sollen und können, ist in die vierte Bitte Gottes gesamtes weltliches Regiment aufzunehmen. Unter der Chiffre ‚Brot' versteht Luther nun „alles, was zur Leibesnahrung und – Notdurft gehört"[57], ja noch umgreifender: „alles, was zu diesem ganzen Leben in der Welt gehöret"[58]. Diese Wendungen greifen nahezu wörtlich zurück auf die Deutung des ersten Artikels: „mit aller Notdurft und Nahrung dies Leibs und Lebens reichlich und täglich versorget"[59], ähnlich wie bereits die zweite Bitte den zweiten und dritten Artikel aufnahm[60]. Dieser bewußte Rückgriff verknüpft die Brotbitte über den Artikel von der Schöpfung mit dem vierten Gebot[61]; das tägliche Brot wird zum Symbol für Gottes gütiges Herrsein über seinen Kreaturen.

Auch bei dieser Ausweitung auf alles, was zur Notdurft und Nahrung unseres Leibes gehört, folgt Luther einer altkirchlichen Tradition, welche sich in den deutschsprachigen Auslegungen des 14. und 15. Jahrhunderts zu recht ähnlichen Formeln verfestigt hatte[62]. Daß er jene formelhaften

56 In der ‚Auslegung deutsch des Vaterunsers' führt der Reformator aus: Das geistliche Lebensbrot, unser Herr Jesus Christus als das ewige Gotteswort, speise uns a) zu einem „unsterblichen, uberwesenlichen" Wesen (panis supersubstantialis oder transsubstantialis) (WA 2,109,22); b) dieses Brot werde „allein uns Gotteskindern" zuteil, wie die Wortverknüpfung „unser Brot" andeute, es sei ein den Gotteskindern „sunderlichs eigens Brot", ein „panis egregius, peculiaris, proprius" (WA 2,109,31 ff, unter Verweis auf Hebr 13,10); c) das Lebensbrot sei „auf Hebräisch das Morgen-Brot" (WA 2,109,35), wobei das Wort „Morgen" nicht den bestimmten nächsten Tag, sondern eine noch im Schoße des Ungewissen schlummernde dunkle Zukunft bezeichne (nach Gen 30,33). So besage das Wörtlein „cras ader crastinum . . .: das aber das muß ich heut ader morgen und täglich haben, weiß nit, welche Stund es mir Not sei, daß es dann vorhanden sei" (WA 2,110,3). Luther greift hier auf eine Tradition zurück, wie sie etwa in der Glossa ordinaria (MPL 114,102A/B), bei Anselm von Laon, Enarr. in Matth. VI (MPL 162,1307; MPL 184,814D) sowie bei Bonaventura, Comm. in Ev. Lucae, S. 281a (vgl. ebd. Anm. 1 sowie seine Expos. orationis dom., S. 654a), sichtbar wird. Zu Luthers späterem Verständnis des ἐπιούσιος siehe WATR IV,190, Nr. 4190; WATR V,57, Nr. 5318.

57 BSLK 514,3 (KK). Analoge Wendungen: BSLK 679,13 (GK): „unsers Leibs und zeitlichen Lebens Notdurft"; WA 32,421,1 (Wochenpredigten zu Mt 6,5–15, 1532): „alles, was uns not ist zu Erhaltung dieses Lebens"; WA 35,464,14 = EKG 241,5 (Vaterunser-Lied): „was man (be)darf zur Leibes-Not".

58 BSLK 679,34 (GK). Analog WA 30 I,48,27 (Kat.-Pred. vom 23. 9. 1528): „panis est, quicquid pertinet ad panem . . ., das ganze Wesen auf Erden".

59 BSLK 510,39 (KK).

60 Vgl. oben S. 76–83.

61 Zum 4. Gebot siehe den Kommentar, Bd. 1, S. 187–208.

62 Die Belege sind zusammengetragen bei Dibelius, Das Vaterunser, S. 84 f.104–108.

Wendungen jedoch auf Gottes weltliches Regiment hin auslegt, ist wiederum eigenständig und ohne direktes Vorbild.

Schon Origenes hatte unter Verweis auf Dtn 9,9 unterstrichen, daß die Schrift die Chriffre ‚Brot' pars pro toto für jegliche Speise setze[63], und Gregor von Nyssa griff diese Erkenntnis auf: Mit dem Wörtlein ‚Brot' wolle Christus „alles zusammenfassen, was wir für den Leib bedürfen"[64]. Augustin formuliert diese Einsicht klassisch für das Abendland[65]. Seine prägnanten Wendungen werden durch das Mittelalter hindurch tradiert und bringen Sätze hervor, welche Luthers Formeln vorwegzunehmen scheinen, wie etwa: „das ist, daß er uns verleih unser leipliche Nahrung und Notturft, Essen, Trinken, Gewand"[66], oder auch: „Das ist zeitlich Ding, die uns Notdurft sien zu unserer leipleichen Nahrung: essen und trinken, Gewand, als viel uns denn not und fügleich (füglich) ist zu dem gegenburtigen Leben"[67].

In diesen Zusammenstellungen ist die Ausweitung auf unsere gesamte Existenz in dieser unserer Erdenwelt ausgesagt, entfaltet wird freilich im Anschluß an 1. Tim 6,8 lediglich „victus et tegementum", „Futter und Decke, Nahrung und Kleider"[68]. Den weiten Bereich des häuslichen, bürgerlichen und politischen Regimentes zeichnet erst Luther in die Brotbitte ein; im einzelnen verfährt er hierbei freilich recht sorglos.

63 Origenes, De oratione II,27,4 (GCS Origenes II, S. 365,8): „Επεὶ δὲ πᾶσα τροφὴ 'ἄρτος' λέγεται κατὰ τὴν γραφὴν".

64 Gregor von Nyssa, De oratione IV,4 (MPG 44,1176D): „πᾶσαν τὴν σωματικὴν ... χρείαν".

65 Augustin, De serm. Dom. in monte II,7,25 (CChrSL 35,113,516): „Panis quotidianus aut pro his omnibus dictus est, quae hujus vitae necessitatem sustentant ..."; serm. 57,7 (MPL 38,389): „Carnalis cibi necessitas propter quotidianum victum, sine quo vivere non possumus. Victus est et tegumentum, sed a parte totum intelligitur. Quando panem petimus, ibi omnia accipimus"; serm. 59,6 (MPL 38,401): „... in pane significantes, quidquid nobis est necessarium". Im Mittelalter verknüpft man das lateinische Wort „panis" mit dem griechischen πᾶν und weitet es hierdurch aus auf „omnia necessaria tam in cibo, quam in potu, et vestimento, omnique subsidio corporali" (Ps.-Alkuin, Liber de divinis officiis 40; MPL 101,1267B); vgl. Christian von Stavelot, Expos. in Matth. XII (MPL 106,1314D).

66 Stephan von Landskron, Die Hymelstrasz, S. 165v (cap. 43).

67 Nach Nikolaus von Dinkelsbühl bei DIBELIUS, Das Vaterunser, S. 107; siehe ferner die Zeugnisse ebd., S. 105–107; vgl. WEIDENHILLER, Untersuchungen, S. 221 f. Dazu etwa noch Thomas, In orationem dom. expositio, § 1071: „necessaria in vita praesenti"; Eckehart, Super oratione dominica, S. 11,6: „praesentis vitae necessaria".

68 BSLK 679,39 (GK), mit Anm. 1.

Gliederung der Auslegung

Im Kleinen Katechismus legt der Reformator die vierte Bitte analog den drei Dein-Bitten in zwei Gedankenschritten aus. Zum „Was ist das?" sagt er erneut: Gott gewähre das tägliche Brot „auch wohl ohn unser Bitte"[69]; deshalb bitten wir primär um den dankbaren wie demütigen Empfang der Gottesgaben[70]. Im zweiten Gedankenschritt schreitet er den weiten Kreis des täglichen Brotes aus[71].

Der Große Katechismus geht umgekehrt vor[72]; in ihm setzt Luther ein mit der Frage: „Was heißt denn täglich Brot?" a) In einem ersten Abschnitt[73] präludiert er die dreifache Blickrichtung der Brotbitte und sucht eine einprägsame Formel für das tägliche Brot. Positiv gesehen, bitten wir um „alles, was dazu gehöret, das tägliche Brot zu haben und genießen"[74]. Hierbei lenkt das Haben wie Gewinnen unseren Blick auf das Feld und Land; beim Brauchen und Genießen schwingen bereits die zwischenmenschlichen Relationen mit. Visiert man die Negation an, so bitten wir gegen die Chaosmächte, welche uns das tägliche Brot nehmen wollen. Jenes erste Ausschreiten des Umkreises der Bitte rafft Luther zusammen in der Kernformel für das Brot: „Alles, was zu diesem ganzen Leben in der Welt gehöret"[75].

b) Hatte Luther im ersten Abschnitt den Skopus prägnant fixiert, so schreitet er jetzt im zweiten Abschnitt den weiten Bereich des ‚Brotes' sorgfältig aus[76]. Wie er jene Kernformel[77] im Kleinen Katechismus in zweiundzwanzig Gliedern entfaltet, so legt er sie im Großen Katechismus mit Hilfe jenes Dreischrittes, welcher sich im Präludium andeutet, aus.

1. Dabei zeigt er, was im Präludium lediglich gestreift wurde, daß sich unser tägliches Brot nicht auf das Essen und Trinken beschränkt, vielmehr greift er vom Hause als der engsten Lebens- und Wirtschaftseinheit aus weit hinein in den gesellschaftlichen wie staatlichen Bereich, über welchen

69 513,39.
70 513,38–43.
71 514,1–10.
72 Die einzelnen Gedanken jener Auslegung hat Luther in den Katechismuspredigten von 1528 formuliert (WA 30 I,14,21–15,11; 48,24–49,10; 103,1–104,22). Im Großen Katechismus strukturiert er sie sorgfältiger, dabei folgt er im wesentlichen der Predigt vom 15. 12. 1528.
73 BSLK 679,12–29.
74 679,17.
75 679,34.
76 679,33–682,3.
77 514,3 (KK): „Alles, was zur Leibsnahrung und -notdurft gehört".

Gott die weltliche Obrigkeit gesetzt hat. Ohne einen umfassenden zwischenmenschlichen Frieden gibt es kein tägliches Brot[78].

2. Vom Zentrum des Hausvaters aus, unter dem Blickwinkel eines ackerbautreibenden Handwerkers wie Kleinbürgers schreitet Luther sodann die weiten Lebenskreise aus, welche jene ersten Überlegungen eröffneten[79]. Den Kernbereich bildet unser Leibesleben in der engen Hausgemeinschaft mit seiner sachhaft-kreatürlichen und mit seiner mitmenschlich-personalen Seite[80]. Um dieses Zentrum lagert sich das nachbarliche wie bürgerliche Wesen und Regiment, der Bereich zwischenmenschlicher Eintracht sowie eines zeitlichen Friedens[81]. Jenen Kreis des irdischen Friedens und Segens möge Gott schützen und bewahren vor Einbrüchen der Chaosgewalten sowohl aus dem Kreatürlichen als auch aus dem Mitmenschlichen heraus[82].

3. Mit den letzten Hinweisen kommen die satanischen Gegenmächte in den Blick[83]. Die satanische Gegenkraft will nicht nur Gottes geistliches Regiment[84] ins Chaos stürzen, wie dies zu den drei Dein-Bitten gezeigt wurde, sie will auch Gottes weltliches Regiment verwüsten; hierbei richtet sich ihr Angriff zuerst und vor allem gegen die Christen.

c) Der Reformator schließt mit einem Hinweis auf die Segensmacht des Schöpfers[85]. Dieser letzte Abschnitt entfaltet die Frage: „Was ist das?" aus dem Kleinen Katechismus. Angesichts des lebenspendenden und -bewahrenden Schöpfersegens Gottes wandelt sich die Bitte um unser tägliches Brot in ein dankbar-demütiges Ergreifen jener göttlichen Gnadenhand in, mit und unter den irdischen Gütern und Gaben.

Charakteristika der Deutung Luthers

1. Die in der Brotbitte anvisierten Lebenskreise des Ackerbürgers

Nach Luther bitten wir in dieser Bitte um „alles, was zu diesem ganzen Leben in der Welt gehöret"[86]. Damit scheint die Brotbitte lediglich die

78 679,33–680,33. Der Abschnitt 680,19–33 greift zurück auf die Kat.-Pred. vom 15. 12. 1528 (WA 30 I,103,20–104,2).

79 680,39–681,23.

80 680,44–681,7.

81 681,7–15.

82 681,15–20.

83 681,35–682,3.

84 681,40.

85 682,12–33. Dies ist angedeutet in der Kat.-Pred. vom 26. 5. 1528 (WA 30 I,14,31–34) und breit ausgestaltet in derjenigen vom 15. 12. 1528 (WA 30 I,104,2–22).

86 679,34.

Auslegung des ersten Artikels zu rekapitulieren. Die 22 Stichworte, welche im Kleinen Katechismus jenen weiten Umkreis ausschreiten, klingen fraglos an jene Deutung an[87]; in beiden Texten betet der ackerbauende und handwerkende Hausvater. Zum ersten Artikel setzte Luther freilich bei der Person ein; zur vierten Bitte beginnt er mit der Nahrung und fügt mit der Tradition die Kleidung hinzu. Im Großen Katechismus markiert er die sachgemäße Struktur jener Aufzählung sorgfältiger als im Kleinen Katechismus. Neben den überlieferten sachhaften Bezug, neben die Nahrung und Notdurft unseres Leibes, stellt er bewußt den personalen Bezug zu den Mitmenschen. Für den Hausvater schließen sich jene beiden Dimensionen zu einem ersten Kreis zusammen im ‚Oikos' als der engsten Wirtschafts- und Lebensgemeinschaft. Die sachhaft-dingliche Sphäre des ‚Hauses' umspannt „Haus, Hof, Acker, Viehe, Geld, Gut"[88], die personale umgreift „frumm Gemahl, frumme Kinder, frumm Gesinde"[89]. Hier muß zum Subjekt ein Attribut hinzutreten, welches die personale Relation näher bestimmt. ‚Fromm' verbindet sich dabei gerne mit ‚getreu' und kennzeichnet nicht die religiöse Gesinnung, sondern umschreibt ein durchgehendes Sich-Verhalten, welches den vorgegebenen Gemeinschaftsrelationen entspricht, also „die Gemeinschaftstreue"[90].

Um diesen engen Kreis des Alltags mit seinem überschaubaren Leben draußen auf dem Felde und drinnen im Hause[91] lagert sich der weitere Bereich unseres schicksalhaften Gebundenseins sowohl an die außermenschliche Kreatur als auch an die mitmenschliche Gemeinschaft. In beiden Katechismen legt Luther hierbei den Akzent auf das menschliche Miteinander; neben das „häusliche" tritt das „nachbarlich oder bürgerliche Wesen und Regiment"[92]. Nach seiner horizontalen Dimension des Nebeneinanders von gleich zu gleich wird es skizziert durch die „guten Freunde" und „getreuen Nachbarn"[93]; zuerst nennt Luther freilich die vertikale Dimension des oben und unten; in ihr erbitten wir ein gu-

87 510,37 (KK): „... dazu Kleider und Schuch, Essen und Trinken, Haus und Hofe, Weib und Kind, Acker, Viehe und alle Güter"; 514,4: „Essen, Trinken, Kleider, Schuch, / Haus, Hof, Acker, Viehe, Geld, Gut, / frumm Gemahl, frumme Kinder, frumm Gesinde, / frumme und treue Öberherrn, gut Regiment, / gut Wetter, Friede, Gesundheit, Zucht, Ehre, / gute Freunde und getreue Nachbarn und desgleichen". Vgl. auch die umfassende Bitte in der gleichzeitigen Neuauflage des Betbüchleins (WA 10 II,403, Anm.) sowie die Nürnberger Kinderpredigten (Reu, Quellen, Bd. I,1, S. 535,3–9).

88 514,5 (KK).

89 514,6 (KK); vgl. 681,4 (GK).

90 Siehe hierzu etwa Cremer, Die christliche Lehre von den Eigenschaften Gottes, S. 47 ff; Koch, Sdq im Alten Testament, S. 77 f; v. Rad, Theologie des AT's, Bd. 1, S. 368–380.

91 681,1–3 (GK).

92 679,45.

93 514,9 (KK); 681,7 (GK).

tes Regiment der „frummen und treuen Öberherrn“[94] und den rechten „Gehorsam“ der „Untertanen“ sowie des „gemeinen Haufens“[95]. Jenes horizontale Nebeneinander und vertikale Übereinander gottgestifteter Mitmenschlichkeit dient dem hohen Gut des Friedens und der Eintracht[96]. Wo jene segensreiche Gottesordnung im weltlichen Regiment lebendig und kräftig ist, da wachsen Menschen heran in ‚Zucht‘ und Vermahnung zum Herrn, wie dies das vierte Gebot intendiert[97], da wird auch dem einzelnen Menschen seine „Ehre und gut Gerücht“, welche das achte Gebot verteidigt[98], nicht geraubt. Neben dieses zwiefache Gut im menschlichen Miteinander: „Zucht und Ehre“ tritt im Kleinen Katechismus das gute Wetter und die Gesundheit[99], beides als Güter, welche sich mehr unserem kreatürlichen Leben zuordnen.

Der Große Katechismus unterscheidet sorgfältiger zwischen unserem geschickhaften Verflochtensein ins Kreatürliche und unserem menschlichen Miteinander, zugleich rückt er diese beiden Bereiche hinein in den Kampf zwischen Gott und Satan. Ähnlich wie bereits zur dritten Bitte[100] so zeigt Luther auch zur vierten auf[101]: Es geht nicht allein darum, daß wir jene Gottesgüter erlangen, sie müssen zugleich verteidigt und erhalten werden gegen alle satanischen Anläufe. Wie Luther seine Vermahnung zum Gebet beschloß mit der Einsicht, das Gebet sei unsere Schutzwehr gegen den Teufel[102], wie er die Dein-Bitten zusammenfaßte als unsere Verteidigungswaffe gegen Satans Ansturm auf Gottes geistliches Regiment[103], so setzt sich nach ihm die vierte Bitte gegen Satans Einbruch in Gottes weltliches Regiment[104].

Dem Angriff des Teufels auf unsere kreatürliche Existenz widersetzt sich die Bitte um gutes Wetter und Gesundheit[105], daß Gott „uns behüte

94 514,7 (KK); 681,8 ff (GK).

95 681,13 (GK). Die Neuauflage des Betbüchleins (WA 10 II,403, Anm.) gliedert analog: „Gib allen Königen, Fursten, Herrn und Räten guten Verstand und treuen Willen, seliglich und friedlich ihr' Untertan' zu regieren. Behüt aller Untertan' vur Aufruhr und allem Ungehorsam. Lehre uns durch Deinen Geist Göttlich haushalten, Kind und Gesind Christlich regiern zu Deinem Dienst, Lob und Ehre. Behüt unser Kind und Gesind vur Sunde und Schand, vur Fahr und Schade an Leib und Seele“.

96 681,14 f. Auch in der Neuauflauge des Betbüchleins (WA 10 II,403, Anm.) geht die oben in Anm. 50 zitierte Bitte dem in der vorigen Anm. Angeführten vorauf.

97 Zum 4. Gebot siehe den Kommentar, Bd. 1, S. 187–207.

98 624,30. Siehe zum 8. Gebot den Kommentar, Bd. 1, S. 292-294.

99 514,8.

100 676,4–21.

101 680,4–11.

102 669,18–47.

103 678,30–48. Vgl. oben S. 28–34.

104 681,35–682,3.

104 681,35–682,3.

105 514,8 (KK).

vur allerlei Schaden des Leibs und Nahrung“[106]. Im Anklang an die Fürbittlitaneien präzisiert Luther dies auf „Ungewitter, Hagel, Feur, Wasser, Gift, Pestilenz, Viehesterben“[107]. Für den Reformator ist Gottes Wort und das Gebet der Christenheit eine reale Schutzwehr gegen jene dämonischen Angriffe[108].

Freilich legt er den Akzent auf die zwischenmenschliche Gemeinschaft. Vor allem in diesem Bereich gilt es durch unser ständiges Flehen Satans listenreiche Anschläge gegen Gottes Schöpferanordnungen zu vereiteln. Unermüdlich sucht der Teufel alles „ehrbarlich und friedlich Wesen auf Erden“ zu vernichten, wobei er „soviel Hader, Mord, Aufruhr und Krieg“ anrichtet[109]. Wie er sich zu seinen Angriffen auf Gottes geistliches Regiment der „Bischöfe, Tyrannen und Ketzer“[110] bediente, so sucht er die bürgerliche Ordnung durch allerlei Machenschaften in Handwerk und Handel[111] zu verwirren. Luther läßt seine Auslegung zum siebten Gebot erneut anklingen[112]. Wer seinen Nächsten zu übervorteilen und zu unterdrücken versucht, gegen den wird sich diese Bitte des Vaterunsers erheben. Luther denkt nicht allein daran, daß man ihm die bürgerliche Ehre oder „allgemeine Achtung“ entziehen werde[113], vielmehr wird sich ihm diese vierte Bitte in einen Fluch verwandeln. Gott wird seine heilige Ordnung gegen ihn durchzusetzen wissen und ihn der irdischen wie ewigen Strafe preisgeben[114]. Wer auf der Seite Satans gegen Gottes geistliches oder weltliches Regiment streitet, der wird dem Gericht der heiligen Majestät nicht entfliehen.

106 681,16 (GK).

107 681,17; 681,47: „Ungewitter, Hagel, das Getreide und Viehe zu verderben, die Luft zu vergiften, etc.“; WA 10 II,403, Anm. (Neuaufl. des Betbüchleins): „Behüt die Frucht auf dem Felde und alles Viehe vur Ungewitter, Gift, wilden Tieren und allem Schaden, etc.“; vgl. WA 30 I,103,17–22 (Kat.-Pred. vom 15. 12. 1528) und WA 35,464,15 f = EKG 241,5 (Vaterunser-Lied) sowie die Nürnberger Kinderpredigten (Reu, Quellen, Bd. I,1, S. 535,43–46). Die Litaneien haben die Wendungen: „A fulgure et tempestate (tempestatibus) libera nos, Domine“, sowie: „Ut fructus terrae dare et conservare digneris“ (siehe die Zusammenstellung von Drews, Litanei, S. 25.31).

108 Vgl. bes. WA 2,178,26–32 (Sermon von dem Gebet und Prozession in der Kreuzwoche, 1519).

109 681,44. 681,19: „Krieg und Blutvergißen, teuer Zeit“; WA 30 I,15,1 (Kat.-Pred. vom 26. 5. 1528): „Nam satan contra ista omnia agit, scilicet contra profand Fried et publicam pacem“; vgl. WA 35,464,16 f = EKG 241,5 (Vaterunser-Lied). In seinen Litaneien fügt Luther wohl zu dem geläufigeren „a peste et fame, a bello et caede“ ein „a seditione et simultate“ (für Aufruhr und Zwietracht) hinzu (vgl. Drews, Litanei, S. 25.41).

110 678,32.

111 682,23–29.

112 Zum 7. Gebot siehe den Kommentar, Bd. 1, S. 262–277.

113 So interpretiert es die Auslegung BSLK 682, Anm. 7, welche nicht ausreicht.

114 WA 30 I,104,12 (Kat.-Pred. vom 15. 12. 1528): „Qui ergo hindert das Brot et beschädigt die Leute, timeat sibi ab ista precatione“.

Durch die Stichworte ‚Brot' und ‚Friede' verknüpft Luther jene beiden Dimensionen – diejenige unserer geschöpflichen Bedürftigkeit sowie diejenige unserer menschlichen Gesellschaft – miteinander und rückt sie dabei zugleich hinein in den eschatologischen Kampfeshorizont zwischen Gott und Widergott. Dem Satan ist es „leid, daß jemand ein Bissen Brots von Gott habe und mit Frieden esse"[115]. Gott hinwiederum gibt uns nicht allein das tägliche Brot, er sorgt auch dafür, daß wir es „sicher und fröhlich brauchen"[116]. Deshalb stiftete er das weltliche Regiment und setzte die „Öberkeit" ein als seine Schutztruppe gegen die Angriffe des Chaos. Durch „weltlich Öberkeit und Regiment"[117] umhegt Gott das Haus und sein Leben, daß wir „*durch* ihr Ampt Schutz und Friede haben"[118].

2. *Das Schutz- und Friedensamt der Obrigkeit*

Indem Luther die Politia der Oeconomia, das weltliche Schwertregiment dem häuslichen wie nachbarlichen Wesen zuordnet, tritt der Friedensdienst der Obrigkeit noch eindeutiger heraus als in seinen spezifischen Schriften zur Regimentenlehre; neben das Symbol des wehrenden Schwertes stellt er das Symbol des nährenden Brotes[119]. In seiner grundlegenden Schrift zur weltlichen Obrigkeit von 1523[120] suchte Luther die Spannung zwischen der Bergpredigt und dem 13. Kapitel des Römerbriefes zu überbrücken; er stellte sich der damals virulenten Frage: Wie kann ein Christ die radikale Forderung der Bergpredigt, welche allein das „grenzenlose Gebot des Verzeihens, Duldens und Opferns" gelten läßt, vereinen mit seinem Dienst in weltlichen Ordnungen, wo „das Recht notwendige, feste Grenzen gegen das Böse setzen muß?"[121]. Indem Luther Röm 13 von Mt 5–7 aus beurteilte, mußte er notwendig den herben Zwangscharakter

115 681,50. WA 30 I,104,17 (Kat.-Pred. vom 15. 12. 1528): „Panis non potest mihi contingere, nisi sit pax". In seinen späteren Auslegungen verweist Luther durchgehend auf das hohe Gut des irdischen Friedens: WA 10 II,403, Anm. (Neuaufl. des Betbüchleins); WA 35,464,15 = EKG 241,5 (Vaterunser-Lied); WA 37,392,3 f = WA 52,301,11–15 (Pred. über Joh 16,23 ff vom 10. 5. 1534) und WA 38,361,21–35 (Eine einfältige Weise zu beten, 1535). Siehe etwa auch den Unterricht der Visitatoren (WA 26,208,28–209,8 = Melanchthon, St. A., Bd. 1, S. 230,19–231,13); Melanchthons Catechismus puerilis (Reu, Quellen, Bd. I,II,2, S. 13,22 ff); die Nürnberger Kinderpredigten (Reu, Quellen, Bd. I,1, S. 535,31–36); Calvin, Genfer Kat., Fr. 275 und Inst. III,20,44.

116 BSLK 680,7.

117 680,1.

118 680,24.

119 680,20.

120 WA 11,245–280.

121 Bornkamm, Luthers Lehre von den zwei Reichen, S. 9.

weltlicher Ordnung ins Zentrum rücken; so füllte sich ihm das Symbol des Schwertes[122] mit jener hoheitlichen Vollmacht über Leben und Tod, welche Gott nach Gen 9,6 in Menschenhände legte[123].

Hier im Vaterunser dagegen arbeitet der Reformator das Schutz- und Friedensamt der Obrigkeit heraus. Jene trägt das Schwert nicht zur Selbstverherrlichung ihrer gottverliehenen Macht und Stärke, wie dies etwa ein Löwe im Wappenschild[124] andeuten könnte, sie trägt vielmehr das Schwert, um die Bösen zu strafen und die Guten zu lohnen und hierdurch das hohe Gut irdischen Friedens zu erhalten. Dies sollte das Symbol des Brotes andeuten. Nach seiner Schrift über den Gott wohlgefälligen Stand eines Kriegsmannes läßt Luther die Obrigkeit sowohl die „agricultura" als auch die „militia" umspannen und überwachen[125]. Sowohl das Schwert als auch das Brot weisen zusammen und miteinander hin auf das im Recht verfaßte wehrhafte Schutz- und Friedensamt der von Gott eingesetzten weltlichen Ordnung.

In diesen Thesen greift Luther die von Augustin dem Abendland übermittelten antiken Einsichten über Wesen wie Auftrag staatlicher Rechtsgestalt auf[126]. Als genuiner Schüler Augustins ordnet auch Luther diese Erkenntnis streng ein in das biblische Zeugnis vom eschatologischen Ringen zwischen Licht und Finsternis, ja noch bewußter als sein Lehrer hat der Reformator die eigenständige Seinsmächtigkeit jener Friedensordnung theologisch gedeutet. Ein „beständig, friedlich Regiment"[127] vermag allein Gott zu gewähren, wir vermögen es nicht von uns aus herzustellen oder auch nur zu erhalten. Ein jeglicher Dienst von Menschen trägt keine absolute Eigenmacht in sich, bleibt zutiefst gefährdet und angefochten von jener abgründigen Ohnmacht mitten in unserer menschlichen Freiheit. Weil allein Gott unser Schöpfer und Erhalter ist, deshalb hat er sich auch die geheimnisvolle Vollmacht vorbehalten, uns das Leben zu schenken oder zu versagen, unser Tun von innen heraus zu unterstützen oder es in die Irre gehen zu lassen. Deshalb erflehen wir eine rechte Obrigkeit von Gott, daß sie ihm diene als seine „Hand, Rohre und Mittel"[128], *wo-*

122 WA 23,514,1 (Sach.-Ausl., 1527): „Durchs Schwert aber verstehe ich alles, was zum weltlichen Regiment gehört, als weltliche Rechte und Gesetze, Sitten und Gewohnheite, Gebärden, Stände, unterscheidene Ämter, Person, Kleider, etc".

123 Vgl. WA 42,360,9–361,17 (Gen.-Vorl., 1535–45).

124 BSLK 680,21.

125 Nach WA 19,654,20–655,1; mittelalterliche Vorbilder hat MAURER, Lehre von den drei Hierarchien, S. 67 ff zusammengestellt.

126 Siehe hierzu etwa KAMLAH, Christentum und Geschichtlichkeit, S. 261–266 und DUCHROW, Christentum und Weltverantwortung, S. 229–246.

127 680,8.

128 566,21 (GK zum 1. Gebot).

durch[129] er selber das uns gewährte tägliche Brot gegen die Angriffe Satans und seiner Hilfstruppen verteidigt und hierdurch unser armes Leben auf Erden fristet. Auch hier zur vierten Bitte schaut Luther zuerst wie zuletzt auf Gott und dessen segenspendendes Schöpferwirken.

3. Innerer Wandel der Bitte in den Dank für unsere irdische Existenz

Durch diesen Aufblick zu Gottes Segenswirken wandelt sich sowohl die Gestalt als auch der Gehalt dieser Bitte. Aus einer Bitte um Gottes eschatologisches Nahesein unter dem Elendsbrot, welches Tag für Tag unsere Existenz im Dienst der Proklamation der Gottesherrschaft fristet, wird die dankbare Anerkennung des gütigen Schöpferhandelns Gottes in allen weltlichen Ordnungen. Auch dieser Umbruch vollzieht sich nicht plötzlich und ist auch nicht ohne Vorläufer. Die spätmittelalterlichen Ausleger zitieren gerne und häufig ein antikes Diktum[130], welches fälschlich auf Chrysostomus zurückgeführt wurde: „... non solum ideo oramus: panem nostrum da nobis, ut habeamus, quod manducemus – Thomas fügt hier im Matthäuskommentar erläuternd hinzu: quod commune est inter justos et peccatores –, sed ut quod manducamus, de manu Dei accipiamus“[131]. Im Horizont seines Rechtfertigungsverständnisses greift Luther diese Stoßrichtung auf und akzentuiert ähnlich wie zur Anrede und zum Amen[132], daß wir als Geschöpfe allein auf Gottes väterliche Segenshand gewiesen sind und daß wir recht menschlich und wahrhaft christlich allein leben, wenn wir dies erkennen, anerkennen und bezeugen.

Es geht nicht nur darum, daß wir unser Brot betend aus der unsichtbaren Hand des Schöpfers empfangen, sondern noch präziser darum, daß wir in, mit und unter dem täglichen Brot Gottes Vatergüte selber ergreifen. In der sprachlich harten Formulierung des Kleinen Katechismus[133] ist

129 WA 23,513,29 (Sach.-Ausl., 1527): „Also kunnte er (Gott) auch wohl Friede halten, die Bösen strafen, die Frummen schützen ohn Schwert und Fursten; er wills aber nicht tun, sondern hats also geordnet, daß die Fursten sollen ihm helfen, daß ist: er will mit ihn' und durch sie solchs tun“. Der instrumentale Charakter obrigkeitlichen Dienens wird unterstrichen durch ein ständig wiederkehrendes „durch“ (BSLK 680,2.24.29.33). Gott erweist sich hierin als souveränes Subjekt aller Segenswirkungen.

130 Dibelius, Das Vaterunser, S. 84 nennt Augustinus Triumphus, Müntzinger, Hermann von Petra, Nikolaus von Dinkelsbühl.

131 Hom. in Matth. XIV,11 (MPG 56,713); nach Bardenhewer, Patrologie, S. 310 handelt es sich um das Werk eines lateinischen Arianers aus dem 5. oder 6. Jh.

132 Vgl. oben S. 13–39.

133 Die heftig umstrittene Wendung: „daß er uns erkennen lasse und mit Danksagung empfahen unser täglich Brot“ (BSLK 513,41) ist nach Luthers Sprachgebrauch eindeutig. „Unser täglich Brot“ ist Objekt sowohl zu „empfahen“ als auch zu „erkennen“. Weil es das

dies nicht so eindeutig ausgesprochen wie im letzten Abschnitt des Großen Katechismus[134]. Gottes allmächtige wie allgütige Schöpferhand ist ausgereckt über Böse und Gute auch ohne, daß wir darum bitten. Gottes Wirken in seinem weltlichen Regiment ist auf dem Plan, ob wir Menschen dies nun erkennen und anerkennen oder nicht, ganz analog der Realität, daß auch im geistlichen Regiment sein Gnadenreich ohne unser Gebet kommt und sein Heilswille ohne unser Bitten geschieht. In dieser Brotbitte erflehen wir jedoch, daß sich uns Gott in diesen seinen irdischen Gütern und Gaben als unser gütiger Schöpfer und gnädiger Retter erweise[135], gilt doch grundsätzlich: Allein dort, wo Gottes Name verherrlicht wird, sein Reich zu uns kommt und sein guter, heilsamer Wille über uns waltet, wird uns auch die Schöpfung in Christus neu geschenkt, daß wir über ihr nicht mehr den zürnenden Richter fürchten müssen, sondern den segnenden Vater erkennen und anbeten dürfen. Indem Luther diese Brotbitte ganz analog zu den ersten drei Bitten erklärt, möchte er auf das durchgehende Geheimnis verweisen, welches alle vier Bitten miteinander verknüpft. Es ist das Geheimnis jener sachlichen wie erkenntnismäßigen Rückbindung des ersten an den zweiten und dritten Artikel[136]. Allein und ausschließlich im Heiligen Geist ist uns der Sohn offenbar als der rechte „Spiegel des väterlichen Herzens"[137]; allein und ausschließlich in der Erlösung durch Christus erschließt sich uns die Vatergüte des Schöpfers in letzter Klarheit.

Nach der knappen Zusammenfassung im Kleinen Katechismus könnte es so scheinen, als schritte der Reformator hiermit zu Kant, Schleiermacher und Ritschl[138] hinüber, als wandle sich ihm unter den Händen die

Leitwort dieser wie der folgenden Frage ist, rückt Luther es an den Schluß des Satzes. Heute würden wir den intendierten Sinn gerade durch eine Voranstellung wiedergeben, also: „daß er uns unser tägliches Brot erkennen und mit Danksagung empfangen lasse" (so mit Recht: BERTHEAU, Noch einmal die Lutherische Erklärung, S. 171; EBELING, Die vierte Bitte, S. 171 ff; MEYER, Hist. Komm., S. 410–414).

134 682,12–23.

135 Siehe auch WA 30 I,14,31 (Kat.-Pred. vom 26. 5. 1528): „Quamquam deus ista libenter det etiam impiis, qui nunquam orant aut saltem non recte orant, tamen vult orari, ut sciamus, quod ista accipiamus ab eo, Et certe simus, quod hae orationes exauditae sint"; WA 30 I,104,2 (Kat.-Pred. vom 15. 12. 1528): „Quanquam dominus dat panem satis abunde etiam malis et impiis, tamen geburts uns Christen, ut erkennen und wissen, daß' von Gott komm, ut sciamus panem, famem, bellum in dei manu esse". Siehe auch Bucers Katechismus von 1534 (REU, Quellen, Bd. I,1, S. 65,35–41).

136 Vgl. dazu den Kommentar, Bd. 2, S. 36–47.

137 BSLK 660,42 (GK zum 3. Artikel).

138 Die Umfunktionierung des konkreten Bittens in ein umspannendes Danken wird vollzogen und begründet etwa bei KANT, Die Religion innerhalb der Grenzen der bloßen Vernunft, S. 215–229 = Urausgabe S. 296–314 (allgem. Anm.: Von den ‚Gnadenmitteln'); SCHLEIERMACHER, Glaubenslehre, § 146 f; DERS., Predigten Bd. IV, S. 307–320 (Über die Erhörung des Gebets im Namen Jesu); RITSCHL, Unterricht, § 51–55.78–80; DERS., Rechtfertigung, Bd. III, § 66.

handgreifliche Bitte um irdische Güter in ein demütig-dankbares Sich-Einschwingen in ein allwaltendes Geschick, welches nach ehernen Naturgesetzen den Kosmos durchwaltet. Doch Luther lehnt keineswegs jegliches Einwirken-Wollen des Geschöpfes auf den erhabenen Schöpfer als ein ‚Fetischmachen' ab, welches ins Magisch-Theurgische hinüberspiele. Er hat sich durchaus nicht gescheut, Gott konkret um Regen zu bitten; hierzu berief er sich äußerst handgreiflich auf Christi Zusage, daß alles Flehen in seinem Namen erhört werde (Joh 16,24), hielt Gott den Spott der Ungläubigen vor und packte ihn bei seiner Liebe zum Sohn[139]. Ein derart direktes Gebet um ein unmittelbares Eingreifen des Schöpfers dürfte uns neuzeitlichen Menschen, die wir um die kosmischen Zusammenhänge ein wenig mehr wissen, nur selten über die Lippen kommen. Leichter zugänglich sind uns wohl noch die negativen Erfahrungen, auf welche Luther im Großen Katechismus hinweist: Wo Gott seine Hand „abzeucht, so kann es doch nicht endlich gedeihen noch erhalten werden, wie man wohl täglich siehet und fühlet"[140].

In Luthers späteren Umschreibungen dieser Bitte tritt der göttliche Segen noch stärker ins Zentrum[141]; so bittet der Reformator etwa: „Ah, lieber Herr Gott Vater, gib auch Deinen Segen in diesem zeitlichen, leiblichen Leben!"[142]. Calvin reflektiert sowohl im Genfer Katechismus als auch in der Institutio[143] jenes dankbare Ergreifen der göttlichen Segenshand noch schärfer durch, hierbei löst er das Besitzen vom Erwerben ab. Selbst dasjenige, was wir äußerlich gesehen durch unserer Hände Werk erworben haben, wird innerlich betrachtet erst wahrhaft unser durch Gottes segnende Güte. Selbst und gerade dort, wo wir Vorräte in Hülle und Fülle besitzen, stellt sich die Alternative neu, ob wir dies alles in raffender Gier festhalten oder ob wir es dankbar aus der Hand des Schöpfers empfangen und im Dienst an unseren Mitmenschen verantwortlich verwalten. So haben selbst die Besitzenden nichts, wenn Gott es ihnen nicht segnet[144]. Mitten in all unserem Planen und Vorsorgen soll uns

139 WATR 2,157 f; Nr. 1636 (J. Schlaginhaufen, Juni 1532) mit der Hinzufügung: „Postea eadem nocte venit optima saluberrima pluvia".

140 682,20.

141 WA 30 I,104,5 (Kat.-Pred. vom 15. 12. 1528): „Si manum suam aperit, copiam panis et omnium rerum habemus; si claudit, econtra. Ideo ne cogites panem esse ein zufällig Ding, sed donum dei"; vgl. BSLK 679,25 f; 683,4 f sowie WA 37,392,4 f (Pred. über Joh 16,23 ff vom 10. 5. 1534), ferner Nürnberger Kinderpredigten (Reu, Quellen, Bd. I,1, S. 534,1–16.42–45) und Heidelberger Kat., Fr. 125.

142 WA 38,361,22 (Eine einfältige Weise zu beten, 1535).

143 Calvin, Genfer Kat., Fr. 276 f. 279 und Inst. III,20,44.

144 Calvin, Genfer Kat., Fr. 279 (Calvin, OS II,124,3): „Itaque omnia possidendo nihil habemus, nisi quatenus in singulas horas ex manu Dei percipimus, quantum nobis necesse satisque est"; vgl. Inst. III,20,44.

die Sorge, der Geiz und die Raffgier nicht verknechten. Unser Herz darf sich deshalb nicht dem „armen Brotkorb“[145] versklaven, es soll vielmehr in stillem Frieden und dankbarem Vertrauen in Gottes Segenshand ruhen[146]. Die auf das Heute blickende Bitte um das Lebensnotwendige beläßt deshalb die brennende Sorge um das dunkle Morgen in Gottes allmächtigen wie allgütigen Händen[147]. Letzteres deutet der Reformator in seinen Katechismuspredigten zur Brotbitte lediglich an; in seiner Auslegung des ersten Gebotes hatte er es bereits ausführlich behandelt[148].

Diese letzten Hinweise, welche schon über Luthers Deutung hinausgreifen, markieren den Abschluß eines weiten Weges, welchen wir in dieser Auslegung der Brotbitte skizziert haben; zugleich weisen sie von ferne zurück auf den Ausgangspunkt jener erstaunlichen Bewegung.

4. Überblick über den Wandel im Verständnis der Brotbitte

Überschauen wir abschließend in knappen Thesen noch einmal diesen Weg, welchen die Kirche in der Deutung der Brotbitte durchschritten hat.

1. Ursprünglich mögen Jesu Jünger in dieser vierten Bitte nichts anderes erfleht haben als den kärglichen gemeinsamen Lebensunterhalt auf ihrer Wanderschaft im Dienst an der Proklamation der Königsherrschaft Gottes.

2. Die altkirchliche Deutung stellte das Brot hinein in das helle Licht des verheißenen Mahles der Himmelsherrschaft und weitete die Bitte aus auf alle Tage unserer irdischen Pilgrimschaft. Als verbindende Mitte erwies sich der Gekreuzigte und Erhöhte, das wahre Lebensbrot der Seinen. So ergab sich ein dreifacher Bezug, auf unsere leibliche Notdurft, auf den Christus-Logos als unser geistliches Lebensbrot, auf das sakramentale Brot des Christusleibes.

3. Bereits in der alten Kirche rückte die Gegenwart Christi unter den eucharistischen Gestalten immer stärker in den Mittelpunkt. Ihr fügte das Mittelalter im Anschluß an Augustin das ‚Brot der Lehre‘ hinzu, welches sich inhaltlich füllte mit der Meditation des Schmerzensmannes. Daneben bleibt der Bezug auf die leibliche Notdurft erhalten. So akzentuiert sich

145 BSLK 679,12 (GK).

146 WA 35,464,17 = EKG 241,5 (Vaterunser-Lied): „Daß wir in gutem Frieden stehn, / der Sorg und Geizens müßig gehn“.

147 WA 30 I,48,26 (Kat.-Pred. vom 23. 9. 1528): „Non curandum: pro crastino tempore curabit“. WA 10 II,403 Anm. (Neuaufl. des Betbüchleins): „Verleihe uns, daß wir uns umb zeitlich Nahrung nicht bekömmern oder aus Armut Deinen Namen verleugnen, sonder gib uns die Nottürft unser Nahrung“.

148 Siehe den Kommentar, Bd. 1, S. 116–123.

der altkirchliche Dreiklang neu, das materielle Brot, das sakramentale Brot und das Brot der Lehre.

4. Der Reformator übernahm zunächst diesen dreifachen Bezug; mit der spätmittelalterlichen Passionsmystik hob er freilich die worthafte Gegenwart Christi hervor; diese faßte er neu als die Viva vox Evangelii und weitete die Bitte – ähnlich wie vor ihm schon Abaelard – aus zum umfassenden Gebet um Gottes geistliches Regiment. Mit der Deutschen Messe konzentriert er diese Bitte auf das leibliche Brot, ohne den überlieferten geistlichen Sinn so strikt abzulehnen wie Calvin[149].

5. In den Katechismen zeichnet er das „regnum saeculare"[150] bewußt in die Brotbitte ein. Deren alttestamentlich-jüdischer Untergrund tritt hervor. Der Pater familias bittet für sein ‚Haus' als die zentrale Lebens- und Wirtschaftseinheit, Gott möge ihr den Lebens- wie Segensraum schenken und zugleich abschirmen gegen alle Anläufe der Verderbensmächte. Das armselige Heute der verfolgten und bedrängten Gemeinde Jesu fügt sich ein in die weite durch Gottes Schöpfergüte erhaltene Erdenwelt.

6. Damit wandelt sich zugleich die eng begrenzte Bitte, welche lediglich den heutigen Tag und seinen konkreten Hunger ins Auge faßt, um in einen weltumspannenden Dank. In der irdischen Nahrung wie im zwischenmenschlichen Frieden ergreifen wir Gottes segenspendende Gnadenhand.

7. Ein letzter Schritt bahnt sich in Luthers Deutungen zart an und wird von Calvin klar fixiert. In unserem Verhältnis zum irdischen Gut sind wir gefragt nach unserem inwendigen Menschen; es geht letztlich darum, ob sich unser Herz in Sorge oder Habgier von der letztlich ohnmächtigen Kreatur verknechten lassen will oder ob es in der demütig-dankbaren Freiheit der Gotteskindschaft seinen wahren Ankergrund beim letztlich allmächtigen Kreator finden will.

149 Vgl. WA 30 I,14,22 f (Kat.-Pred. vom 26. 5. 1528) mit Calvin Inst. III,20,44. Daß auch der Luther der Katechismen den ‚geistlichen Sinn' der Brotbitte nicht schlechin verwirft, ihn vielmehr in seinem Betbüchlein auch 1529 noch an erster Stelle stehen läßt und lediglich eine umfassende Fürbitte um den irdischen Frieden hinzufügt (WA 10 II,401 ff), sollte man bei einer dogmatischen Auswertung seiner Vaterunser-Auslegungen nicht übersehen. Der christozentrische Skopus dieser Bitte wird auch vom späten Luther grundsätzlich beibehalten, auch für ihn gilt: „Und summa summarum, gib uns unser täglich Brot, daß Christus in uns und wir in ihm ewiglich bleiben und den Namen, daß wir von ihm Christen heißen, wirdiglich tragen" (WA 6,16,19: Eine kurze Form, das Paternoster zu verstehen = WA 7,226,12: Eine kurze Form des Vaterunsers; vgl. WA 10 II,403,1: Betbüchlein). Freilich verwirft der Reformator die These einiger Kirchenväter, daß ein leibliches Verständnis der Brotbitte gegen Mt 6,25 verstoße (WATR IV,190, Nr. 4190); grundsätzlich formuliert er jedoch: „Panis quotidianus, de corporali pane intelligendus, quamvis etiam figurate pro spirituali accipitur" (WATR 5,57,17, Nr. 5318: Johannes Mathesius, 1540).

150 WA 30 I,14,35 (Kat.-Pred. vom 26. 5. 1528).

8. In diesen Ausweitungen wie Umprägungen der Brotbitte geht es für den Reformator zuerst und zuletzt um den eschatologischen Streit zwischen Gott und Satan, in welchem den Christenmenschen ein besonderer Platz zugewiesen ist[151]. So behält Luther trotz jener Akzentverschiebungen, welche die Geschichte ermöglicht oder auch erzwungen hatte, den biblischen Skopus im Auge. In der gegenwärtigen Situation werden wir wohl noch stärker als der Reformator das biblische Skandalon der Brotbitte unterstreichen müssen: Die Fristung unseres erdverhafteten Lebens im Heute dient der Teilhabe an dem anbrechenden Morgen der Gottesherrschaft, welcher uns gerade aus dem welthaften Umschluß jenes scheinbar so sicher Vorgegebenen herausruft.

151 BSLK 682,2 f.

Die fünfte Bitte um Gottes Vergebung

Wortlaut und Sinn der fünften Bitte[1]

1. Wortlaut und biblischer Sinn der Vergebungsbitte

Die Bitte um Gottes Verzeihen hat bei Luther eigenartiger Weise noch die Gestalt: „Und verlasse uns unser(e) Schuld(e), als wir verlassen unsern Schuldigern“[2]. Obwohl der Reformator schon im Septembertestament Mt 6,12 übersetzt: „Und vergib uns unsere Schulde, wie wir unsern Schuldigern vergeben“[3], obwohl auch die spätmittelalterlichen Wiedergaben durchgehend das „Vergeben“ haben[4] und Luther es seinen Auslegungen zugrundelegt[5], folgt er in seinen katechetischen Schriften doch stärker mit der Vulgata[6] dem bei Matthäus überlieferten Text. So ist „Schuld(e)“ bei ihm ein Plural und entspricht den ὀφειλήματα (debita)[7]. Im aramäischen Urtext dürfte hier ein *ḥobah (ḥob)* verwandt worden sein, welches

1 Zur Deutung dieser Bitte siehe besonders: LOHMEYER, Das Vater-unser, S. 111–134; SCHÜRMANN, Das Gebet des Herrn, S. 74–90; QUELL/BERTRAM/STÄHLIN/GRUNDMANN, Art. ἁμαρτάνω; RENGSTORF, Art. ἁμαρτωλός; BULTMANN, Art. ἀφίημι; HAUCK, Art. ὀφείλω; sowie HARDELAND, Katechismusgedanken, S. 286–289; MEYER, Hist. Komm., S. 415–420; GIRGENSOHN, Katechismus-Auslegung, Bd. 1, S. 226–232.

2 BSLK 514,14 (KK); 556,24 (Vorrede zum GK); 682,43 (GK); WA 2,86,25; 116,4 (Auslegung dt. des Vaterunsers, 1519); WA 6,16,26 (Eine kurze Form, das Paternoster zu verstehen, 1519); WA 7,226,19 (Eine kurze Form des Vaterunsers, 1520).

3 WABibel, 6,32.

4 Vgl. MEYER, Hist. Komm., S. 97 und MGP XXIII, S. 290–293.

5 Siehe etwa BSLK 684,32; 683,18 (GK); WA 9,152,26 (Auslegung und Deutung des Vaterunsers, 1517/18); WA 2,116,4 (Auslegung dt. des Vaterunsers, 1519); WA 6,16,30 (Eine kurze Form, das Paternoster zu verstehen, 1519); WA 7,226,24 (Eine kurze Form des Vaterunsers, 1520); WA 10 II,457,33 (Betbüchlein); WA 35,464,19.22 (Vaterunser-Lied); WA 38,361,36 (Eine einfältige Weise zu beten, 1535).

6 Die Vulgata hat: „Dimitte nobis debita nostra, sicut nos dimittimus debitores nostris“; Erasmus dagegen setzt: „Remitte nobis peccata nostra, siquidem et ipsi remittimus omni debenti nobis“; vgl. MGP XXIII, S. 289 f.

7 Vgl. Did 8,2.

eigentlich die ‚Zahlungsschuld' bezeichnet[8]. Diesem Objekt entsprechend gibt Luther das Verb ἀφιέναι (dimittere, remittere) mit „(v)erlassen" wieder, worin noch die juristische Nuance des „Lösens von mancherlei rechtlichen Bindungen und Verpflichtungen" mitschwingt[9]. In seinen freieren Übersetzungen zieht er jedoch das geläufigere ‚Vergeben' vor; es soll wie das bei Lukas (Lk 11,4) verwandte Substantiv ἁμαρτίαι (peccata) die personale Dimension im Verhältnis zwischen Gott und Mensch unterstreichen. Steht doch zwischen Gott und uns letztlich nicht eine zu erlassende sachhafte Schuld, sondern eine zu vergebende personale Sünde[10]. Diese Beobachtungen zeigen, daß zwischen dem Wortlaut und der Interpretation der Bitte eine gewisse Spannung besteht.

Auch in dieser Bitte steht das Verb im Aorist. Nach den modernen Auslegern blickt sie „auf die große Abrechnung, der die Welt entgegengeht, die Enthüllung der Majestät Gottes im Endgericht"[11]. In seinen frühen Auslegungen akzentuiert auch Luther den eschatologischen Rechtsstreit des Frommen mit seinen Widersachern vor dem Angesicht des kommenden Richters[12]. In den Katechismen dagegen legt er ein stärkeres Gewicht auf die tägliche Vergebung, ist diese uns doch um unseres täglichen Strauchelns willen so nötig wie das tägliche Brot. Auch zur Vergebungsbitte stoßen wir auf jenen geheimnisvollen Wandel, welcher sich mit dem gesamten Vaterunser vollzog. Auch diese Bitte wurde im Lichte der Auferstehung Jesu sowie der Sendung des Geistes durch Generationen Tag für Tag gebetet; hierin wurde die grundlegende Taufgnade stets neu aktualisiert und zugleich der kleine Alltag der Gemeinden

8 Nach HAUCK, Art. ὀφείλω, S. 564 f und SCHLATTER, Der Evangelist Matthäus, S. 213 f. Dieser Beiklang spielt in den kirchlichen Deutungen noch eine beträchtliche Rolle; so schreibt etwa Anselm von Laon, Enarr. in Matth. VI (MPL 162,1306C = MPL 184,814B): „Debitores sunt qui debent nobis pecuniam, et qui fecerunt nobis aliquam injuriam".

9 LOHMEYER, Das Vater-unser, S. 113; während die Prophan-Gräzität durchgehend das personale Objekt setzt, verwendet das Neue Testament ein sachliches.

10 Im Kleinen Katechismus spricht Luther in seiner Deutung ausschließlich von „Sunde", „sundigen", „sich an uns versundigen" (BSLK 514,19.24.27). Sowohl im Hinblick auf Gott als auch auf die Mitmenschen unterstreicht er hierdurch die personale Seite des Vollzuges. Zwischen Gott und Mensch sowie auch zwischen Mensch und Mensch steht nicht allein eine dinghafte Zahlungsschuld, welche erlassen werden kann, sondern personhafte Sünde, welche auch personal verziehen werden muß.

11 JEREMIAS, Das Vater-unser, S. 25 (= DERS., Abba. Stud. zur ntl. Theol., S. 168); vgl. auch LOHMEYER, Das Vater-unser, S. 125; SCHÜRMANN, Das Gebet des Herrn, S. 83. In der abendländischen Tradition ist dies streng eschatologische Verständnis der Bitte wohl am stärksten ausgesprochen bei Godefredus Admontensis, hom. 47 (MPL 174,863D-864A).

12 WA 6,17,1 (Eine kurze Form, das Paternoster zu verstehen, 1519) = WA 7,227,1 (Eine kurze Form des Vaterunsers, 1520): „O Vater, tröst uns unser Gewissen jetzt und an unserm letzten Ende, welchs vor unsern Sunden und Deinem Gericht greulich erschrickt und erschrecken wird. Gib unserm Herzen Deinen Fried, daß wir Deins Gerichts mit Freuden erwarten mügen".

in den weiten Horizont des Jüngsten Tages gerückt. „So verschmilzt das Heute und Hier, aus dem heraus die Bitte sich von den Lippen löst, mit dem eschatologischen ‚Morgen und Dort' zu einer unlösbaren Einheit"[13].

Dieser Bitte ist ein Bekenntnis, eine Beteuerung hinzugefügt; hierdurch wird der Duktus des Gebetes empfindlich unterbrochen, die „Gebetssprache" wandelt sich plötzlich in eine „Gebotssprache"[14]. Dies erfolgt vor allem bei Lukas (Lk 11,4). Jesu wiederholte Mahnungen sind hier aufgegriffen[15]; der Beter beantwortet sie mit einer fast pedantischen Beteuerung: „denn auch wir vergeben (immer wieder) einem jeden, der uns etwas schuldig ist." Bei Matthäus (Mt 6,12) hingegen findet sich die Vergangenheitsform: „wie auch wir denen vergeben haben, die uns etwas schuldig sind." Wird hiermit nicht einer göttlichen Bedingung entsprochen, welche besagt: Allein derjenige darf sich vertrauensvoll dem himmlischen Vater nahen, welcher sich zuvor mit seinem Bruder versöhnt hat?[16]. So interpretiert Luther es in seiner ‚Kurzen Form': „Diese Bitte hat ein Anhang und ein Bedingung, daß wir zuvor sollen unsern Schuldigern vergeben: wenn das geschehen ist, so mügen wir dann sagen: Vergib uns unser Schulde!"[17]. Im Kleinen Katechismus dagegen scheint der Reformator jenes Verhältnis nahezu umkehren zu wollen; erst Gottes Vergebung schenkt uns Sündern die Kraft und Freiheit, auch untereinander das Verzeihen zu üben: „Wir bitten in diesem Gebet, daß der Vater im Himmel nicht ansehen wollt' unser Sunde und umb derselbigen willen solche Bitte nicht versagen, . . . so wöllen wir zwarten (wahrlich) wiederumb auch herzlich vergeben"[18]. JOACHIM JEREMIAS möchte den Aorist im griechischen Text des Matthäus auf ein aramäisches Perfectum praesens zurückführen, welches „eine hier und jetzt eintretende Handlung" bezeichne. Man müßte somit sinngemäß umschreiben: „wie auch wir *hiermit* denen vergeben, die uns etwas schuldig sind"[19].

Wie auch immer das Verhältnis der beiden Hälften dieser Bitte zu bestimmen sein wird, es umspannt beides, die Ohnmacht wie die Vollmacht der Gotteskinder. „Indem ‚wir unseren Schuldnern vergeben', wissen wir uns mächtig, Gottes eschatologisches Werk an unseren Schuldnern zu üben; indem wir um Vergebung bitten, wissen wir uns

13 LOHMEYER, Das Vater-unser, S. 126; vgl. K. BARTH, Das Vaterunser, S. 100 ff.

14 Nach SCHÜRMANN, Das Gebet des Herrn, S. 137, Anm. 368.

15 Mt 5,23–26; 6,14 f; 18,35; Mk 11,25.

16 So nach Mt 6,14 f; Mk 11,25 f; Mt 5,23–26.

17 WA 6,16,28 = WA 7,226,22.

18 BSLK 514,17.

19 Nach JEREMIAS, Das Vater-unser, S. 14 (= DERS., Abba. Stud. zur ntl. Theol., S. 160); vgl. HAUCK, Art. ὀφείλω, S. 563,3: „Der Aorist des Mt (ἀφήκαμεν) spricht den Ernst der Versöhnungsgesinnung durch die vollbrachte Tat, das Präsenz des Lk (ἀφίομεν) durch die stete Bereitschaft zur Vergebung aus".

ohnmächtig und des eschatologischen Werkes Gottes bedürftig"[20]. Jenes Ineinander von Ohnmacht und Vollmacht der Christen erweist sich für die nachpfingstliche Gemeinde erneut als ein echter Weg. An seinem Anfang steht die Vergebung der Schuld in unserer Taufe, an seinem Ende und Ziel steht unsere Annahme durch Gott, welche durch das Jüngste Gericht hindurch erfolgen will. Wo es das Zueinander jener beiden Satzhälften zu bedenken gilt, da tritt stärker und stärker jener unumkehrbare Weg vom Tauftod zum leiblichen Tod, von der Tauferweckung zur himmlischen Vollendung in unser Bewußtsein. Diese dynamische Bewegung wird in der kirchlichen Auslegung bis hin zu Luther ständig präziser durchreflektiert. Zwei neutestamentliche Texte gewinnen hierbei von den ersten Auslegungen an ein spezifisches Gewicht, einerseits das Gleichnis vom ‚Schalksknecht' (Mt 18,21–35)[21] und andererseits das schroffe Diktum aus dem ersten Johannesbrief: „Wenn wir sagen, wir haben keine Sünde, so verführen wir uns selbst, und die Wahrheit ist nicht in uns" (1. Joh 1,8). Das matthäische Gleichnis erinnert uns an Gottes ungeschuldetes Erbarmen, warnt vor der Gefahr, diese vorlaufende Gnade zu verscherzen durch unsere Hartherzigkeit den menschlichen Schuldnern gegenüber; das johanneische Wort stellt uns an den Ort des Sündenbekenntnisses und treibt uns unter die Vergebungsbitte[22]. Durch diese beiden klassischen Texte angeleitet, haben die altkirchlichen Väter darum gerungen, beiden Seiten der fünften Bitte gerecht zu werden.

2. *Ohnmacht wie Vollmacht des Christenmenschen nach den altkirchlichen und mittelalterlichen Auslegungen*

Schon Origenes reflektiert eindringlich: Durch unser Hineinverflochtensein in eine Fülle unterschiedlicher Verpflichtungsrelationen werden wir notwendig in Verschuldungen verstrickt. Diese Erkenntnis grenzt er nicht ein auf den zwischenmenschlichen Bereich. Nicht minder als den Mitmenschen gegenüber werden wir auch den göttlichen Mächten gegenüber

20 Lohmeyer, Das Vater-unser, S. 133.

21 Dieses Gleichnis wird bereits erwähnt bei Origenes, De oratione II,28,7, bei Tertullian, De oratione 7 und bei Cyprian, De dom. oratione 23.

22 Ohne dieses Schriftwort zu nennen, schreibt schon Tertullian, De oratione 7,1,5 (CChrSL 1,261): „Exomologesis est petitio veniae, quia qui petit veniam, delictum confitetur". Cyprian, De dom. oratione 22 (CSEL III,1, S. 283,21 ff), nennt dieses Wort. Augustin, De dono perseverantiae 2,4–5,9, gewinnt aus Cyprians Auslegung einen Traditionsbeweis für die grundlegende Sündenversklavtheit des Menschen. Das Konzil von Karthago 418 beruft sich für seine Lehre von der bleibenden Sünde auf 1. Joh 1,8 f (DS 228). Nach Agricolas Text verweist Luther in der ‚Auslegung und Deutung des Vaterunsers' seinerseits auf Cyprian und Augustin (WA 9,155,20–156,26).

schuldig, vor allem versündigen wir uns vor Gott dem Vater, vor Jesus Christus und dem Heiligen Geist, aber auch vor den Engeln, vor allem versündigen wir uns an unserem Schutzengel. Grundsätzlich gilt: „Wenn man im Leben steht, so ist es uns zu keiner Stunde bei Nacht und Tag möglich, nicht schuldig zu sein“[23]. Diese Einsicht wird in den Vaterunser-Auslegungen des Ostens tradiert. Bei Gregor von Nyssa etwa verdichtet sie sich zu dem Satz: Nach dem Zeugnis der Schrift (Spr 24,16) findet sich „kein Mensch, der auch nur einen Tag vollständig makellos leben würde“[24]. Im Westen hat Cyprian diese Erkenntnis verschärft; er verknüpft das johanneische Diktum (1. Joh 1,8) mit dem täglichen Sprechen der Vergebungsbitte. Der Herr selber lege uns diese Bitte in den Mund, um uns vor Selbstüberhebung zu bewahren und uns in der Demut zu erhalten; er öffne uns so Tag um Tag die Augen für unsere wahre Situation vor dem heiligen Gott[25].

In seinem Ringen mit den Anhängern des Pelagius vertieft Augustin jene Hinweise Cyprians zur dreifachen These: 1) In diesem vergänglichen Leibe vermag kein Mensch sündlos zu leben. 2) Gottes Gnade wird uns nicht nach unseren Verdiensten zuteil, weil selbst die Verdienste der Gerechtfertigten Gottes Gnadengeschenke sind. 3) Durch den Urfall habe Adam alle Menschen zutiefst vergiftet und in seine eigene Verdammnis mit hineingerissen. In der Übung der Kindertaufe, in welcher der Priester auch die Unmündigen exorzisiere und die Paten für jene dem Satan absagen, bekenne die Kirche, daß alle Menschen unter der Ursünde und Erbversklavung stehen[26].

Augustin, der ‚Doctor gratiae‘, scheint das Gewicht radikal sowohl auf die Ohnmacht und Willensverklavung der Menschen als auch auf Gottes Alleinwirksamkeit zu legen. Dem Lobpreis der allmächtigen Gottesgnade korrespondiert die Unkraft unseres menschlichen Wollens[27]. Aus sich heraus besitze der Mensch nicht die Kraft, den Bann des Bösen zu brechen und sich dem Guten zuzuwenden; Gottes Gnade allein löse ihn heraus aus den Fesseln der Chaosgewalten. Jenes ungeschuldete und absolute Zuvorkommen der Gottesgnade zeigt Augustin gerne auf sowohl an der Annahme der Menschennatur durch den ewigen Logos in Jesus von Naza-

23 Origenes, De oratione II,28,4 (GCS Origenes II, S. 377,27 f).

24 Gregor von Nyssa, Oratio dom. V,3 (MPG 44,1184A).

25 Cyprian, De dom. oratione 22 (CSEL III,1, S. 283,18 ff).

26 Augustin, De dono perseverantiae 2,4 (MPL 45,996); die Reihenfolge ist umgestellt.

27 Augustin faßt diese Intention zusammen in der stehenden Wendung „ut totum detur Deo“ (Ench. 9,32; De praedest. sanct. 16,32; De dono perseverantiae 6,12; 13,33; 19,50). Seine Formel wird durch den Lombarden tradiert, Sent. II, dist. 26,2. Analog formuliert Thomas von Aquin, In orat. dom. expositio, § 1025: „Nam vera humilitas est quando aliquis nihil ex suis viribus praesumit, sed totum ex divina virtute impetrandum expectat“.

reth[28] als auch an der Taufe unmündiger Kinder[29]. Ist der Glaubenskeim uns eingesenkt und das gewandelte Herz uns geschenkt, so beginnt auch unser Wille, welchen die Gnade allein (die ‚gratia sola') auf den Freiheitsweg freudigen Gehorsams stellte, in rechter Liebe zu wandeln und sich hierdurch Verdienste zu erwerben. Doch selbst auf diesem gottgewiesenen Weg muß unser armseliges Wollen stets umfangen, ständig gehalten und geleitet werden von der mitfolgenden Gnade (von der ‚gratia mecum')[30]. Allein diese mitwirkende Gnade trägt unseren schwachen und ständig zum Fallen geneigten Willen zur Vollendung hindurch, dies geschieht kraft der göttlichen Gabe der Beharrung (des ‚donum perseverantiae')[31]. So wird der noch der Sünde zugeneigte Mensch von allen Seiten her gehalten, gestützt und umhegt von der mannigfaltigen Gnade Gottes und durch alle Versuchungen wie Anfechtungen unseres Erdenweges zur ewigen Glückseligkeit hindurchgeleitet. Der Ton scheint ganz auf der ersten Hälfte der Bitte zu liegen; in dem Schrei nach Gottes Vergebung bergen wir uns täglich neu in unsere Taufe hinein[32]. Weil wir um unsere innere Haltlosigkeit und unsere abgründige Ohnmacht wissen, deshalb klammern wir uns mit allen Fasern unserer Existenz an die uns verheißene Gottesgnade. Auch unsere kleinen Guttaten und schwachen Verdienste sowie unsere in sich so brüchige Vergebungsbereitschaft bergen wir hinein in Gottes allmächtiges Erbarmen; allein von ihm erflehen wir die Vollmacht wie die Kraft, uns auch gegenseitig zu vergeben.

Die zweite Hälfte der Bitte, unser gegenseitiges Verzeihen, tritt in den Vordergrund vor allem bei Gregor von Nyssa und Petrus Chrysologus. Beide übersehen keineswegs unser tiefes Verstricktsein in Adams Urfall[33], dennoch streichen sie die uns geschenkte Vollmacht zur gegenseitigen Vergebung in fast hybriden Worten heraus. So scheut Petrus Chrysologus sich nicht zu predigen: „Eine gewaltige Macht besitzt der Mensch, wel-

28 Hierzu etwa Augustin, De praed. sanct. 15,30; De correptione et gratia 11,30.

29 Etwa Augustin, Ep. ad. Paulinum, Nr. 186,4,11; Ep. ad Sixtum, Nr. 194,7,31 f; De gratia et libero arbitrio 22,44; De corr. et gratia 8,18.

30 Augustin, De gratia et libero arbitrio 5,12 (MPL 44,889) unter Verweis auf 1. Kor 15,10: „Id est, non solus, sed gratia Dei mecum: ac per hoc nec gratia Dei sola, nec ipse solus, sed gratia Dei cum illo".

31 Augustin, De dono perseverantiae, passim.

32 Freilich stellt Augustin die einmalige Vergebung durch die Taufe und die ständige Vergebung aus dem Vaterunser noch recht unverbunden nebeneinander. Serm. 58,6 (MPL 38,396): „Remissio peccatorum una est, quae semel datur; alia, quae quotidie datur. Remissio peccatorum una est, quae semel datur in sancto Baptismate; alia, quae quamdiu vivimus hic, datur in Dominica oratione"; vgl. auch serm. 59,7 (MPL 38,401; MORIN, Sermones, S. 448 f).

33 Petrus Chrysologus, serm. 67 (MPL 52,392B/C), weist lediglich kurz auf unsere Sündenverstrickung hin; Gregor von Nyssa, Oratio dom. V,3 f (MPG 44,1181B–1188B), entfaltet sie in barocker Ausschmückung.

cher mit Gott im Erbarmen wetteifert, indem er fordern darf, daß ihm so viel wiedergegeben werde, als er selbst gegeben hat, daß ihm so viel geschenkt werde, als er selbst geschenkt hat“[34]. Und Gregor von Nyssa meint, wo wir unserem Nächsten verziehen haben, sei uns folgende Anrede an Gott gestattet: „Tue, was ich getan habe; folge Deinem Diener nach, obgleich Du der Herr bist, Du, der Gebieter der Welt, dem armen Bettler ... Große Barmherzigkeit habe ich meinem Mitmenschen erwiesen; ahme, o Herr, die Menschenfreundlichkeit Deines Knechtes nach!“[35]. Im Anschluß an die bei Matthäus überlieferte Vergangenheitsform wird unser vorgängiges Vergeben zur Grundlage dafür, daß wir Gottes Vergebung zu erbitten wagen[36]. Im Vertrauen auf unsere realisierte Vergebungsbereitschaft bitten wir Gott um sein Verzeihen.

Jene Spannung zwischen Ohnmacht und Vollmacht der Gotteskinder, jener Knoten, welcher sich im Miteinander jener beiden Satzhälften schürzt, ist von den altkirchlichen Theologen primär homiletisch skizziert. Eigentlich sucht allein Augustin dieses Geheimnis auch denkerisch zu durchdringen, und auch bei ihm erfolgte dies eher in den späten Schriften zur Gnadenlehre als in den knappen Deutungen jener Vergebungsbitte[37].

Das Mittelalter zeichnet den Wandel in der Beichtpraxis wie in der Beichtlehre in diese Bitte ein[38]. Die Ausleger denken dabei vor allem an das Kirchengebot, alle Todsünden, welche einem bewußt sind, vor der österlichen Pflichtkommunion zu beichten, an das vertiefte Verständnis der Todsünden, welches aus der regelmäßigen Beichte erwuchs, an die Lehre vom Fegfeuer sowie vom Ablaß[39], an die Umwandlung ewiger in zeitliche Strafen, welche das reuige Bekenntnis und die sakramentale Absolution erwirkte[40]. Die heimliche Ohrenbeichte sowie die mittelal-

34 Petrus Chrysologus, serm. 72 (MPL 52,406B): „Satis Potest homo misericors, qui cum Deo de nietate confligit, cum tantum sibi dari quantum dederit, quantum donaverit tantum desiderat et donari“; vgl. serm. 67 (MPL 52,392B/C); serm. 70 MPL 52,400B); serm. 71 (MPL 52,403A).

35 Gregor von Nyssa, Oratio dom. V,2 (MPG 44,1180C/D), zit. nach BKV 56,139 f.

36 Vgl. Origenes, Hom. in Leviticum (nach Rufin) II,4,190 (MPG 12,418): „Nobis fit remissio peccatorum per hoc, quod et nos remittimus“.

37 Vgl. Augustin, De serm. Domini in monte II,8,28–29; serm. 56,11–17; 57,8; 58,9 f; 59,7.

38 Siehe etwa Thomas, In orat. dom. expositio, § 1083–1091, sowie Dibelius, Das Vaterunser, S. 148–152.161.164.168.171.173 f und Weidenhiller, Untersuchungen, S. 18 f.214–225.

39 Zum Wandel im Verständnis der Todsünden und zum Ablaß siehe den Kommentar, Bd. 5 zum Abschnitt: ‚Bußsakrament und Ablaß in der Kirche bis zur Reformation‘.

40 Thomas, In orat. dom. expositio, § 1087: „Invenerunt autem successores Apostolorum alium modum remissionis huius poenae: scilicet beneficia indulgentiarum quae existenti in caritate tantum valent quantum sonant et quantum pronuntiantur“.

terliche Bußlehre überzieht die Vergebungsbitte mit einem ganzen Netz von scholastischen Distinktionen; dabei verschärft sich zugleich die innere Widerspannung zwischen der Ohnmacht und der Vollmacht der Gläubigen. So formuliert etwa Thomas in seiner Vaterunser-Deutung: Einerseits müsse gelehrt werden, daß jeder Mensch in Sündenschuld verstrickt bleibt, ausgenommen allein der Herr Christus und die Jungfrau Maria, deshalb müßten wir alle ständig in demütiger Furcht um unser Heil verharren[41]. Andrerseits dürften wir die Hoffnung auf unsere endgültige Annahme durch Gott nicht fahrenlassen[42].

Worauf aber darf sich unsere Hoffnungsgewißheit stützen? Muß unsere bleibende Sündhaftigkeit jene Zuversicht nicht schließlich doch zerreiben und vernichten? Von Cyprian an zieht in dieser latenten Aporie Gottes bedingungsloser Vergebungswille stärker und stärker den Blick auf sich. Cyprian erinnert an 1. Joh 1,9: Gott band sich an seine eigene Zusage, uns die Schuld zu vergeben, wo wir ihn darum anflehen[43]. Cyrill von Jerusalem, Chrysostomus, Augustin greifen diesen Hinweis auf[44] und Cyrill von Alexandrien erinnert dazu an Jesu Opfertod[45]. Gegen Ende des Mittelalters erneuert Nikolaus von Kues diese Einsicht: „Hätte ein Mensch, wenn das möglich wäre, aller Menschen Sünden getan, dann wäre die gesamte Schuld dennoch ganz klein einzuschätzen im Vergleich zu der Barmherzigkeit Gottes und zum Gnadenschatz der heiligen christlichen Kirche. Daran soll der Mensch nicht zweifeln"[46].

Dem angefochtenen Menschen wird hier die vorbehaltlose Gnadenzusage zugesprochen. Freilich wird diese unumstößliche Gewißheit dann doch wieder durch den Nachsatz aufgehoben, in welchem man unsere Vergebungsbereitschaft zu einer Bedingung für Gottes Verzeihen emporsteigert. Gott kann und will uns nur vergeben auf unsere eigene Reue und

41 Ebd. § 1082.

42 Ebd. § 1083. Zur Heilsgewißheit als Hoffnungsgewißheit nach Thomas siehe die hilfreiche Studie von PFÜRTNER, Luther und Thomas im Gespräch, sowie die zusammenfassende Darstellung von PESCH, Rechtf. bei Luther u. Thomas, S. 748–757.

43 Cyprian, De dom. oratione 22.

44 Cyrill von Jerusalem, Cat. myst. 5,16 (MPG 33,1120C–1121A). Chrysostomus, Hom. 35 (MPG 63,863); siehe auch WALTHER, Untersuchungen, S. 61–64. Augustin, De serm. Dom. in monte II,11,39; serm. 56,13; 58,7 (MPL 38,383.396) spricht von einem feierlichen Vertrag (sponsio, pactum, pactio, firmum chirographum) zwischen Gott und Mensch. Dies wird aufgenommen etwa bei Beda, In Matth. Ev. expositio, lib. I (MPL 92,33A) und bei Rhabanus Maurus, Comment. in Matth. lib. II (MPL 107,820C).

45 Cyrill von Alexandrien, De adoratione in spir. et ver. VIII (MPG 68,573) vgl. WALTHER, Untersuchungen, S. 79. Dieser Hinweis fehlt bei den früheren Auslegern und taucht auch später kaum auf.

46 Wiedergegeben nach Cusanus-Texte I, Predigten 6, S. 117; das Original ebd., S. 116,7 ff.

Vergebungsbereitschaft hin[47]; der Herr richtet zugleich auch das Maß seines Verzeihens nach unserem Willen zur Vergebung.

Der Reformator tritt existentiell ein in diese scheinbar unauflösliche Aporie und unterscheidet sorgfältig zwischen dem Bußruf des Gesetzes und der Gnadenzusage des Evangeliums. Im Hinblick auf die Hartherzigen und Selbstgerechten hält auch er an dem unumstößlichen Bedingungscharakter jenes kleinen Zusatzes fest: Wer seinen Nächsten verachtet und ihm nicht verzeihen will, dem wird Gott auch nicht das geringste durchgehen lassen. Den Angefochtenen, welche an ihrer Herzenshärte leiden, darf jene ‚conditio'[48] aber nicht zum ständigen Herd der Ungewißheit oder zum Fallstrick des Gewissens werden. Hinge Gottes Vergebung wirklich an unserer Buße und Versöhnungsbereitschaft, so müßten wir das allein Gewisse auf das sachnotwendig Schwache und damit auch zwangsläufig Ungewisse bauen. Aus dieser Aporie entsprangen Luthers furchtbare Gewissensnöte und innere Glaubenskämpfe. „Die conditio richtet alles Unglück an"[49]. Mit dieser Einsicht tritt der Reformator höchst reflex ein in die von uns skizzierte innere Dynamik der altkirchlichen wie mittelalterlichen Auslegungen dieser Bitte, entfaltet sie sorgsam, schreitet ihre Spannweite aus und bewahrt hierbei durchaus die zentralen Erkenntnisse der Theologen vor ihm.

Gliederung der Auslegung

Bevor wir den inneren Duktus der Deutungen Luthers beschreiben, sei der Aufbau der Auslegung in den Katechismen skizziert. Da Luthers Interpretation der Vergebungsbitte in ihrer Kernstruktur von Anfang an

47 Petrus Chrysologus, serm. 67 (MPL 52,392B/C): „Homo, si sine peccato esse non potes, et vis semper dimitti tibi totum, dimitte semper; quantum vis dimitti tibi, dimitte tantum; quoties vis dimitti tibi, toties tu dimitte; immo quia vis totum dimitti tibi, totum dimitte". Nicht so scharf ist dies etwa formuliert bei Chromatius, Tract. XIV,6 in Ev. Matth. (MPL 20,361C) und aufgenommen in der Regula Magistri (MPL 88,948D–949A), bei Pseudo-Alkuin, Liber de divinis officiis, cap. 40 (MPL 101,1268B/C), bei Rhabanus Maurus, Comment. in Matth. (MPL 107,820B/C). Auch Thomas, In orat. dom expostitio, § 1083, formuliert: „Debet sperare quod Deus, si perfecte conteratur et convertatur, dimittet ei", sowie ebd., § 1084: „Omnes peccatores contriti et confitentes, misericordiam consequuntur".

48 WA 40 I,588,7 (Gal.-Komm., 1535): „In Papatu impossibile, quod aliquis certus. Si omnia salva in eo, tamen istud monstrum incertitudinis". Von einer „conditio necessaria" spricht ausdrücklich Bonaventura, Comment. in Ev. Lucae, cap. XI,15, Sp. 281b; Erasmus, Precatio dominica, Sp. 1226A, nennt es eine „conditio aequissima".

49 WATR 5,440,6, Nr. 6017 (Anton Lauterbach, Sammlung B). Luther blickt hier freilich auf die Ohrenbeichte; aber seine Ausführungen betreffen indirekt auch die Vergebungsbitte.

festliegt und deshalb auch geringeren Akzentverschiebungen unterworfen ist als bei allen anderen Bitten, können wir Einzelheiten früherer Auslegungen in die Analyse der Katechismen einflechten. In seinen Katechismuspredigten vom 26. Mai und 23. September (?) 1528[50] hatte Luther vor allem den Skopus dieser Bitte klar fixiert: in ihr geht es primär um die Gewißheit göttlicher Vergebung; in seiner Katechismuspredigt vom 15. Dezember 1528 entfaltet er sorgfältiger die einzelnen Gedankenschritte[51], an diese Predigt schließt sich der Große Katechismus an. Hatte Luther zur Brotbitte mit Formulierungen geschlossen, welche auf die altkirchliche Interpretation der drei Dein-Bitten zurückwiesen, so setzt er zur Vergebungsbitte mit analogen Wendungen ein[52]: a) Bereits ohne und vor all unserem Bitten vergibt Gott uns die Schuld; deshalb bitten wir primär darum, daß wir seine Vergebung erkennen und annehmen[53].

1. Diese zentrale Aussage wird zunächst an die voraufgehenden Bitten angeschlossen[54]: Auch als Gotteskinder, welche bereits unter Gottes geistlichem wie weltlichem Regiment stehen, müssen wir die Bitte um Vergebung ständig neu sprechen, weil wir täglich angefochten werden und straucheln.

2. Sodann formuliert Luther den Kerngedanken: Weil Gottes Freispruch all unserem Tun und Lassen vorhergeht, handelt es sich gundlegend darum, daß wir unser sündiges Gewissen, welches von Gottes Zorngericht getroffen ist, erneut hineinzubergen vermögen in den Trost des Evangeliums[55].

3. Um unseren Stolz zu demütigen, hält der heilige und barmherzige Gott uns schuldige und doch zugleich hochmütige Menschen unter seiner ständigen Vergebung[56].

b) Die so umschriebene „Meinung" der Bitte faßt der Reformator knapp zusammen[57]; hierbei entsteht ein Satz, welcher der Deutung im Kleinen Katechismus[58] korrespondiert, zugleich freilich wiederum zuge-

50 WA 30 I,15,12–16,8; 49,11–22.
51 WA 30 I,105,1–106,14.
52 BSLK 683,1–35 ist 682,12–33 parallel gestaltet.
53 683,1–684,9.
54 683,1–17. Die Verknüpfung ist breit dargelegt in WA 30 I,15,21–31; 15,35–16,8 (Kat.-Pred. vom 26. 5. 1528); knapp zusammengefaßt ist es in WA 30 I,105,2–6 (Kat.-Pred. vom 15. 12. 1528). Eine analoge Anknüpfung findet sich bei Walafried Strabo, Glossa ordinaria Ev. Matth. (MPL 114,102B): „Post cibum petit veniam peccatorum, ut qui a Deo pascitur, in Deo vivat, et ad vitam aeternam perveniat".
55 BSLK 683,17–35. Vgl. WA 30 I,105,6–11 (Kat.-Pred. vom 15. 12. 1528).
56 683,43–684,9.
57 684,16–28.
58 514,17–24.

spitzt ist auf das „fröhlich und unverzagt Gewissen"[59]: Gott wolle uns nicht die Übertretungen vorhalten, sondern uns nach seiner Zusage freisprechen, auf daß wir ihn mit getrostem Gewissen anrufen können; gründet doch alles rechte Beten in der Vergebung der Schuld.

c) In einem dritten Gedankenkreis wendet sich Luther dem „Zusatz" zu: „als wir vergeben unsern Schüldigern" und interpretiert ihn als ein „Siegel" oder „Wahrzeichen", welches der Herr selber seiner göttlichen Verheißung hinzufügte[60].

1. Dieser Zusatz ist ebenso nötig wie tröstlich. Er ist „nötig", weil er uns unsererseits zur Vergebung aufruft; wer nicht seinem Menschenbruder verzeiht, dem verzeiht Gott auch nicht[61].

2. Der Zusatz ist „tröstlich", nicht weil Gott uns „ümb" unseres Verzeihens willen annimmt, sondern weil wir darin das gewisse Zeichen der freien und ungeschuldeten Vergebung Gottes ergreifen, welche er uns in seiner souveränen Gnade zugesagt hat[62].

3. Hierdurch wird unser gegenseitiges Verzeihen zu einem sakramentartigen Zeichen der vorgängigen Vergebung Gottes, welches der Herr selber uns in unseren Alltag hineingestiftet hat[63].

In dem schon recht umfangreichen Satzgefüge des Kleinen Katechismus konnten jene sorgfältig durchreflektierten Einsichten, welche eine fast anderthalbtausendjährige Tradition aufarbeiten, lediglich angedeutet werden. So wird sich unsere Darstellung primär an den Großen Katechismus halten müssen und dürfen.

Die Zuordnung der beiden Teile der Vergebungsbitte durch Luther

In seiner Deutung dieser Bitte greift der Reformator jene innere Dialektik auf, welche die Interpreten vor ihm sichtbar gemacht hatten, dabei verharrt er streng am Ort des Beters. Stärker als die Ausleger vor ihm gründet

59 684,21. Siehe hierzu WA 30 I,15,31 (Kat.-Pred. vom 26. 5. 1528): „Summa: Domine, da mihi bonam laetamque conscientiam, quae me non contristet, Non solum pro me, sed pro omnibus"; ebd. 16,7: „5. (petitio) pro quotidiano Gebrechen et pro laeta conscientia, ut habeat bonam fiduciam ad gratiam dei"; ebd. 49,16 (Kat.-Pred. vom 23. 9. 1528): „Donat igitur ista precatio nobis absolutionem et fortificat conscientias omnium orantium"; vgl. auch BSLK 685,46–48.

60 684,31–685,37. Dieser zentrale Gedanke ist in den Kat.-Predigten präludiert in WA 30 I,15,22–24; 49,19–22 und vorgeformt WA 30 I,105,21–106,14. Der Kleine Katechismus (BSLK 514,25–27) gibt lediglich eine bekenntnisartige Zusammenfassung, ohne das innere Verhältnis des Nachsatzes zum Hauptsatz durchleuchten zu können.

61 684,31–43.

62 684,43–685,12.

63 685,21–37.

er auch diese Bitte ein in die Selbsterschließung Gottes des Vaters durch den Sohn im Heiligen Geist, welche er an den Dein-Bitten ausführlich entfaltet hatte. So legt die Vergebungsbitte die Grundordnung unserer Existenz aus dem Christusgeschehen noch einmal bloß und enthüllt damit den geistlichen Kern der Rechtfertigungsbotschaft.

1. Befreiung zum Gebet durch Gottes vorgängiges Vergeben

Die bleibende Ordnung unseres Glaubenslebens vor Gott, jenes fünffache „Semper" oder „Perpetuo", welches Melanchthon in Apol. IV entfaltet, richtet Luther hier auf die Vergebung aus[64]. a) Ständig bleibt das anklagende Gesetz auch über den Glaubenden, sofern sie noch um ihres alten Menschen willen diese Bitte sprechen[65]. b) Ständig bleibt in uns die Erbversklavung, ständig gelüstet das Fleisch wider den Geist[66]. c) Ständig bleibt zugleich Christus über uns als der ewige Hohepriester und Mittler vor dem heiligen Gott[67]. d) Ständig eilen wir zur Vergebung hinzu und kriechen erneut hinein in unsere Taufe[68]. e) Ständig wird der alte Mensch in uns durch das Gesetz in den Tod gegeben; ständig erwächst der neue Mensch aus der unablässigen Vergebung der Schuld und dem unermüdlichen Heiligungswirken des Gottesgeistes[69].

Hier zur Vergebungsbitte sucht Luther die letzten drei „Ständig" (semper, perpetuo) in ihrer rechten Zuordnung zu präzisieren. So greift diese Bitte auf den dritten Artikel zurück[70] und weist zugleich voraus auf die Sakramente[71]. Zum dritten Artikel hatte der Reformator formuliert: In der Christenheit sei „alles ... dazu geordnet, daß man da täglich eitel Vergebung der Sunden durch Wort und Zeichen hole, unser Gewissen zu trösten und aufrichten, solang wir hie leben"[72]. Hierzu dient nicht allein

64 Zu diesem fünffachen „Semper" vgl. GLOEGE, Zur Rechtfertigungslehre der Augsburgischen Apologie, S. 212 f; PETERS, Reformatorische Rechtfertigungsbotschaft, S. 94 f.

65 Apol. IV (BSLK 167,30): „Lex enim *semper* accusat conscientias et perterrefacit"; vgl. ebd., BSLK 185,53 ff; 194,19 f; 199,26; 211,25; 214,19 ff; 218,37; 221,48; 224,24 ff.

66 Ebd. (BSLK 221,48): „Semper enim caro concupiscit adversus Spiritum"; ebd. (BSLK 194,42): „Semper ... in hac infirmitate nostra adest peccatum".

67 Ebd. (BSLK 193,31): „Christus non desinit esse mediator, postquam renovati sumus"; ebd. (BSLK 194,2): „perpetuo interpellat pro nobis".

68 Ebd. (BSLK 193,53): „Semper ad promissionem recurrendum est"; vgl. CA XII (BSLK 66,10–13); GK zur Taufe (BSLK 704,23–39).

69 Vgl. Apol. IV (BSLK 185,1–35; 187,27–34; 197,45–198,34).

70 Siehe den Kommentar, Bd. 2, S. 196–212.230–240.

71 Siehe den Kommentar, Bd. 4 zum Abschnitt: ‚Der Wandel in der Taufe'.

72 BSLK 658,25; vgl. 658,10–42. WA 30 I,105,7 (Kat.-Pred. vom 15. 12. 1528): „Et in suo regno est mera remissio peccatorum".

das Vaterunser, sondern „das ganze Evangelion“, Taufe, Beichte und Abendmahl sowie „alle Ämpter der Christenheit“[73]; auf mancherlei Weise wird uns die Absolution zuteil. Das Vaterunser rückt wegen des doppelseitigen Bezuges dieser Bitte, sowohl auf Gott als auch auf unsere Mitmenschen, und damit auch wegen der hierin verheißenen doppelten Absolution[74] in die Nähe der ‚offenen Schuld‘[75]: Weil wir vor Gott auch „insgemein alle unternander schuldig“ sind, „sollen und mügen wir wohl offentlich vur idermann beichten und keiner den andern scheuen“[76]. Auch und gerade unter diesem Gesichtspunkt scheint der Reformator das Vaterunser in der Deutschen Messe unmittelbar der Sakramentshandlung vorangestellt zu haben[77], geht es in dieser Bitte doch sowohl um unsere Versöhnung mit Gott als auch um die Aussöhnung unter uns Menschen, welches sich nicht voneinander ablösen läßt.

Kraft dieser Verknüpfung schlingt sich freilich auch der dunkle Knoten, welchen der Reformator auflösen mußte. Die ständige Gewissenserforschung droht unsere Vergebungsgewißheit zu zerreiben. Woher gewinnt unser ständig strauchelndes Selbst, dessen geringe Versöhnungsbereitschaft wir nur zu gut kennen, dessen Gewissen die Last der täglichen Verfehlungen tragen muß und unter der ständigen Anklage des Gesetzes seufzt, die „Freidigkeit“, die freudige Freiheit[78], vor den heiligen Gott hinzutreten und im Gebet seine gnädige Vaterhand zu ergreifen? Unsere Einsicht, daß „wir täglich viel sundigen und wohl eitel Strafe verdienen“[79], droht nicht allein die Bitte um Absolution, sondern all unser Bitten in den Abgrund der Verzweiflung hineinzureißen.

Deshalb hängt letztlich alles daran, daß der „Vater im Himmel“ nicht ansehen wolle „unser Sunde und umb derselbigen willen solche Bitte nicht versagen; denn wir sind der keines wert, das wir bitten, haben’s auch

73 658,10–18.

74 Vgl. BSLK 728,17 ff (GK zur Beichte), sowie den Kommentar, Bd. 5 die Abschnitte: ‚Durch Gott gebotene Beichte nach Luther‘ und ‚Absolution und Bekenntnis vor Gott wie vor Menschen‘.

75 Zur ‚offenen Schuld‘ siehe den Kommentar, Bd. 5 im Abschnitt: ‚Wiederaufnahme der Ohrenbeichte als Abendmahlsvorbereitung‘.

76 BSLK 728,7 (GK zur Beichte).

77 Vgl. Knolle, Luthers Reform der Abendmahlsfeier, S. 102 f.

78 Vgl. Schlier, Art. παρρησία.

79 BSLK 514,23 (KK). Diese Einsicht hat bereits Cyprian, De dom. oratione 22 (CSEL III,1, S. 283,18), scharf formuliert: „Ne quis sibi quasi innocens placeat et se extollendo plus pereat, instruitur et docetur peccare se cottidie, dum cottidie pro peccatis iubetur orare“. Sie wird unter anderen von Beda, In Matth. Ev. expositio, lib. I (MPL 92,33A) und Rhabanus Maurus Comment. in Matth., lib. II (MPL 107,820B), tradiert und von Erasmus, Precatio dominica, Sp. 1226C, aufgegriffen: „Quotidie labimur, ut quotidie tuam glorificemus clementiam“; vgl. auch BSLK 683,27 ff (GK); Calvin, Genfer Kat., Fr. 281; Heidelberger Kat., Fr. 126.

nicht verdienet, sondern er woll's uns alles aus Gnaden geben"[80]. Diese Vergebungsbitte sowie das gesamte Vaterunser, ja schließlich alles rechte menschliche Flehen, welches in ihm wie in einer Kurzformel zusammengerafft ist[81], kann nicht gründen in unserer Gemeinschaftstreue, sondern muß sich hineinbergen in Gottes Gnade und Vergebung um Christi willen. Was Luther in der Gebetsvermahnung mehr indirekt andeutete[82], hier wird es direkt ausgesprochen: Wir beten das Vaterunser allein durch Christus, allein Kraft der uns durch den Sohn erschlossenen und verbürgten Vaterschaft Gottes[83]. Konkret heißt dies: Unsere Bitte um Vergebung birgt sich unermüdlich hinein in Gottes vorgängiges Verzeihen, welches in Christus schon erfolgt ist und ständig im Heiligen Geist erneuert wird. „Wo er nicht ohn Unterlaß vergibt, so sind wir verloren"[84]. Daß Gottes vorlaufendes Vergeben sich nicht eingrenzen läßt auf den einmaligen Taufakt, sondern daß gerade unsere Taufe in ihrer Heilsmächtigkeit über unserem gesamten Christenleben steht und in ihm wirksam bleiben will, ist in dieser eindringlichen Klarheit vor Luther nicht erkannt und bezeugt worden[85]; so hat auch kein Ausleger vor ihm zu dieser Bitte so eindringlich auf Gottes unablässiges Verzeihen hingewiesen[86]. Mit der vierten Bitte bezieht Luther auch die fünfte ein in den Gesamtduktus der Auslegung, welchen er zu den drei Dein-Bitten aus den altkirchlichen Vätern geschöpft hatte. Wir bitten nicht allein darum, daß Gottes heilsmächtiges Vergeben auch zu uns komme; wir erflehen dies gerade als Christgläubige, denen der himmlische Vater im Sohn bereits vergeben hat und täglich die Sünden reichlich vergibt, wie er uns täglich mit den Gaben seiner Schöpfung überschüttet[87]. Ganz ähnlich wie die Brotbitte so droht hierdurch freilich auch die Vergebungsbitte umzuschlagen in ein dankbares Erkennen und Annehmen des weltumspannenden Erlöserwirkens Gottes[88].

80 BSLK 514,18 (KK).
81 Siehe oben, S. 18–22.
82 Siehe oben, S. 27 f.
83 Zur 2. Bitte hatte Luther dies bereits dargelegt; vgl. oben, S. 78–87. WATR II,4,27, Nr. 1236 (Joh. Schlaginhaufen, 1531): „Aber wer kann Pater sagen, der hat schon gewonnen, denn er ist ja Vater"; vgl. WATR III,485 f, Nr. 3651.
84 BSLK 684,8 (GK).
85 Siehe den Kommentar, Bd. 4, die Abschnitte: ‚Die Gabe der Taufe' und ‚Der Wandel in der Taufe'.
86 Bei Augustin klingen diese Zusammenhänge an, wenn er das Vaterunser preist als „quasi cotidianum baptismum" (Morin, Sermones, S. 449); vgl. aber oben S. 141, Anm. 32.
87 BSLK 683,17–22 (GK).
88 683,22 f.

2. *Menschliche Gewißheit der göttlichen Vergebung*

Der Blick des Auslegers konzentriert sich auf den menschlich-subjektiven Pol jenes weltumspannenden Geschehens, auf unser angefochtenes Gewissen. Die Frage lautet: Wie können wir der göttlichen Absolution gewiß werden? In der Zusammenfassung im Großen Katechismus fügt Luther deshalb die Bitte um „ein fröhlich und unverzagt Gewissen"[89] hinzu. In dem von der Last der Schuld befreiten Herzen stößt Gottes Vergeben auf unser inwendiges Menschsein zu und schenkt ihm die Kraft zum Gebet[90]. Die Vergebung vor Gott im Himmel[91] und das unverzagte Gewissen[92] hier auf Erden werden miteinander verbunden durch das Evangelium, welches Gottes Verheißung in sich schließt und uns diese unter seinen mannigfaltigen Gestalten zuwendet[93]. Allein in der frohen Botschaft vermag unser Herz Gottes himmlischen Freispruch hier unten auf Erden zu ergreifen. Deshalb ist „ohn Unterlaß vonnöten, daß man hieher laufe und Trost hole, das Gewissen wieder aufzurichten"[94]. Jenes Bindeglied, die uns hier auf dieser Erde durch einen Menschenbruder zugesprochene Absolution, arbeitet der Reformator am stärksten in seinen Beichtanleitungen heraus[95].

Im Unterschied zur Einzelbeichte enthält das Vaterunser keinen direkten Losspruch[96], lediglich die Bitte um Vergebung; somit weist es stärker auf die vorhergehende Gotteszuwendung in Christus zurück. In seiner ‚Auslegung deutsch' von 1519 erinnert Luther deshalb an die Perikope von der großen Sünderin (Lk 7,36–50)[97] und unterscheidet zwischen Gottes himmlischer Absolution und unserem irdischen Ergreifen derselben im gläubigen Gewissen. Diese Differenzierung verschärft er noch dadurch, daß er sie verknüpft mit Gottes geheimnisvollem Wirken unter der Ohnmacht des Kreuzes Jesu. Oft vergebe uns Gott heimlich die Schuld, jedoch

89 684,21.
90 684,19–28.
91 684,45.
92 684,21.
93 683,19 f; 684,20.
94 683,33.
95 517,13–17; 519,16 f (KK) sowie 728,40–44; 729,15–20; 730,34–37; siehe dazu im Kommentar, Bd. 5 die Abschnitte: ‚Die Absolution kraft des Mandates Christi', ‚Gesetz und Evangelium in der Beichte' und ‚Befreiung der Absolution'.
96 Beachte aber die Verknüpfung BSLK 685,28 ff sowie WA 30 I,49,16 (Kat.-Pred. vom 23. 9. 1528): „Donat igitur ista precatio nobis absolutionem et fortificat conscientias omnium orantium".
97 WA 2,116,27–117,25; vgl. BSLK 190, Anm. 2 sowie die Disputation über Lk 7,47 von 1535 (WA 39 I,127–133) und die Predigt vom 30. 7. 1536 (WA 41,647–650; Mülhaupt, Ev.-Auslegung, Bd. 3, S. 108–117); zur Auslegung siehe Lackmann, Zur reformatorischen Rechtfertigungslehre, S. 72–75 und Peters, Glaube und Werk, S. 106–113.

spürten und empfänden wir es nicht; hinwiederum behalte er vielen Menschen die Sünde, ohne daß jene es beachteten und im Gewissen empfänden. Doch könne und wolle der Herr uns die Schuld auch dergestalt verzeihen, daß wir im Gewissen Ruhe fänden, wie er auch andererseits die Herzen und Gewissen seinen heiligen Zorn spürenlassen könne. Wie wir oben zeigten[98], drängt Luther in dieser frühen Auslegung noch hin auf die „Resignatio in voluntatem Dei", auf jenes geheimnisvolle Sich-überwältigen-lassen vom göttlichen Überwillen. So formuliert er: „Zuweilen" läßt Gott den angefochtenen Gewissen „ein' Trost widerfahren und fuhlen eine frohlich Zuvorsicht zu seiner Gnaden, auf daß der Mensch dadurch gestärket werde, auch in der Zeit der Angst seines Gewissens zu Gott (zu) hoffen"[99]. Die rechte Kunst des Glaubens sei es jedoch, auch dort auf Gottes Vergebung zu vertrauen, wo wir von außen allein die Schläge einer dunklen Schreckenstyrannei, im Inwendigen allein das Nein des hoheitlichen Richters zu spüren vermeinten. Deshalb sei jene himmlische Vergebung, welche unserem Fühlen verborgen ist, weit über alles menschliche Erleben zu stellen: „Die erste ist bloß im Glauben und verdienet viel; die ander ist im Fuhlen und nimmpt ein den Lohn. Die erste wird gebraucht mit den hohen Menschen, die andere mit den schwachen und anhebenden"[100].

Jenes Fragen nach der Zuversicht unseres Herzens wider allen äußeren Augenschein und wider alles inwendige Empfinden reflektiert auf unsere Teilhabe an Gottes vorgängigem Verzeihen. In der ‚Kurzen Form' dagegen arbeitet Luther stärker das zukünftig-eschatologische Forum heraus, vor welchem wir um ein getrostes Gewissen bitten. Angesichts des zukünftigen Gerichtstages bitten wir schon hier und jetzt um das endgültige Bestehen im eschatologischen Rechtsstreit wider unsere Feinde, vor allem aber gegen den satanischen Ankläger[101]. So rückt auch bei dem Reformator unser kleines Heute hinein in das grelle Licht des großen Morgen

98 Siehe oben, S. 46–49.

99 WA 2,117,10 (Auslegung dt. des Vaterunsers, 1519).

100 Ebd. 117,23. Vgl. WA 6,21,30–22,4 (Eine kurze und gute Auslegung des Vaterunsers, 1519) und Barth, Das Vaterunser, S. 102: „Vergib uns: gib uns heute und für die Tage, die Deine Geduld uns noch gönnt, in der Freiheit dieser Vergebung, die Du uns geschenkt hast, zu leben".

101 WA 6,17,18 (Eine kurze Form, das Paternoster zu verstehen, 1519) = WA 7,227,18 (Eine kurze Form des Vaterunsers, 1520): „Richte nit uns nach Anklage des Teufels und unsers elenden Gewissens und erhöre nit die Stimme unser Feinde, die uns Tag und Nacht vur Dir schuldigen ... Nimm von uns die schwere Last aller Sunde und Gewissen, auf daß wir mit leichtem, fröhlichen Herzen in ganzer Zuversicht Deiner Barmherzigkeit leben und sterben, leiden und tun mügen"; vgl. auch oben S. 137 Anm. 12. Ein Gebet für Menschen in Todesnöten und im Fegfeuer findet sich noch ebd. WA 6,17,10–13 = 7,227,10–13; der Hinweis auf das Fegfeuer ist seit 1525 gestrichen; vgl. WA 10 II,404,13 f (Betbüchlein, 1522).

Gottes. Freilich konzentriert sich sein Augenmerk dabei wiederum auf die subjektiv-personale Seite jenes eschatologischen Geschehens. Wir erbitten nicht eigentlich Gottes letztgültigen Freispruch, dieser steht ja in Christi Kreuz und Auferweckung bereits über uns, deshalb erflehen wir primär die Glaubenskraft und Herzenszuversicht, uns in jenes eschatologische Gnadenwort des himmlischen Vaters hineinzubergen und in ihm durch den Tod hindurchzudringen vor Gottes Thron.

3. Christusgemäße Zuordnung der beiden Sätze der Vergebungsbitte

Indem bei den Gläubigen die Frage nach dem getrosten Gewissen ins Licht des Jüngsten Tages rückt, verschärft sich die schon bei Augustin greifbare Tendenz, Gott allein „das Ganze zu geben"[102] und für den Menschen nichts zurückzubehalten. Letzte Gewißheit finden wir niemals im Bauen auf unsere Gerechtigkeit, sondern allein im Vertrauen auf Gottes bedingungsloses Verzeihen in Christus. Schon Augustin hatte die beiden grundlegenden Einsichten formuliert und Thomas von Aquin hatte sie tradiert[103]: In diesem sterblichen Leibe vermag niemand zu leben, ohne sich durch Sünden zu verunreinigen, sowie: Auch die Verdienste der Gerechtfertigten bleiben deshalb Gottes Gnadengeschenke. Diese beiden Kardinalthesen erlauben es eigentlich nicht mehr, daß man zu dieser Bitte die Vollmacht der Menschen naiv neben ihre Ohnmacht stellt; zwangsläufig muß die Frage aufbrechen: Wie läßt sich die klare Erkenntnis der Väter: Wir alle sündigen täglich und müssen täglich Gottes Erbarmen erflehen[104], verknüpfen mit der frohgemuten Gewißheit, welche vor allem Gregor von Nyssa herausstrich: Im Vertrauen auf unsere Vergebungsbereitschaft appellieren wir an Gottes Güte? Wird in der Vergebungsbitte nicht eine doppelte Front sichtbar? So sucht Luther sie zu verstehen. Gemeinsam mit der Tradition sagt er, daß der beteuernde Zusatz diejenigen treffen soll, welche ihrem Nächsten nicht verzeihen. Über die Tradition hinausgehend, zeigt er auf, daß Jesu Weisung, unablässig um Vergebung zu bitten, die Werkgerechten treffen und entlarven wolle. Auch jene Pharisäer unter den Christen, welche „nur große Verdienste sammlen und ein kostlich Palatz im Himmel gar nahe bei St. Peter

102 Vgl. oben S. 140 Anm. 27.

103 WATR 5,575,17, Nr. 6287 (A. Lauterbach, Sammlung B): „Niemand kann in der Welt ohne Sunde leben. Niemand kann eigene Frommigkeit vur Gott bringen". Zu Thomas siehe Pesch, Rechtf. bei Luther u. Thomas, S. 468–552.758–792.

104 Augustin, serm. 56,12 (MPL 38,382), spricht von einer „quotidiana mundatio sanctae orationis"; vgl. auch oben S. 148 Anm. 79.

bauen mit viel guten Werken“[105], beugt die Vergebungsbitte unter das bleibend gültige Christusopfer. Gott der Herr wolle mit dieser ständigen Bitte unseren Stolz brechen und uns in der Demut erhalten[106]; wir alle, selbst die vollkommensten Heiligen, müßten „vur Gott die Federn niederschlagen und froh werden, daß wir zu der Vergebung kommen“[107] dürfen. Das dreifache reformatorische Allein, allein in Christus, allein aus Gnaden[108], allein durch den Glauben, strukturiert das Verhältnis der beiden Sätze jener fünften Bitte schärfer.

Die Worte „als wir vergeben unsern Schüldigern“[109] sind für Luther „ein nötiger und doch tröstlicher Zusatz“[110]. Den notwendigen Gebotscharakter dieser Beteuerung arbeitet Luther mit der Tradition heraus, setzt dabei jedoch sorgfältiger bei dem hierdurch Ausgeschlossenen ein: „Vergibst Du nicht, so denke auch nicht, daß Dir Gott vergebe“[111]. Wir verhöhnen den gemeinsamen himmlischen Vater, wenn wir ihn um Gnade angehen und im selben Moment auf einen Menschenbruder mit Worten oder Gedanken einschlagen[112]. Ein derartiges Verhalten ist durch Jesu Gleichnis vom Schalksknecht gerichtet[113]. Die altkirchlichen Ausleger akzentuieren bereits, daß wir hierin unser eigenes Urteil sprechen. Luther unterstreicht die Spannung zwischen dem zeitlichen und dem ewigen Schaden. Durch ihre Feindschaft können uns die Mitmenschen lediglich einen „kleinen zeitlichen Schaden“ zufügen; durch unsere mangelnde Vergebungsbereitschaft verwandeln wir selber ihn erst in einen ewigen. „Sich dich vür, o Mensch, nit der dich betrubet, sundern du selbst, der du nit vorgibst, tust dir den rechten Schaden, den dir die ganze Welt nit

105 WA 2,116,10 (Auslegung dt. des Vaterunsers, 1519). Der Schatz der guten Werke wird eingeführt bei Thomas, In orat. dom. expositio, § 1087; vgl. oben S. 142 Anm. 40.

106 BSLK 683,44.

107 684,3.

108 Vgl. 514,23 (KK); 684,19 (GK).

109 684,32.

110 684,31.

111 684,41. WA 32,425,20 (Wochenpredigten zu Mt 6,5–15, 1532): „Vergibstu aber nicht, so hastu hie ein schrecklich Urteil, daß dir deine Sunde auch nicht sollen vergeben sein, ob du gleich mit unter den Christen bist und der Sakrament und ander Güter mit geneußest, sondern sollen dir nur deste schädlicher und verdammlicher sein“. Nürnberger Kinderpredigten (Reu, Quellen, Bd. I,1, S. 538,5): „Es ist auch nicht möglich, daß ein Mensch glauben kann, daß ihm Gott sein Sund vergebe, wenn er selbs ander Leuten nicht verzeihen will“. Melanchthon, Loci von 1559 (St.A., Bd. II,2, S. 679,19.22.25 f.31), bezieht dies auf die „delicta contra conscientiam“.

112 Dies hat Chrysostomus, hom. 19,8 zu Matth. 6,1–15 (MPG 57,284) bildkräftig ausgemalt.

113 Siehe hierzu Luthers Auslegungen von Mt 18,21–35 bei Mülhaupt, Ev.-Auslegung, Bd. 2, S. 623–640.

mocht tun"[114]. Neben die „groben" Hasser des Nächsten stellt Luther die „subtileren" Afterredner, welche dem Mitmenschen unter dem Schein der Nächstenliebe etwas am Zeuge flicken[115]. Sie ergötzen sich heimlich am Fall des Nebenmenschen und wälzen sich in dessen Schuld; mit ihrer inneren Wollust treten sie ein in die Sünde anderer Menschen und wälzen sich in fremdem Kot. Auch zu dieser Bitte beugt Luther unser Verhalten unter die goldene Regel (Mt 7,12)[116]: Wollen wir nicht, daß unsere Vergehen ans Licht gezerrt werden, so haben wir dies auch beim Nächsten zu respektieren. Niemand unter den altkirchlichen wie mittelalterlichen Theologen hatte das Gottesgebot, welches uns aus diesem Zusatz heraus treffen will, derart hellsichtig und scharf beschrieben[117].

Dieser radikalen Forderung gegenüber muß das Evangelium ganz anders zum Leuchten kommen, wenn wir nicht an der Heiligkeit des Gebotes zugrundegehen sollen. Die ‚conditio', jener Rückbezug des göttlichen Vergebens auf unser menschliches Verzeihen, muß geklärt werden. Gregor von Nyssa beschloß seine Deutung dieser Bitte mit der ‚naiven' Forderung: „Wenn wir also Gott um Barmherzigkeit und Verzeihung anflehen wollen, so müssen wir unserem Gewissen das Vertrauen zu dieser Bitte dadurch verschaffen, daß wir vor dieselbe unser Leben als Anwalt hinstellen und in Wahrheit sagen können: ‚Auch wir haben denen vergeben, die uns schuldig waren' "[118]. Ist unsere Vergebungsbereitschaft, ist unser Liebesgehorsam wirklich ein derart eindeutiger Anwalt vor dem heiligen Gott? Kann unser Vertrauen auf unser eigenes Werk uns wirklich frei machen vom Hangen und Bangen zwischen Hoffnung und Verzweiflung? Wenige Seiten zuvor hatte Gregor selber noch betont, daß Gott uns durch die fünfte Bitte unter die allumspannende Schuld beuge, müsse sich

114 WA 2,119,17 (Auslegung dt. des Vaterunsers, 1519); vgl. WA 9,153,25–28 (Auslegung und Deutung des Vaterunsers, 1517/18) und WA 38,362,6–8 (Eine einfältige Weise zu beten, 1535).

115 Nach WA 9,153,29–155,19 (Auslegung und Deutung des Vaterunsers, 1517/18) und WA 2,118,27–121,36 (Auslegung dt. des Vaterunsers, 1519).

116 Vgl. WA 9,155,16–19 (Auslegung und Deutung des Vaterunsers, 1517/18) und WA 2,121,10–19 (Auslegung dt. des Vaterunsers, 1519).

117 Am nächsten kommt Luther wiederum Augustin. Er zeigt bereits, daß unser Feind uns lediglich an unserem Leibesleben schaden kann, wir selber aber durch unseren Haß unsere Seele aufs Spiel setzen; deshalb schade, wer nicht vergeben will, letztlich sich selber (Augustin, serm. 56,14–17; MPL 38,383–386). Und Abaelard ruft aus: „O misera insipientia! o infelix praesumptio iram Dei adversum se precibus provocare! Homo homini reservat iram, et a Deo quaerit misericordiam?" (Abaelard, Expositio orat. dominicae; MPL 178,616A). Nach Thomas freilich bittet auch derjenige, welcher seinem Nächsten nicht vergeben will, diese Bitte, ohne hierbei zu lügen, weil er sie spreche „non in persona sua, sed Ecclesiae" (Thomas, In orat. dom. expositio, § 1090).

118 Gregor von Nyssa, Oratio dom. V,5 (MPG 44,1192A; wiedergegeben nach BKV 56,148).

doch ein jeder – „selbst wenn er Mose, Samuel oder sonst einer der durch Tugend Hervorragenden sei“[119] – um unserer allen gemeinsamen Adamsnatur willen dieser Bitte unterwerfen.

Luther ringt um ein sinnvolles Zueinander dieser beiden Einsichten, welches beiden das ihnen zukommende Gewicht beläßt. Ähnlich wie Gregor von Nyssa formuliert auch er positiv: „Vergibst Du aber, so hast Du den Trost und Sicherheit, daß Dir im Himmel vergeben wird“[120]. Doch dieser Trost und jene Sicherheit gründen nicht in unserem Vergeben; sie weisen uns vielmehr hinaus über dasselbe und finden ihren letzten Halt allein in Gott. Gott vergibt „nicht ümb Deines Vergebens willen“, sondern „frei ümbsonst aus lauter Gnade, weil er's verheißen hat“[121]. Indem der Glaubende im Gebet sich Gott zuwendet, blickt er nicht mehr auf sein eigenes Tun, sondern birgt seine Werke wie seine gesamte Person hinein in Gottes gnadenvolle Weltzuwendung in Christi Kreuz und Auferweckung; dieses Sich-Schenken Gottes ist der letzte Ankergrund allen Bittflehens wie jeglicher Erhörungsgewißheit. Indem Luther diesen personalen Gebetsvollzug beschreibt, denkt er nur dasjenige existential durch, was von Cyprian an im mehr ontologischen Hinblick auf Gott erkannt war: Gott bindet sich nach 1. Joh 1,9 an seine eigene Zusage, uns die Sünden zu vergeben[122].

Freilich will Luther hierdurch nicht den „tröstlichen Zusatz“[123] unwirksam machen; vielmehr will er gerade zeigen, inwiefern hierin ein wirklicher Trost beschlossen liegt. Unser zwischenmenschliches Verzeihen soll und darf verstanden werden als ein subjektives Wahrzeichen für Gottes vorgängiges und ungeschuldetes Vergeben, hierin ordnet es sich dienend der souveränen Gnadenzusage zu[124]. In diesem Verhältnis von Verheißung und Wahrzeichen wird die Spannung zwischen Gottes heimlicher Vergebung und unserer inwendigen Herzensgewißheit erneut angesprochen. Die Leitfrage lautet: Wie kann unser angefochtenes Gewissen

119 Gregor von Nyssa, Oratio dom. V,3 (MPG 44,1184D).

120 BSLK 684,43. WATR 5,575,19, Nr. 6287 (A. Lauterbach, Sammlung B): „Wir mussen auch vergeben, wie uns Gott vergiebet. Dem Nächsten vergeben macht uns sicher und gewiß, daß uns Gott vergeben hat“. Siehe auch BSLK 684,33–36 und WA 6,16,28–30 (Eine kurze Form, das Paternoster zu verstehen, 1519) = WA 7,226,22–24 (Eine kurze Form des Vaterunsers, 1520).

121 684,45. WA 30 I,106,3 (Kat.-Pred. vom 15. 12. 1528): „Non, quod propter tuam remissionem tibi remittatur, sed gratis sine tua remissione condonatur peccatum tibi“. Siehe auch Calvin, Genfer Kat., Fr. 285 und Inst. III,20,45; Melanchthon, Loci von 1559 (St.A., Bd. II,2, S. 678 ff).

122 Vgl. oben S. 143.

123 684,31.

124 685,5 f.21–24. Zum grundlegenden Verhältnis unserer Werke zur Vergebungsgewißheit siehe Modalsli, Das Gericht nach den Werken, S. 65–73 und Peters, Glaube und Werk, S. 106–113.

Gottes Freispruch auch dort ergreifen, wo jener uns nicht durch Verkündigung und Sakrament wort-leibhaft zugeeignet wird? Durch diese Fragestellung rückt Luther unser mitmenschliches Ethos in die Dimension des Sakramentes. Hatte der Reformator in seinen frühen Auslegungen jenen Zusatz den „aller kräftigsten Ablaßbrief" genannt, durch welchen uns Christus die Genugtuung nicht in den „Beutel und Kasten", sondern ins Herz setze und damit so nahe rücke, „daß sie nit näher gesetzt mag werden"[125], so spricht er jetzt in sakramentalen Termini: Unser Verzeihen sei ein Zeichen oder Siegel, eine Zusicherung oder Zertifikation[126], welche der Herr selber seiner Gnadenzusage beifügte, auf daß wir hierin unser Vertrauen an die Vergebung in Christi Blut üben, unser schwankendes Gewissen stärken und festmachen können. Den eigentlichen Gnadenmitteln gegenüber hat dieses „Sakrament" der gegenseitigen Vergebung sogar noch den Vorzug, daß wir es „allezeit bei uns haben"[127], will es doch unser alltägliches Miteinander bestimmen und durchwalten. Der Reformator hat jene sakramentähnliche Dimension unseres Alltages, jene geheimnisvolle Verknüpfung zwischen Sakrament und Ethos, nicht nur im Großen Katechismus, sondern auch in seiner Deutung der Bergpredigt sowie in den großen Abendmahlsschriften durchleuchtet[128].

125 WA 2,117,26 ff (Auslegung dt. des Vaterunsers, 1519). WA 9,152,32 (Auslegung und Deutung des Vaterunsers, 1517/18): „ist nutzlicher dann zehentausend Ablaß-Briefe"; WA 30 I,106,8 (Kat.-Pred. vom 15. 12. 1528): „Was sind alle Ablaß-Brief gegen diesem Stucke im Vater-unser? Hie soll man indulgentias geprediget haben"; vgl. auch WA 32,427,8–11 (Wochenpredigten zu Mt 6,5–15, 1532). Auch hierzu findet sich eine Andeutung bei Augustin, serm. 58,10 (MPL 38,398): „Una eleemosyna est, quae fit de corde, quando fratri tuo dimittis peccatum".

126 WA 30 I,106,4.6 f (Kat.-Pred. vom 15. 12. 1528): „Wahrzeichen"; ebd. 106,11.14: „Siegel"; WA 30 I,15,23 (Kat.-Pred. vom 26. 5. 1528): „ein Apotheken gestellt cum promissione"; WA 32,423,38 (Wochenpredigten zu Mt 6,5–15, 1532): „Certificatio, Versicherung"; ebd. 423,40: „äußerlich Zeichen und Beweisunge"; ebd. 424,23: „gewiß Wahrzeichen"; ebd. 424,9.16.34: „Sakrament"; ebd. 423,37 und WA 39 II,248,11 (Promotionsdisp. von Fr. Bachofen, 24. 4. 1543): „Testimonium, Zeugen"; WA 32,168,7.29 (Pred. über Mt 18,23 ff vom 13. 11. 1530): „ausgeschnitten Zeddel, Reversbrief". Diese Formeln sind nicht aufgenommen bei Melanchthon und Martin Butzer, wohl aber in den Nürnberger Kinderpredigten (Reu, Quellen, Bd. I,1, S. 538,28): „Zeichen", und im Heidelberger Kat., Fr. 126: „dies Zeugnis Deiner Gnad in uns", und vor allem bei Calvin, Inst. III,20,45 (OS IV, S. 361,17): „Addidit (Dominus) enim hoc tanquam signum quo confirmemur *tam certo* nobis factum a se remissionem peccatorum, *quam certo* conscii sumus aliis eam a nobis fieri". Das „So gewiß . . . so gewiß" erinnert an die Grundformel sakramentaler Gewißheit; freilich lenkt sie den Blick ungut auf unser Tun zurück. Ist unsere Vergebungsbereitschaft wirklich so gewiß, daß sie die göttliche Vergebung uns völlig vergewissert?

127 BSLK 685,36.

128 Siehe bes. 685,21–37 sowie WA 32,422,19–427,40 (Wochenpredigten zu Mt 6,5–15, 1532) und WA 23,183,34–193,33 (Daß diese Wort Christi, 1527); zur Deutung vgl. Peters, Sakrament und Ethos nach Luther.

Mit unserem auswendigen Menschen des Leibes beugen wir uns unter ein Gottesgebot und ergreifen darin zugleich mit unserem inwendigen Menschen des Herzens die im Gebot verborgene Verheißung. An sich selbst betrachtet, ist das vollbrachte Werk nichts nütze, ja, wo wir es im Bauen auf unsere – wenn auch vom Schöpfer verliehene – geschöpfhafte Selbstmächtigkeit tun, schlägt es uns zur Verdammnis aus. Zum Leben gereicht es uns erst dort, wo wir uns in, mit und unter diesem konkreten Tun hineinbergen in Gottes Gnadenzusage und damit uns gänzlich verlassen auf Christi fremde Gerechtigkeit[129]. „Denn gleich wie andere Sakrament herkommen und gehen durch den Herrn Christum, also auch, daß unser Gebet erhoret wird und gewisse Vergebung haben, daß wir's nicht haben verdienet, sondern alles durch ihn erworben und uns geschenket ist, daß er immer der einige Mittler bleibe, durch welchen wir alles haben, daß auch die Verheißung, auf dies Werk gestellet, allein durch ihn gelte"[130].

So tritt in diese für Luther so wichtige Vaterunserbitte Jesus von Nazareth ein als der Gott für uns; erst dieses Eintreten Christi in die Vergebungsbitte läßt uns erkennen, wie sich die Beteuerung und die Bitte zu einer hilfreichen und sinnvollen Einheit zusammenfügen. Nur weil Gott in Jesus Christus die Welt mit sich selber versöhnte, deshalb können wir Staubgeborenen, die wir alle in Adams Schuldverstrickung gefangen sind, mit frohem Herzen bitten: Vater, vergib! Nur weil Gott uns in Jesus Christus herausholt aus dem Gefängnis der Selbstsucht wie des Menschenhasses, deshalb können wir schon hier auf Erden unseren Menschenbrüdern vergeben und gerade darin in gläubigem Vertrauen Gottes Vergebung in Christus ergreifen. Weil Gott in Christus die gesamte Welt mit sich versöhnte, deshalb gilt freilich auch die Negation mit absoluter Schärfe: Wer seinem Mitbruder nicht vergibt, der hat auch keinen gnädigen Vater, sondern wird zurückgestoßen unter den Gesetzesfluch des eiferheiligen Gottes. Im Gebet dürfen wir heraustreten aus dem Bannkreis des Menschenhasses wie des Gottesfluches und eintreten in den Lichtkreis der Christusgnade wie der Menschenliebe. Das ist das Geheimnis des Betens zu Gott dem himmlischen Vater im Namen Jesu Christi. Im Opfer Jesu vergibt uns Gott „frei ümbsonst aus lauter Gnade"[131], nicht nach unserem Verdienst oder unserer Würdigkeit, sondern allein nach seiner

129 Vgl. WA 32,424,17–25 (Wochenpredigten zu Mt 6,5–15, 1532). In diese Richtung weist Nikolaus von Kues in seinem Vater-unser für das Volk (Cusanus Texte I, Predigten 6, S. 80,9 ff). Auch Erasmus, Precatio dominica, Sp. 1226C/D, spricht Luthers Einsichten in der Gestalt eines Dankgebetes aus: „Semel in baptismo condonasti peccata omnia, non erat isthuc satis tuae erga nos pietati, quotidianis etiam filiorum tuorum delictis ostendisti certum ac paratum remedium".

130 WA 32,427,17 (Wochenpredigten zu Mt 6,5–15, 1532).

131 BSLK 685,2.

Verheißung und Treue. In dem einen Wort vom Kreuz, welches uns in so vielfältiger Gestalt entgegentritt, haben wir „Vergebung und gute Gewissen überkommen“ und sind „ganz losgesprochen“[132]. So können wir im Gebet vor das Angesicht der Heiligen und Barmherzigen kommen, weil wir in der schon zugesprochenen wie übereigneten Absolution bereits durch Gottes eschatologisches Gericht hindurchgedrungen sind. Indem wir uns im Glauben in Gottes eschatologischen Freispruch hineinbergen, dürfen wir sein ewiges und allein gewisses Ja zu uns Schuldbeladenen widerspiegeln in unserem vergänglichen und ungewissen Ja zum Mitmenschen, der an uns schuldig wurde; hierin erfahren und bezeugen wir selber die Vollmacht, welche das große göttliche Ja in unserem befreiten Herzen und Gewissen ausübt.

Niemand unter den altkirchlichen wie mittelalterlichen Lehrern ist so tief wie der Reformator in jenes innere Relationsgefüge der beiden Hälften dieser Bitte eingedrungen, und doch kreisen bereits die früheren Auslegungen um die beiden Pole, welche Luther so hellsichtig herausgearbeitet hat.

132 685,47.

Die sechste und siebte Bitte um die eschatologische Errettung

Wortlaut und Sinn der letzten Doppelbitte[1]

1. Luthers Wiedergabe der Doppelbitte

Wie schon Origenes erkannte[2] und in der Reformationszeit vor allem Calvin zeigte[3], bilden die letzten beiden Bitten eine Einheit. Die Matthäus-Überlieferung fügte die positive Seite, unser Herausgerissenwerden aus der eschatologischen Drangsal, hinzu. Der Wortlaut dieser Doppelbitte ist bei Luther ohne wesentliche Schwankungen wiedergegeben: „Und fuhre uns nicht in Versuchung, sondern erlöse uns vom (von dem) Ubel"[4]. Das „ne nos inducas" der Vulgata übersetzt er mit der geläufigeren Verdeutschung durch „führe uns nicht"; das wörtlichere „einführe" benutzt er freilich gerne[5], um zu unterstreichen, daß wir Versuchungen und Verlockungen zwar erleiden müssen und ständig von ihnen umgeben

1 Zur Deutung dieser Doppelbitte siehe besonders: LOHMEYER, Das Vater-unser, S. 134–162; SCHÜRMANN, Das Gebet des Herrn, S. 90–104; KUHN, πειρασμός – ἁμαρτία – σαρξ im Neuen Testament; SEESEMANN, Art. πεῖρα; HARDER, Art. πονηρός; KASCH, Art. ῥύομαι; BONHOEFFER, Versuchung; KÖBERLE, Die Stunde der Versuchung; DERS., Art. Versuchung (RGG³); SCHNACKENBURG/HOFMANN, Art. Versuchung (LThK²); DINGERMANN/SCHLIER/KERN, Art. Übel (LThK²); sowie HARDELAND, Katechismusgedanken, S. 289–294; MEYER, Hist. Komm., S. 420–429; GIRGENSOHN, Katechismus-Auslegung, Bd. 1, S. 233–241.

2 Origenes, De oratione II,30,1.

3 Calvin, Inst. III,20,46. Augustin schwankte in seinen Aussagen; manchmal zählte er sechs, manchmal auch sieben Bitten; vgl. serm. 56,19; 57,9; 59,8; 57,10.12; 58,12.

4 BSLK 514,29.42 (KK); 556,26 f (Vorrede zum GK); 685,40; 689,2 (GK); WA 2,86,27.29 (Auslegung dt. des Vaterunsers, 1519); WA 6,18,28 (Eine kurze Form, das Paternoster zu verstehen, 1519); WA 7,229,7 (Eine kurze Form des Vaterunsers, 1520); WABibel 6,32 f.262 f.

5 WA 9,156,33 f (Auslegung und Deutung des Vaterunsers, 1517/18); WA 2,122,34 (Auslegung dt. des Vaterunsers, 1519); WA 6,17,27 (Eine kurze Form, das Paternoster zu verstehen, 1519); WA 7,227,27 (Eine kurze Form des Vaterunsers, 1520); BSLK 687,26 (GK). Luther legt es aus ebd. 687,26–36 und WA 2,123,4–10 (Auslegung dt. des Vaterunsers, 1519).

bleiben, jedoch durch Gottes Gnadenhilfe uns nicht von ihnen überwältigen lassen sollen. Πειρασμός (bzw. tentatio) gibt er durchgehend wieder mit „Versuchung"; daneben nennt er das niederdeutsche „Bekörunge"[6], in welchem das altdeutsche „Korunga, Bikorunga" fortlebt[7]. Beides freilich hätte er gerne ersetzt durch „Anfechtung"; in seinen Auslegungen stellt er dieses Wort höchst bewußt ständig an die erste Stelle[8].

Die Wendung „sondern erlöse uns vom Übel" ist die geläufigere Wiedergabe des ἀλλὰ ῥῦσαι ἡμᾶς ἀπὸ τοῦ πονηροῦ; sie folgt der augustinisch-abendländischen Tradition, welche das ἀπὸ τοῦ πονηροῦ neutrisch deutet und durch ein umfassendes „malum" wiedergibt. Auch an dieser Stelle hätte der Reformator es nach seiner exegetischen Einsicht[9] lieber mit der morgenländischen Tradition[10] auf den Satan bezogen und zugleich den personal-willentlichen Charakter des Argen und Boshaftigen[11] akzentuiert. Insofern würde auch er der Übersetzung zuneigen, welche durch Martin Butzer die oberdeutschen Katechismen eroberte[12] und in der ökumenischen Fassung rezipiert ist: „erlöse uns vom Bösen". Der Dativ „vom Bösen" läßt sich sowohl maskulinisch auf den Satan beziehen als auch neutrisch interpretieren; dann wäre alles „mit eingeschlossen, was uns Böses widerfahren mag unter des Teufels Reich"[13].

6 BSLK 686,6. WA 2,122,35 (Auslegung dt. des Vaterunsers, 1519); WA 30 I,16,10 f; 49,26; 106,16 (Kat.-Pred. vom 27. 5.; 23. 9.; 15. 12. 1528); vgl. auch Dibelius, Das Vaterunser, S. 168.174 f; MGP XXIII, S. 290 f; Dietrich Koldes Christenspiegel, S. 182 f.

7 So bei Notker und in der Freisinger Vaterunser-Auslegung; vgl. Meyer, Hist. Komm., S. 72.

8 Siehe etwa WA 2,86,27; 122,34–37 (Auslegung dt. des Vaterunsers, 1519); WA 9,156,30.33 (Auslegung und Deutung des Vaterunsers, 1517/18); WA 6,17,29 (Eine kurze Form, das Paternoster zu verstehen, 1519); WA 7,227,29 (Eine kurze Form des Vaterunsers, 1520); WA 11,59,14 (Pred. über das Vaterunser vom 9./10. 3. 1523); WA 19,96,12 (Dt. Messe, 1526); WA 30 I,16,33; 49,24.26; 106,17 (Kat.-Predigten, 1528); BSLK 686,3; 687,12 (GK); WA 35,464,26 (Vaterunser-Lied); dies ist rezipiert in den Nürnberger Kinderpredigten (Reu, Quellen, Bd. I,1, S. 540,15.40; 541,12.23.33.38 u. ö.).

9 WA 30 I,108,3 (Kat.-Pred. vom 15. 12. 1528) und BSLK 689,6–10 (GK).

10 Siehe hierzu Chase, The Lord's Prayer, S. 103–167 sowie Walther, Untersuchungen, S. 19.29 f.45 f.66.122.

11 BSLK 689,5.

12 Schon die Kölner Ausgabe des Christenspiegels von 1508 hat (mit den mittelalterlichen Embolismen) ein „von allem Bösen"; ein „vom Bösen" findet sich bei Loener (MGP XXIII, S. 293), in Butzers Straßburger Katechismen von 1534 und 1537 (Reu, Quellen, Bd. I,1, S. 66.82.16), in Marbachs Katechismus nach Luthers KK (Reu, Quellen, Bd. I,1, S. 148,26) und im Heidelberger Kat., Fr. 127.

13 BSLK 689,18.

2. Der ursprüngliche futurisch-eschatologische Sinn der Doppelbitte

Diese Fragen nach einer angemessenen Wiedergabe führen uns bereits hinein in das Ringen um den intendierten Sinn dieser abschließenden Doppelbitte. Die Aoristformen der Verben zusammen mit der singularischen Gestaltung der Objekte legen es erneut nahe, der streng futurisch-eschatologischen Auslegung den Vorzug zu geben. Im Blick sind hier nicht eigentlich die kleinen Versuchungen wie Durchhilfen unseres alltäglichen Ringens, sondern das Bewahrtwerden im letzten Endkampf zwischen Gott und Satan, zwischen dem Christus und dem Antichrist. Ist die Geschichte des Gottesvolkes sowie der Weg des Gottessohnes selber eine einzige Kette von Anfechtungen, so eilt alles der einen „großen Drangsal" (Mk 13,19) entgegen, welche die letzte Entscheidung ankündigt. In dieser Doppelbitte birgt sich die kleine Schar in die göttliche Zusage hinein: „Ich werde dich bewahren vor der Stunde der Versuchung, die kommen wird über den ganzen Erdkreis, diejenigen zu versuchen, welche auf Erden wohnen" (Apk 3,10)[14]. Hier erbittet nicht primär der einzelne Gläubige die Kraft, sein Leben im Kampf mit dem Widersacher recht führen zu können und die ständigen Glaubensproben zu bestehen; hier fleht zunächst die Schar derer, welche sich in Christus dem himmlischen Vater anvertrauen, um „endgültige Errettung von der Macht des Bösen, die den Menschen in der endzeitlichen Auseinandersetzung ins ewige Verderben stürzen will und der er sich nicht erwehren kann"[15].

Die parallelen Wendungen bei Matthäus (insbes. Mt 13,19) sowie in den johanneischen Schriften[16] dürften Luthers Vermutung unterstützen: ἀπὸ τοῦ πονηροῦ, das „lautet schier auf den Teufel"[17]. Schon Origenes bemerkt ὁ πονηρός sei nicht einfach alles Übel, welches uns ständig umlauert, sondern der personhafte Gegenspieler Gottes[18]. Πονηρία sei „die freigewollte, beabsichtigte Schlechtigkeit, im Unterschied von der durch Unwissenheit entstandenen;" so heiße auch Satan ὁ πονηρός, weil er „mit Bewußtsein und voller Absicht Böses" tue[19]. So tritt gleichsam erst in jener weltumspannenden Drangsal aus der diffusen Ungreifbarkeit alles Geschickhaften der eine „Arge oder Boshaftige"[20] als eine personartige

14 Vgl. 1. Petr 1,6; 4,12; 2. Petr 2,9.

15 KASCH, Art. ῥύομαι, S. 1004,17, unter Hinweis auf Röm 11,26; Kol 1,13; 1. Thess 1,10; 1. Tim 4,18; 2. Petr 2,9.

16 Siehe hierzu HARDER, Art. πονηρός, S. 559,18–34 und SCHLIER, Art. Übel, Sp. 430.

17 WA 30 I,108,3 (Kat.-Pred. vom 15. 12. 1528).

18 Origenes, De oratione II,30,1–3.

19 WALTHER, Untersuchungen, S. 19, unter Hinweis auf Origenes, hom. in Ps. 36 (der LXX) II,4 (Zitat 81), nach Rufin (MPG 12,1332) und CHASE, The Lord's Prayer, S. 97.138 f.

20 BSLK 689,5.

Macht heraus[21]. Diese negative Gegenmacht bleibt zutiefst an Gott als den allein Lebenspendenden gebunden, dies erweist sich darin, daß sie erst als Widersacher des Menschgewordenen klare personhafte Konturen gewinnt.

Freilich verbleibt auch die andere Möglichkeit, dieses Gegenüber als ein Neutrum zu deuten. Jenes τὸ πονηρόν wäre dann „im Sinne der jüdischen Gebete das Übel, zumal die Drangsale der Endzeit“[22]. Doch auch dieser weitere Bereich würde sich letztlich konzentrieren auf die unheimliche satanische Gegenmacht[23].

So zeigt diese Doppelbitte, daß die Schar, welche Gott als ihren himmlischen Vater anruft, sich angesichts des eschatologischen Vernichtungsangriffes in die schirmende Hand dessen hineinwirft, der allein sie heraus- und hindurchreißen kann in sein kommendes Königtum. Die Doppelbitte ist überaus karg und streng ausgerichtet auf jenes Eine, welches allein über unser eschatologisches Geschick entscheidet. Der große Endkampf wird nicht ausgemalt, das unheimliche Gegenüber wird nur mit einem scheuen Blick ins Auge gefaßt, die alltäglichen Nöte der einzelnen treten zurück. „Die Gemeinschaft bittet nicht um ihren Bestand, sondern um Gottes Beistand, nicht einmal um Überwindung des Bösen, sondern um Errettung vor dem Bösen“[24].

3. Die altkirchliche Ausweitung der Doppelbitte, welche Luther rezipiert

In jene kargen Worte trugen die altkirchlichen Deutungen den Alltag der angefochtenen Gemeinden sowie der einzelnen Christen ein. Ein altes jüdisches Abend- (bzw. Morgen-) Gebet, an welches Jesu Bitte selber vielleicht bereits anknüpft, mag hierbei mitgewirkt haben; es lautet:

> „Leite meinen Fuß nicht in die Gewalt der Sünde,
> und bringe mich nicht in die Gewalt der Schuld
> und nicht in die Gewalt der Versuchung
> und nicht in die Gewalt von Schändlichem“[25].

21 Vgl. LOHMEYER, Das Vater-unser, S. 150–159.

22 HARDER, Art. πονηρός, S. 561,23; vgl. SCHÜRMANN, Das Gebet des Herrn, S. 99–102.

23 Calvin, Inst. III,20,46 (OS IV,363,2): „Maligni nomine Diabolum an peccatum intelligamus quam minimum refert. Satan quidem ipse hostis est qui vitae nostrae insidiatur (1. Petr 5,8): peccato autem armatus est in nostrum exitium“. Siehe auch BARTH, Das Vaterunser, S. 104–112.

24 LOHMEYER, Das Vater-unser, S. 161.

25 b. Berakoth 60b; zit. nach JEREMIAS, Das Vater- unser, S. 27 (= DERS., Abba, S. 169); vgl. SEESEMANN, Art. πεῖρα, S. 26,29–43.

Mit wohl unausweichlicher Notwendigkeit wird die futurisch-eschatologische Endversuchung der Gesamtgemeinde hinein entfaltet in die mannigfaltigen Alltagsanfechtungen der einzelnen Beter, geht es doch in allem Vorletzten ständig um das Letzte des Glaubensabfalles[26]. Hiermit stellt sich eine dogmatische und zugleich geistlich-existentielle Frage: Wie verhält sich unser Angefochtensein zu Gott und zu dessen Widersacher? Haben wir die Versuchungen als satanische Anfechtungen abzuwehren oder als göttliche Prüfungen auf uns zu nehmen? Im Eingang des Jakobusbriefes ist diese Alternative angesprochen, wenn auch keineswegs denkerisch durchleuchtet[27]. Auf der einen Seite wird gelehrt: „Niemand sage, wenn er versucht wird: Ich werde von Gott versucht. Denn Gott ist unversuchbar zum Bösen und versucht selbst niemanden. Vielmehr wird ein jeder versucht, gezogen und gelockt durch sein eigenes Begehren" (Jak 1,13 f). Auf der anderen Seite setzt dieses Schreiben mit dem Aufruf ein: „Achtet es für lauter Freude, meine Brüder, wenn ihr in vielgestaltige Versuchungen fallet!" Und stellt zusammenfassend fest: „Selig ist der Mann, der die Versuchung standhaft erträgt; denn nachdem er sich bewährt hat, wird er die Krone des Lebens empfangen" (Jak 1,2.12)[28].

Indem sich die weltumspannende Endversuchung auffüllt mit den alltäglichen Prüfungen der Christen, wird zugleich der ambivalente Charakter dieser kleinen Anfechtungen in die Bitte eingezeichnet. Als Verlockungen zur Sünde stammen die Anfechtungen fraglos nicht von Gott als dem allein Guten, sie kommen vielmehr aus der dunklen Gegenmacht des Bösen in uns wie über uns und sind insofern vom Übel. Gott kann sie freilich zulassen, ja er kann sie uns auferlegen; dabei will er aber nicht, daß wir in ihnen versinken[29], sondern hilft uns, sie im Glauben zu bestehen, und schenkt uns die Krone des Lebens[30]. Dieser positive Sinn der Anfechtungen ist zusammengerafft in einem außerkanonischen Jesuswort:

26 Vgl. Seesemann, Art. πεῖρα, S. 31,6–13.

27 Vgl. ebd., S. 29,3–30,15.

28 Vgl. auch 1. Petr 1,6.

29 Augustin, serm. 57,9 (MPL 38,390), scheut sich freilich nicht, auf dieses Geheimnis des verborgenen Gottes hinzuweisen: „In illa tentatione qua quisque decipitur et seducitur, neminem tentat Deus: sed plane judicio suo alto et occulto quosdam deserit".

30 Augustin, De serm. Dom. in monte II,9,34,740 (CChrSL 35,124): „Fiunt igitur temptationes per satanan non potestate eius sed permissu domini ad homines aut pro suis peccatis puniendos aut pro dei misericordia probandos et exercendos". Siehe ferner auch serm. 57,9; 58,9; Origenes, De oratione II,29,1–11; Chromatius, Tract. XIV,7 in Ev. Matth. (MPL 20,362A/B); Ps.-Alkuin, Liber de div. officiis, cap. 40 (MPL 101,1268C/D); Rhabanus Maurus, Comment. in Matth., lib. II (MPL 107,820C/D); Ps.-Hildebert, Lib. de expos. missae (MPL 171,1170D); Hugo von Amiens, De fide cath. et orat. dominica 8 (MPL 192,1333C–1334B); ferner etwa auch Erasmus, Precatio dominica, Sp. 1226D–1227B; Nürnberger Kinderpredigten (Reu, Quellen, Bd. I,1, S. 542,20–37); Calvin, Inst. III,20,46.

„Niemand kann das Himmelreich erlangen, der nicht durch die Versuchung ging“[31].

Die permissive Nuance des Kausativum wird unterstrichen in Fassungen der sechsten Bitte, wie sie uns Marcion, aber auch Tertullian und Cyprian wie manche Itala-Versionen überliefern[32]: Laß nicht zu, daß wir der Versuchung anheimfallen![33] Analog beruft sich auch eine nicht besonders scharf ausgeprägte Auslegungstradition auf Jak. 1,13 und sucht die Versuchungen von Gottes eigentlichem Willen abzutrennen und auf die satanischen Gegenmächte zu schieben.[34] Mit dieser Tradition setzt Luther auch im Kleinen Katechismus ein: „Gott versücht zwar niemand, aber wir bitten in diesem Gebet, daß uns Gott wollt' behüten und erhalten, auf daß uns der Teufel, die Welt und unser Fleisch nicht betriege und verführe ...“[35].

Die andere Seite der Überlegungen, daß Gott auch dort, wo er dem Widersacher Raum gewährt, dennoch über den Angefochtenen seine schirmende Hand halten möge, auf daß sie nicht in den Versuchungen versinken, ist ebenfalls im Anschluß an Ps 119,8 und 1. Kor 10,13 in die Texte eingedrungen. So gibt etwa Hilarius der Bitte folgenden Wortlaut: „Non derelinquas nos in temptatione, quam ferre non possimus“[36]; ihm folgen unter anderen Hieronymus und Augustin[37]. Auch an diesen weiterführenden Gedankengang schließt sich eine Auslegungstradition an[38], welche Luther aufgreift, wenn er im Kleinen Katechismus hinzufügt: „... und, ob wir damit angefochten würden, daß wir doch endlich gewinnen

31 Tertullian, De baptismo XX,2,13 (CChrSL 1,294): „Neminem intemptatum regna caelestia consecuturum“; vgl. auch Didask. lat. II,8,2; Const. apost. II,8,2; Jeremias, Unbekannte Jesusworte, S. 71–73.

32 Siehe Chase, The Lord's Prayer, S. 63–66 und Lohmeyer, Das Vaterunser, S. 134 f.

33 WATR V,57,25, Nr. 5318 (Joh. Mathesius, 1540): „Et ne nos inducas, id est: Ne sinito nos induci. Permissive accipiendum, non effective“.

34 Nach Dibelius, Das Vaterunser, S. 108 f; vgl. Augustin, De serm. Dom. in monte II,9,30; Bonaventura, Comment. in Ev. Lucae, cap. XI,16, Sp. 282a und ders., Expos. orat. dominicae 11, Sp. 654b, Genfer Kat., Fr. 293; Heidelberger Kat., Fr. 127.

35 BSLK 514,31.

36 Hilarius von Poitiers, Tract. in Ps. 118 (MPL 9,510C).

37 Hieronymus, In Ezech. cap. 48,16 (MPL 25,485C) und ders., In Matth. cap. 26,41 (MPL 26,198); Augustin, De serm. Dom. in monte II,9,30,637–644 (CChrSL 35,119). Dieser Zusatz dringt auch in die liturgischen Erweiterungen des Vaterunsers ein; vgl. Brightman, Liturgies, S. 469 f.

38 Siehe etwa Ps.-Chrysostomus, hom. XIV,13 in Matth. (MPG 56,714): „Duo ergo petimus, primum, ut non inducat nos in tentationem: secundo, ut si induxerit, liberet de periculo tentationis“; Chromatius, Tract. XIV,7 in Matth. (MPL 20,362B): „Non ergo, ne in toto tentemur, oramus; sed ne supra quam virtus fidei patitur, tentationi tradamur“; siehe ferner etwa Beda, In Matth. Ev. expositio I,6 (MPL 92,33B); Rhabanus Maurus, Comment. in Matth., lib. II (MPL 107,820D); Walafried Strabo, Glossa ord. Ev. Matth (MPL 114,102C/D) und bes. Abaelard, Expos. orationis dominicae (MPL 178,616D–617B).

und den Sieg behalten“[39]. In der ‚Auslegung deutsch‘ von 1519 formuliert er plastischer. „O Vater unser, hilf uns, daß wir nit hinein fahren, das ist, daß wir nit drein vorwilligen und also uberwunden untergedruckt werden“[40].

Eine entsprechende Ausweitung hat auch die letzte Bitte erfahren. Im Anschluß an Gen 48,16 sowie an Weish 16,8, wo Gott als Erretter von „allem Bösen“ angerufen und gepriesen wird, hat man auch in diese Bitte die Fülle unserer täglichen Nöte und Anfechtungen eingetragen. Die Didache beschließt die Eucharistiefeier mit dem Gebetsruf: „Gedenke, Herr, Deiner Gemeinde, sie zu erretten vor allem Bösen“ (Did 10,5). Auch die analoge Bitte des Achtzehngebetes: „Schau doch auf unser Elend, führe unseren Streit! Erlöse uns um Deines Namens willen!“ wurde ganz ähnlich entfaltet, wobei man das feindliche Gegenüber zu Gott spezifizierte. Dabei tritt Satan als der Verderber in eine Reihe mit dem bösen Trieb und einem bösen Begegnis, mir frechen und bösen Menschen[41]. Die abgründige Spannung zwischen dem alt-bösen Feind und „allerlei Ubel Leibs und Seele, Guts und Ehre“[42] durchzieht fortan auch die Deutung dieser Bitte. Dabei sucht bereits Cyprian die Brücke zu schlagen: Wir erflehen die Errettung aus allen Widerwärtigkeiten, welche der Feind in dieser Welt gegen uns aufhäuft[43]. Noch präziser arbeitet Chrysologus den Satan als eigentlichen Urheber aller Übel heraus[44]. Luther folgt dieser spannungsreichen Tradition, welche mit Cyprian einsetzte und im späten Mittelalter sogar ein „von *allem* Übel“ in den Text einfließen ließ[45]; im

39 BSLK 514,37.

40 WA 2,123,8. BSLK 687,34: „. . . daß wir nicht hineinfallen und darin ersaufen“; siehe auch WA 9,156,35–37 (Auslegung und Deutung des Vaterunsers, 1517/18); WA 6,18,19–23 (Eine kurze Form, das Paternoster zu verstehen, 1519); WA 7,228,26–229,2 (Eine kurze Form des Vaterunsers, 1520); WA 10 II,458,5 ff (Betbüchlein). Auch hier stammt die prägnante Formulierung von Augustin, De serm. Dom. in monte II,9,34,753 (CChrSL 35,125, zu 1. Kor 10,13): „In qua sententia satis ostendit non id nobis orandum esse ut non temptemur, sed ne in temptationem inducamur. Inducimur enim, si tales acciderint quas ferre non possumus“. Origenes, De oratione II,29,15–19, gewinnt bereits hieraus den pädagogischen Gedanken einer Sündenkur Gottes. Auch diese Formulierungen dringen vor allem in die östlichen Erweiterungen (Embolismen) des Vaterunsers in der Eucharistiefeier ein (vgl. Jungmann, Missarum Sollemnia, S. 352).

41 Die Belege sind zusammengetragen bei Dalman, Die Worte Jesu. S. 352 f sowie von Herrmann, Der alttestamentliche Urgrund des Vaterunsers, S. 94 f.

42 BSLK 515,4 (KK).

43 Cyprian, De dom. oratione 27 (CSEL III,1, S. 287,7): „comprehendentes adversa cuncta, quae contra nos in hoc mundo molitur inimicus“.

44 Petrus Chrysologus, serm. 70 (MPL 52,400B/C): „Sed libera nos a malo. Hoc est a diabolo qui totius mali et auctor est, et origo“; vgl. auch serm. 67 (MPL 52,393A).

45 Dibelius, Das Vaterunser, S. 121; Hasak, Die Himmelstraße, S. 262. Dieses „ab omnibus malis“ entstammt dem Embolismus des römischen Ritus.

Kleinen Katechismus erwähnt er nur die umgreifende neutrische Deutung: „von allerlei Ubel“[46]; im Großen Katechismus dagegen konzentriert er sich stärker auf den Satan als unseren „Häuptfeind“[47].

Indem man dergestalt diese Doppelbitte in den Alltagskampf der Gläubigen hinein konkretisierte, schliff sich ihr futurisch-eschatologischer Skopus ab[48]. Diese Akzentverschiebung ist der gesamten Auslegungstradition gemeinsam; auch Luther löst sich nicht aus ihr heraus.

Gliederung der Auslegung

Indem Luther die Tradition aufgreift, kristallisiert sich ihm vor allem zur sechsten Bitte eine eigenartige Schilderung der anfechtenden Mächte heraus. Die siebte Bitte dagegen behandelt er recht stiefmütterlich; wie nahezu alle früheren Ausleger eilt auch er hier dem Ende zu[49]. So können wir die Gliederung der Doppelbitte zusammenfassend darstellen.

Im Aufbau seiner Auslegung zur sechsten Bitte sucht der Reformator die innere Bewegung aufzuweisen, in welche uns die satanischen Anfechtungen hineintreiben wollen. Die beiden Katechismen gehen dabei ganz parallel vor. Der Große Katechismus folgt nahezu wörtlich der Katechismuspredigt vom 27. Mai 1528[50].

a) In einer Einführung leitet Luther über von der fünften zur sechsten Bitte[51]; hierzu formuliert er folgendes: Obwohl wir durch Gottes ständiges Verzeihen ein gutes Gewissen erhalten haben, bleibt die ständige Gefahr eines erneuten Strauchelns, sie zwingt uns diese Bitte auf die Lippen. Diesem Einsatz korrespondiert im Kleinen Katechismus die Wendung: „Wir bitten . . ., daß uns Gott wollt’ behüten und erhalten“[52].

46 BSLK 515,4.

47 689,9.33. WATR V,575,25, Nr. 6287 (A. Lauterbach, Sammlung B): „Der Teufel verhindert alles, was wir bitten. Der Teufel denket uns in allerlei Not zu bringen“. Eine ähnliche Verknüpfung findet sich bei Hugo von Amiens, De fide cath. et orat. dominica 9 (MPL 192,1334C): „Libera nos a malo nostro pariter et a Satana malo, malorum inventore malo, et omnium malorum suggestore pessimo“; vgl. auch Rhabanus Maurus, Comment. in Matth. lib. II (MPL 107,821A).

48 Ein universales Verständnis der letzten Bitte, welches die gesamte Kirche als Ecclesia militans und Ecclesia triumphans einbezieht, findet sich bei Godefredus Admontensis, hom. 47 (MPL 174,864B/C).

49 Siehe HARDELAND, Katechismusgedanken, S. 294.

50 WA 30 I,16,9–17,37.

51 BSLK 685,42–686,4. Dies erfolgt ohne Vorlage in den Katechismuspredigten.

52 514,31.

b) Den Hauptteil bildet die lebensvolle Skizze der ständigen Anfechtungen[53]; diese gliedern sich nach der Trias: Fleisch[54], Welt[55], Teufel[56]; sie treiben uns hinein in das unablässige Gebet[57]. Diese Skizze ist im Kleinen Katechismus angedeutet in dem Satz, welcher durch ein „auf daß ... nicht" eingeleitet wird[58].

c) In einem mehr dogmatischen Abschnitt exegesiert Luther sodann die Wendung „nicht einführen in Versuchunge"[59]. Hierzu unterscheidet er zwischen „Anfechtung fühlen und darein verwilligen"[60] und macht somit die messerscharfe Trennungslinie zwischen der „beherrschten" („peccatum regnatum") und der „herrschenden Sünde" („peccatum regnans") sichtbar[61]. Das in diesem Abschnitt Entfaltete ist im Kleinen Katechismus zusammengerafft in dem einleitenden und im abschließenden Satz: „Gott versücht zwar niemand ... und, ob wir damit angefochten würden, daß wir doch endlich gewinnen und den Sieg behalten"[62]. Diese beiden Sätze sind nicht logisch aufeinander bezogen. Zwischen ihnen steht das abgründige Verhältnis Gottes zur Sünde wie zum Bösen; wir sollen und können es nicht auf eine einsinnige und einleuchtende Formel bringen, etwa auf den Satz: Der Widersacher versucht uns, um uns zu verführen und ins Verderben zu stürzen, Gott versucht uns, um uns zu erproben und im Glaubensgehorsam zu festigen[63]; wir können und sollen diese abgründige Spannung vielmehr im ständigen Glaubenskampf durchleiden, indem wir uns betend hineinbergen in den gnädigen Vaterwillen Gottes.

d) Die abschließende Vermahnung zum unablässigen Gebet[64] greift erneut auf den Schlußsatz des Kleinen Katechismus zurück und zieht das Resümee: Bis in unsere Sterbestunde hinein greift Satan uns von allen

53 686,4–687,23. Diese Skizze folgt der Kat.-Pred. vom 27. 5. 1528 (WA 30 I,16,10–33); ein ähnliches Bild entwirft die Predigt vom 15. 12. (ebd. 106,15–107,17).

54 686,7–17.

55 686,17–26.

56 686,27–41.

57 687,12–23.

58 514,33–37.

59 687,26–688,4; nach der Kat.-Pred. vom 27. 5. (WA 30 I,16,37–17,14).

60 687,37.

61 Siehe unten S. 178 f.

62 514,31.37.

63 Die Unterscheidung zwischen einer göttlichen „tentatio ad probationem" und einer satanischen „tentatio ad deceptionem et perditionem" ist besonders prägnant herausgearbeitet von Ps.-Alkuin, Liber de div. officiis, cap. 40 (MPL 101,1268C/D). Die dunklen Abgründe des göttlichen Gerichtswirkens sind unter Verweis auf Augustin eindringlich angesprochen in der bei DIBELIUS, Das Vaterunser, S. 152–154, abgedruckten Auslegung nach Nikolaus von Dinkelsbühl.

64 688,9–37. Diese Vermahnung expliziert 687,12–23 und folgt der Kat.-Pred. vom 27. 5. (WA 30 I,17,16–33).

Seiten an; mit unserer Macht ist hier nichts getan, es bleibt uns allein die betende Zuflucht zu Gott.

Zur sechsten Bitte spiegelt sich also der ausführliche Gedankengang des Großen Katechismus erstaunlich präzise im Kleinen Katechismus wider.

Diametral entgegengesetzt dagegen verhält es sich bei der letzten Bitte; hier stehen die beiden Katechismen fast kontrapunktisch einander gegenüber. Im Großen Katechismus blickt Luther auf den alt-bösen Feind, gegen welchen sich all unser Beten richtet; im Kleinen Katechismus schaut er auf den himmlischen Vater, welcher uns aus allem irdischen Übel durch den Tod hindurch zu sich nehmen wird.

a) Nach dem Großen Katechismus enthüllt die letzte Bitte das unheimliche Gegenüber aller Vaterunser-Bitten, ja allen rechten Betens überhaupt, weil sie eigentlich lautet: Erlöse uns vom Teufel![65]

In jenes ständige Flehen „wider diesen unsern Häuptfeind“[66], zu welchem Luther zum Eingang[67] und zum Abschluß[68] aufruft, fügt er den weiten Bereich des neutrisch verstandenen Bösen ein; widerfährt dieses uns doch „unter des Teufels Reich“[69] und trachtet uns Satan doch als der „Totschläger“ sowohl von unserem Leibe als auch von unserer Seele her nach unserem Leben[70].

Was im Großen Katechismus den Hauptteil bildet, klingt im Kleinen Katechismus höchstens an in der Wendung „als in der Summa“[71]. Mit diesen Worten blickt Luther hier aber nicht auf den „Häuptfeind“, sondern auf Gottes umfassendes Retterwirken. Auch die eigenständige Zusammenstellung „von allerlei Ubel Leibs und Seele, Guts und Ehre“[72] hat keine echte Parallele im Großen Katechismus; sie weist vielmehr auf den folgenden Abschnitt voraus[73].

b) In diesem zweiten Abschnitt faßt Luther seine Einsichten über die unumkehrbare Reihenfolge der Vaterunser-Bitten kurz zusammen[74]: Zuerst bitten wir um Gottes Ehre, danach um unserer Seelen Seligkeit,

65 689,4–35 Die Kat.-Pred. vom 15. 12. (WA 30 I,108,2–8) nimmt diesen Gedankengang vorweg, welcher in der Wendung kulminiert: „Summa Summarum: Erlose uns vom Teufel!“.

66 689,9.33.

67 689,4–16.

68 689,31–35.

69 689,17–21.

70 689,22–31.

71 515,2. Diese Wendung erinnert an 689,8 f und WA 30 I,108,3 f.8 (Kat.-Pred. vom 15. 12. 1528).

72 515,4.

73 690,4.

74 689,43–690,10. Dieser Abschnitt ist das Resümee von WA 30 I,18,2–15 (Kat.-Pred. vom 27. 5.); zu ihm ist die Auslegung oben S. 21, bes. Anm. 75, zu vergleichen.

schließlich und endlich auch um unser Leibesleben[75]. Dieser Duktus bewirkt, daß Luthers Augenmerk zuletzt doch auf diese Erde gerichtet bleibt und an demjenigen haftet, „was uns auch leiblich anfichtet"[76].

Im schroffen Gegensatz hierzu schließt die Deutung des Kleinen Katechismus mit dem Wort „Himmel"[77]; hier erfleht die siebte Bitte: Der himmlische Vater möge uns aus dieser unserer Fremdlingschaft durch das Sterben hindurch zu sich heimholen in sein himmlisches Vaterhaus.

Luthers Beitrag zum Verständnis der sechsten Bitte

Das Proprium in Luthers Interpretation der sechsten Bitte bahnte sich an in seiner Auslegung der dritten Bitte[78]. Wie er dort stärker mit der Tradition die Angriffe der gottfeindlichen Trias: Teufel, Welt und Fleisch von außen her als Anfeindungen schilderte, so analysiert er sie hier zur sechsten Bitte von innen heraus als Anfechtungen; dazu legt er in einer Art Existenzanalyse die unterschiedlichen personalen Relationen bloß. Hierdurch führt uns die sechste Bitte wie auch schon die fünfte tief hinein in seine Sicht der Rechtfertigung. Dieses spezifische Verständnis der sechsten Bitte schält sich freilich erst allmählich heraus; wir beziehen diesen Wandel in unsere mehr systematische Darstellung ein.

1. Eigenständige Rezeption der überkommenen Gliederungshilfen

Neben das Wort „Versuchung", bzw. „Bekörung" stellt der Reformator ständig seine Lieblingswendung „Anfechtung"[79]; gerne hätte er die beiden überlieferten Worte durch diesen präziseren Begriff verdrängt[80]. Er soll das Plötzliche und zugleich tief Verwundende jener satanischen Angriffe signalisieren; spüren wir doch, wie eine unheimliche Übermacht uns völlig unvermutet den Giftpfeil hemmungslosen Begehrens ins Herzin-

75 690,2–10.
76 689,44.
77 515,8.
78 Siehe oben S. 100–103.
79 WA 2,122,35 (Auslegung dt. des Vaterunsers, 1519): „Wann das Wortlein ‚Versuchung' ader ‚Bekorung' nit so gemein wäre, stund es viel baß und wäre klärlicher zu sagen also: Und nit fuhre uns in Anfechtungen".
80 Vgl. oben S. 160 Anm. 8. Zu Luthers Verständnis der Anfechtung siehe vor allem BÜHLER, Die Anfechtung bei M. Luther, und BEINTKER, Die Überwindung der Anfechtung bei Luther.

nerste schießt[81]. Während Luther auf diese Weise den vagen Terminus der Versuchung durch den präzisen der Anfechtung ergänzt oder gar verdrängt, sucht er zugleich den derart erschlossenen Sinngehalt in das niederdeutsche Wort „Bekörunge“[82] hineinzulesen. Das Wort, welches eigentlich soviel wie beschwatzen oder durch Überreden verleiten bedeutet, was Luther noch irgendwie bewußt gewesen sein muß[83], wird von ihm ebenfalls in jene Richtung umgedeutet; hierzu bedient er sich einer Art Volksetymologie: „Bekehrung: daß einem der Teufel umbkehret ... Wer eben noch freundlich gestimmt war gegen seinen Nächsten, den wirft der Teufel in einem Hui herum. So wird es treffend ‚Bekehrung‘ genannt“[84]. Die satanische „Bekörung“ wird somit zum negativen Gegenbild der göttlichen Bekehrung. Wird hierdurch in einer anthropologischen Innenschau das Heimtückisch-Plötzliche wie Machtvoll-Überwältigende der Anfechtung aufgezeigt, so müssen auch die versucherischen Mächte personhafte Gestalt annehmen.

In Luthers Deutungen der sechsten Bitte wird diese Dynamik der Anfechtung ständig schärfer durchreflektiert, sie stößt vor von den Außenbastionen unseres Leibeslebens bis hinein ins Herzzentrum. Zugleich gliedern sich auch die anfechtenden Mächte analog durch; Satan als die eigentliche Gegenmacht sowie die durch ihn gewirkten „spirituales tentationes“[85] rücken ins Zentrum. Sowohl hinsichtlich ihrer Struktur als auch hinsichtlich ihres sachlichen Gewichtes richten sich die Versuchungen aus auf den Kernpunkt unserer geistlichen Existenz, auf das Glaubensleben der Christen vor dem Angesicht des unsichtbaren Vater-Gottes.

In seinen frühen Auslegungen rezipiert Luther noch die geläufige Gliederung nach den beiden Anfechtungen des Fleisches, der bitteren und der süßen[86]. Der Christenweg als die königliche ‚Via media‘ wird von der linken Seite her angefochten durch die bitteren Nöte, welche unseren alten Adam zum Widerspruch reizen wollen; sie suchen uns zu verleiten zu „Zorn, Haß, Bitterkeit, Unlust, Ungeduld“[87]. Auf der rechten Seite locken und reizen uns diejenigen Dinge, welche dem alten Adam Lust

81 WA 9,158,6–8 (Auslegung und Deutung des Vaterunsers, 1517/18); WA 2,125,7–10 (Auslegung dt. des Vaterunsers, 1519); BSLK 686,38; 688,18 (GK); schon Origenes schildert dies eindringlich, De oratione II,30,3.

82 WA 2,122,35 (Auslegung dt. des Vaterunsers, 1519); WA 30 I,16,10; 49,26 (Kat.-Pred. vom 27. 5. u. 23. 9. 1528); BSLK 686,6, mit Anm. 1.

83 Im KK spricht er von „betriegen und verführen“ (514,34), im GK stellt er neben Versuchung das Wort „Reizung“ (687,30).

84 Nach WA 30 I,17,33 (Kat.-Pred. vom 27. 5. 1528).

85 Ebd. 16,25. Vgl. BSLK 686,29; 687,43.

86 Siehe etwa auch Thomas von Aquin, In orat. dom. expositio, § 1095; Erasmus, Precatio dominica, Sp. 1227A.

87 WA 2,123,30 (Auslegung dt. des Vaterunsers, 1519).

machen und freien Raum verschaffen[88]. Hier werden wir verführt zu „Unkeuschheit, Wollust, Hoffart, Geiz und eiteler Ehre"[89]. Unter dieses Schema subsummiert Luther in einer recht lockeren Form die sieben Todsünden[90]. Von den angreifenden Mächten stehen das Fleisch wie die Welt im Vordergrund; die süßen Lüste rücken mit der Überlieferung ins Licht des Antichrists[91]. Hinter und über allem steht jedoch der alt-böse Feind selber, welcher uns unermüdlich nachstellt und zu verschlingen trachtet (1. Petr 5,8). „Wir mussen hie stehen vor dem aufgesperrten Rachen Satanae, des Teufels, und warten, wann er uns vorschlinge"[92].

Hinter dieser frühen Anordnung nach den bitteren oder süßen Verführungen unseres Fleisches zur Todsünde, welche auch später noch nachklingt[93], bahnt sich eine andere Gliederung an, diejenige nach den Gewalten, welche uns bedrängen, nach Fleisch, Welt und Teufel. Auch und gerade diese Anordnung hat ihre tiefen Wurzeln in der Tradition; dies deuteten wir schon zur dritten Bitte an[94]. Durch Cyprian gebildet und durch Petrus Chrysologus prägnant zusammengerafft, wird jene Trias von Abaelard auf die sechste Bitte übertragen[95]. Eine feste Tradition bildet sich, welche nicht allein die deutschsprachige katechetische Literatur des ausgehenden Mittelalters durchzieht[96]. Allgemein wird gelehrt: „Es sind dreierlei Feind unser Seel: das Fleisch, der Teufel und die Welt"[97]; ständig erwähnt man die dreigestaltigen „großen Anfechtungen des Fleischs, der Welt und des Teufels"[98].

88 Siehe ebd. 124,33–125,17 und WA 9,158,3–20 (Auslegung und Deutung des Vaterunsers, 1517/18).

89 WA 2,124,33 (Auslegung dt. des Vaterunsers, 1519).

90 Er hat sie sorgfältig beschrieben in den ‚Decem praecepta', WA 1,517,5–521,32; siehe den Kommentar, Bd. 5, im Abschnitt: ‚Absolution und Bekenntnis vor Gott wie vor Menschen'.

91 WA 2,124,36 (Auslegung dt. des Vaterunsers, 1519): „Diese ist die aller schädelichst Anfechtung und wird der Zeit des Endechrists zugeeigent".

92 WA 9,156,37 (Auslegung und Deutung des Vaterunsers, 1517/18); vgl. WA 2,123,12–16 (Auslegung dt. des Vaterunsers, 1519).

93 Im Hintergrund steht der Komplet-Psalm 91,7 (vgl. WA 2,124,37 f wie die Zusammenstellung bei Mülhaupt, Ps.- Auslegung, Bd. 3, S. 9–18); WA 32,421,11 (Wochenpredigten zu Mt 6,5–15, 1532): „Nicht allein auswendig von der Welt und Teufel, sondern auch inwendig von unseren eigen Fleisch angefochten werden"; WA 35,464,26 = EKG 241,7 (Vaterunser-Lied): „Wenn uns der böse Geist anficht / zur linken und zur rechten Hand"; (das Semikolon in EKG 241,7 ist irreführend); vgl. auch Calvin, Inst. II,30,46.

94 Siehe oben, S. 100 f.

95 Abaelard, Expos. orationis dominicae (MPL 178,617A/B; zit. oben S. 100 Anm. 103).

96 Die lateinischen und deutschen Zeugnisse hat Dibelius, Das Vaterunser, S. 83 f.152.154.162.174 f zusammengetragen; englische Belege finden sich bei Böddeker, Altenglische Dichtung, S. 181 ff.227 ff.

97 Dibelius, Das Vaterunser, S. 152; vgl. WATR 5,575,21, Nr. 6287: „Tripliciter tentemur, per mundum, Sathanam et carnem".

98 Dibelius, Das Vaterunser, S. 162.

Mit der ‚Kurzen Form' greift der Reformator eindeutig und bewußt diese Überlieferung auf: „Drei Versuchung oder Anfechtung haben wir, das Fleisch, die Welt, den Teufel"[99]. Diese Unterscheidung nach den anfechtenden Gewalten wird ihm jedoch – und hierin überschreitet er die Andeutungen der Tradition[100] – zu einer Handhabe, unterschiedliche Tiefendimensionen in den Versuchungen aufzuweisen.

2. *Zentrierung der Anfechtungen in der Glaubensdimension*

Bereits in der ‚Kurzen Form' deutet Luther eine dreifache Stufung der Anfechtungen an. Hinter dem Verhältnis des Menschen zu seiner begehrenden Sinnlichkeit sowie zur mitmenschlichen Gemeinschaft, welches die Symbolworte Fleisch und Welt anvisieren, wird die dem Christen eigentümliche Dimension sichtbar, unser Glaubensbezug auf den unsichtbaren Gott, welcher uns in der Verkündigung des Christusgeschehens erschlossen ist. Die Anfechtungen, welche uns in diesem Kernbereich überfallen, weisen ihrerseits zurück auf den eigentlichen Gegenspieler Gottes, auf den Satan. In dieser Dimension bitten wir: „Behüt uns, daß wir nit folgen der Anfechtung des Glaubens, der Verzweiflung, jetzt und an unserm letzten Ende"[101]. Der Ausblick auf die Sterbestunde enthüllt die letzten Tiefen der Anfechtung. Das Blockbuch der ‚Ars moriendi' nannte als die fünf satanischen Anfechtungen des Sterbenden: Unglaube, Verzweiflung, Ungeduld, eitle Ehre oder Selbstgefälligkeit, Sorge um das vergehende Irdische[102]. Eine ganz ähnliche Aufzählung in Dietrich Koldes Christenspiegel schildert die sechs Sünden gegen den Heiligen

99 WA 6,17,29 = WA 7,227,29; siehe auch WA 11,59,13–19 (Pred. über das Vaterunser vom 9./10. 3. 1523); WA 30 I,16,11; 49,34; 50,6; 106 f (Kat.- Pred., 1528); WA 32,421,12 f (Wochenpredigten zu Mt 6,5–15, 1532).

100 Eine derartige Stufung bahnt sich an bei Abaelard, Expos. orationis dominicae (MPL 178,617A/B), welcher dem Fleisch die Gaumensünden und die Prunksucht zuordnet, der Welt die Verführung durch das Angenehme und das Brechen unseres Willens durch das Widrige, dem Teufel aber alle nur denkbaren Weisen des Angriffes wie der Verführung zur Übeltat; diese Stufung vertieft sich bei Thomas von Aquin, In orat. dom. expos., § 1095–1098; der Aquinate setzt ein mit unserem speziellen „Hausfeind" (familiaris inimicus) dem Fleisch, welches seine sinnlichen Lüste sucht und uns hierdurch vom Geistlich-Guten abzieht, sodann weist er auf den Satan hin, welcher uns zunächst unter dem Schein des Guten verführt und dann in den Verführungen festhält, zuletzt erwähnt er die Welt, welche uns von innen her durch maßloses Begehren nach zeitlichen Dingen anficht und von außen durch Verfolger und Tyrannen bedrängt. Zusammenfassend formuliert er: „Versuchtwerden ist menschlich, in die Versuchung einwilligen aber teuflisch" (ebd. § 1099).

101 WA 6,18,19 = WA 7,228,24.

102 Nach Appel, Anfechtung und Trost, S. 75–83: „Temptatio diaboli de fide, de desperatione, de impatientia, de vana gloria, de avaritia".

Geist[103]. In der ‚Kurzen Form' stellt der Reformator neben Glaubensanfechtung und Verzweiflung auch „Haß und Neid" sowie „Hoffart und unser eigen Wohlgefallen und anderen Vorachtunge"[104] als spezifisch satanische Einflüsterungen. Diese in sich variablen Zusammenstellungen orientieren sich sicher an der Tradition der sechs unvergebbaren Sünden gegen den Gottesgeist, wie sie auch der Lombarde zusammenfaßt[105]; als spezifische Verleugnungen des Gottvertrauens kreisen sie um die beiden Pole: Verzweiflung wie Vermessenheit (desperatio – praesumptio).

In Luthers späteren Auslegungen rückt jene satanische Anfechtung, welche primär die Glaubenden betrifft, zunehmend in den Mittelpunkt. In der Vaterunserpredigt vom 10. März 1523 erinnert er an die Lustlosigkeit und den Überdruß, welcher uns beim Anhören von Predigten beschleicht[106]. Hierin lebt die typisch mönchische Not der ἀκηδία[107] in den evangelischen Gemeinden erneut auf[108]. In der Katechismuspredigt vom 27. Mai 1528 arbeitet Luther jene „diabolicae tentationes"[109], welche nicht unserem Fleische entspringen, am schärfsten heraus[110]. Die Verknüpfung von Mißglaube und Verzweiflung bildet den Leitton. Dies ist auch in den Kleinen Katechismus eingegangen[111]. Auch nach dem Lombarden sind dies die beiden zentralen Sünden gegen den Gottesgeist[112]. Soll jenes Miteinander von „Mißglauben" und „Verzweifeln"[113], welches sich schon 1519 anbahnt[114], eine Steigerung andeuten, in welcher sich der Zweifel an Gottes Erbarmen zur blanken Verzweiflung am Heil verschärft?[115] Dies

103 Kolde, Christenspiegel, Kap. 16; siehe den redigierten Text bei MOUFANG, Kath. Katechismen, S. XXII f und die recht unterschiedlichen Fassungen in der Ausgabe von DREES, S. 142 ff.

104 WA 6,18,19.16 = WA 7,228,23.21.

105 Bereits der Lombarde, Sent. II, dist. 43,1, unterscheidet zwischen der unbußfertigen Hartnäckigkeit, welche sich gegen Gottes heilige Gerechtigkeit auflehnt, und der völligen Verzweiflung, welche sich an Gottes barmherziger Güte versündigt.

106 WA 11,59,19–23: „... pigrum et facit et sonderlich cum illa tentatione, quae dicitur tedium".

107 Nach DÖRRIES, Mönchtum und Arbeit, S. 282, versteht schon der Mönchsvater Antonius unter der ἀκηδία „die Unlust, welche die Spannung und ständige Konzentration" nicht mehr erträgt, so daß der „Sinn von quälenden Gedanken umdunkelt" wird.

108 Siehe etwa WA 1,521,15–32 (Decem praecepta, 1518) sowie die Texte, welche WERDERMANN, Luthers Wittenberger Gemeinde, S. 11–23, zusammengetragen hat.

109 WA 30 I,16,29.

110 Ebd. 16,9–17,37.

111 BSLK 514,35.

112 Petrus Lomb., Sent. II, dist. 43,1; siehe auch die Auslegungen zu dieser Stelle.

113 BSLK 514,35.

114 Vgl. WA 6,18,19 (Eine kurze Form, das Paternoster zu verstehen, 1519); WA 7,228,25 (Eine kurze Form des Vaterunsers, 1520); WA 11,59,18 ff (Pred. über das Vaterunser vom 9./10. 3. 1523).

115 So deutet es MEYER, Hist. Komm., S. 422.

könnten manche Wendungen aus den Katechismuspredigten von 1528 nahelegen[116]. Oder ordnet sich der „Mißglaube" stärker der verstockten Selbstvermessenheit zu, während die Verzweiflung auf die Seite der Gottesleugnung und -lästerung rückt? Dies scheint sich aus dem Großen Katechismus zu ergeben[117]. Eine eindeutige Entscheidung dürfte kaum möglich sein. Mißglaube meint nicht eigentlich die „superstitio" im speziellen Sinne[118], sondern bewegt sich in dem schwer aufhellbaren Felde zwischen incredulitas, praesumptio und diffidentia.

Wenn Luther im Großen Katechismus den „Mißglauben" der „falschen Vermessenheit" zuordnet[119] und der Verzweiflung kontrapunktisch gegenüberstellt, so dürfte dies hinweisen auf seinen grundlegenden Versuch, die unterschiedlichen Sünden gegen den Gottesgeist auf die beiden Gestalten der einen Ursünde zurückzuführen, auf die Vermessenheit sowie auf die Verzweiflung. Hierin sucht er das Nein zum Gottvertrauen von seiner anthropologischen Seite her zu fassen, da gewinnt es zwei unterschiedliche Gestalten, einerseits erscheint es als pharisäisches Pochen auf die eigene Gerechtigkeit (praesumptio), andrerseits als das radikale Verzweifeln des Judas an Gottes Gnade (desperatio)[120]. Ich möchte annehmen, daß Luther auch im Kleinen Katechismus diese zwiegesichtige Sünde gegen den Gottesgeist im Blick hatte.

Höchst sonderbar und vielleicht gerade in der gegenwärtigen Situation der Gottesfinsternis auch höchst bedenkenswert ist, daß Luther im Kleinen Katechismus diese abgründigen Dinge allein namentlich anspricht. Hierdurch werden gerade die jungen Schüler mit denjenigen Anfechtungen konfrontiert, welche nach dem Großen Katechismus nur die „starken Christen" betreffen, „so mit geistlichen Sachen ümbgehen"[121]. Der Reformator enthält auch den einfachen Menschen jene innersten Glaubesnöte nicht vor.

116 WA 30 I,16,27: „Impugnat quoque diffidentia, quod deus non sit misericors. Inde sequitur desperatio"; ebd. 49,27: „alles, was dich anficht, desperatio an Gotts Gnade, Mißglaube . . ."; ebd. 50,2: „da, ne cadam a fiducia in Mißglauben!"; ebd. 107,11: „Postea Satanae tentatio est, quando incredulitate, diffidentia impugnaris . . .".

117 BSLK 686,33–36.

118 So ist es BSLK 514,35 (KK); 687,4 (GK) übersetzt.

119 686,33 f.

120 WA 39 I,428,19 (2. Antinomer-Disp., 12. 1. 1538): „Et finalis praesumptio et finalis dubitatio utraque est peccatum in Spiritum sanctum"; WA 38,547,9: „Et sicut obstinatio est impoenitentia quaedam finalis tempore securitatis, id est in praesumptione et impugnatione, Sic impoenitentia finalis est obstinatio quaedam tempore angustiae, id est in desperatione et invidentia". Siehe die Ausführungen bei H.-M. Barth, Der Teufel und Jesus Christus, S. 130–144.

121 BSLK 687,44.

3. *Stufung der Anfechtungen nach der Trias der Verderbensmächte*

Freilich setzt Luther im Großen Katechismus nicht ein bei diesen letzten Geheimnissen des Glaubens, sondern schreitet vom Leichteren zum Schwereren vor, von demjenigen, was uns allen in die Augen springt, bis zu demjenigen, was im Alltagsgetriebe zumeist verdeckt bleibt. So wie der einzelne Mensch in seinem Leben erst hineinwächst in die unterschiedlichen Dimensionen menschlicher Schuld, so werden diese auch nacheinander in der Lehrpredigt entfaltet. Zunächst stoßen wir auf die Nöte unseres Fleisches; seine Begierden reizen und locken die Jugend. Sodann eröffnen sich uns die Anfechtungen der Welt; hier handelt es sich um die Probleme der Macht und des Ansehens; diese Verlockungen bedrängen den reifen Mann. Erst zuletzt erschließen sich uns die spezifischen Anfechtungen des Glaubens; in sie stürzt Satan diejenigen, welche mit Ernst Christen sein wollen[122]. So lernen wir nach und nach die Trias: Fleisch, Welt, Teufel kennen.

Hierbei tritt zugleich jeweils ein anderer Bezugshorizont unserer Existenz ins Blickfeld. Das Wort ‚Fleisch'[123] umschreibt unser Durchwaltetsein vom leiblich-sinnlichen Begehren; „denn im Fleisch wohnen wir und tragen den alten Adam am Hals"[124]. Das Symbol ‚Welt'[125] umspannt unser Hineinverflochtensein in die mitmenschliche Gesellschaft; in ihr wollen und müssen wir uns behaupten wie durchsetzen. Hier gilt: „Niemand will der Geringste sein, sondern obenan sitzen und vur jedermann gesehen sein"[126]. Die Chiffre ‚Satan'[127] greift vom Negativen aus hinein in

122 687,40–45. WA 30 I,16,35 (Kat.-Pred. vom 27. 5. 1528): „Iuventus habet maximam tentationem a carne, Virilis aetas a mundo, ea enim administrat rem domesticam. Qui spirituales sunt, spiritualibus tentationibus impugnantur".

123 Zum Fleisch siehe WA 9,158,7 (Auslegung und Deutung des Vaterunsers, 1517/18); WA 2,125,3–13 (Auslegung dt. des Vaterunsers, 1519); WA 6,17,31–18,7 (Eine kurze Form, das Paternoster zu verstehen, 1519); WA 7,228,1–11 (Eine kurze Form des Vaterunsers, 1520); WA 11,59,13–16 (Pred. über das Vaterunser vom 9./10. 3. 1523); WA 30 I,16,14–19; 49,31 f; 106,18–22 (Kat.-Predigten, 1528).

124 BSLK 686,7 (GK).

125 Zur Welt siehe WA 2,125,2 f.12–17 (Auslegung dt. des Vaterunsers, 1519); WA 6,18,7–15 (Eine kurze Form, das Paternoster zu verstehen, 1519); WA 7,228,11–20 (Eine kurze Form des Vaterunsers, 1520); WA 11,59,17 (Pred. über das Vaterunser vom 9./10. 3. 1523); WA 30 I,16,20–24; 49,32–34; 107,1–8 (Kat.-Predigten, 1528).

126 BSLK 686,24 (GK).

127 Zum Teufel siehe WA 9,156,37–157,9 (Auslegung und Deutung des Vaterunsers, 1517/18); WA 2,123,11–16 (Auslegung dt. des Vaterunsers, 1519); WA 6,18,16–19 (Eine kurze Form, das Paternoster zu verstehen, 1519); WA 7,228,20–25 (Eine kurze Form des Vaterunsers, 1520); WA 11,59,18–23 (Pred. über das Vaterunser vom 9./10. 3. 1523); WA 30 I,16,24–32; 49,34; 107,8–13 (Kat.-Predigten, 1528). Zur gesamten Trias vgl. die in Anm. 99 auf S. 100 zusammengestellte Literatur.

den Herzpunkt unserer Existenz, in unsere radikale Selbsttranszendierung; hier geht es um dasjenige, „was das Gewissen und geistliche Sachen betrifft“[128].

Dieses dreigesichtige Bezugsgefüge steht jedoch nicht still, es oszilliert ständig. In jedem Moment greift die Tiefendimension hinein in die vordergründigen Relationen; in jedem Moment steht deshalb unser gesamtes Sein auf dem Spiel. Sind wir doch etwa in unserer Sinnesexistenz schon hineinverflochten in die menschliche Gesellschaft. Das personale Gegenüber reizt und erregt die in uns schlummernden Lüste, so kann es leicht „auch ein unschüldigs Herz verwunden und entzünden“[129]. In der ‚Auslegung deutsch‘ ficht Luther hart gegen die „Reizung der Kleider und Geschmuck“[130] sowie gegen die Verlockung durch „Fabeln und Liedlin“[131]. Doch auch jene zwischenmenschlich-gesellschaftliche Dimension reicht nicht hin, um unsere Anfechtungen wirklich zu verstehen. Die unheimliche Macht Satans selber[132] bläst hinein in unser Fleisch und reizt uns zugleich von außen durch die Welt. Deshalb kann auch der Kampf gegen jene Versuchungen nicht allein auf der innerweltlichen Ebene durchgefochten werden; leibliche Askese und seelische Zucht sind hilfreich aber reichen nicht zu; wir müssen im unablässigen Gebet unsere Zuflucht zu Gott nehmen[133]. „Dann die bose Lust leschet niemand dann der himmelische Tau und Regen der gottlichen Gnaden; fasten aber und arbeiten, wachen muß, dabeisein, sind aber nit gnug“[134].

Wie die Anfechtung im Fleisch aus dem sechsten Gebot hinüberspielt ins erste, weil es im Ringen mit der Unkeuschheit letztlich um den Glaubensgehorsam geht, so wächst auch unser Bezug zur Welt, unsere politische Existenz im weitesten Sinne des Wortes, über sich selbst hinaus und tangiert das Gottesverhältnis. Will doch alle Welt hoch hinaus[135], will doch ein jeglicher sich selbst ins Zentrum rücken. Das aber widerstreitet dem Kerngebot selbstloser Gottes- wie Nächstenliebe. Indem wir unser Ich verteidigen und durchsetzen wollen, verleugnen wir denjenigen, der unter uns war wie ein Dienender[136]. So spielt die Ursünde der Selbstbe-

128 BSLK 686,29 (GK).

129 686,16. Vgl. 686,12–17 und WA 30 I,16,14–18 (Kat.-Pred. vom 27. 5. 1528).

130 WA 2,125,13.

131 Ebd. 125,5.

132 Dies wird ausgesprochen WA 9,158,6–8 (Auslegung und Deutung des Vaterunsers, 1517/18); WA 2,125,7–11 (Auslegung dt. des Vaterunsers, 1519); WA 30 I,16,16–18 (Kat.-Pred. vom 27. 5. 1528).

133 BSLK 688,22–29.

134 WA 2,125,24 (Auslegung dt. des Vaterunsers, 1519).

135 WA 30 I,16,20 (Kat.-Pred. vom 27. 5. 1528): „mundus will oben aus“; ebd. 107,2 (Kat.-Pred. vom 15. 12. 1528): „mundi natura, hoch embor, oben aus, nirgends an“.

136 Siehe hierzu Luthers Auslegungen von Phil 2,5–12, insbes. WA 2,147,19–150,31 (Sermo de duplici iustitia, 1519) und WA 17 II,237–245 (Fastenpostille, 1525).

hauptung wie Selbstdurchsetzung, der Ruhm- und Ehrsucht unmittelbar hinein in das erste Gebot glaubend-demütiger Selbstpreisgabe an den unsichtbaren Gott. Wo der Mensch vor der Welt auf sich selbst steht, tut er dies auch vor Gott; damit aber treibt er zwangsläufig der zwiegesichtigen Sünde gegen den Gottesgeist entgegen, er verfällt sachnotwendig dem ständigen Schwanken zwischen Hybris und Nemesis, zwischen Vermessenheit und Verzweiflung.

Die Anfechtungen vom Fleisch, von der Welt und vom Teufel her stehen also nicht nebeneinander. In einer echten Dynamik ficht uns mithilfe des Fleisches und der Welt zutiefst der alt-böse Feind selber an[137]. Wenn der Reformator schreibt, die Jugend werde „vurnehmlich vom Fleisch" angefochten, „was erwachsen und alt wird, von der Welt, . . . die starken Christen vom Teufel"[138], so deutet er zugleich auf einen sonderbaren ‚Fortschritt' im Glaubensgehorsam hin. Theologisch gesehen besteht dieser darin, daß in und hinter den kleinen und isolierten Verstößen gegen das zweite bis zehnte Gebot die große und alles zusammenschließende Ursünde gegen das erste Gebot sichtbar wird; anthropologisch betrachtet, besteht der ‚Fortschritt' darin, daß die Schuld ständig früher erkannt und sorgfältiger aufgespürt wird bis hinein in den Herzpunkt unserer Existenz. Aus dem Sinnesmenschen dringt sie vor in den Personkern und nistet sich ein in unserer Gottesrelation. Indem wir das totale Gewiesensein unseres ganzen Menschen auf Gott ständig bewußter leben, lassen wir die akthaften Verstöße gegen das zweite bis zehnte Gebot ein wenig hinter uns[139]; um so schmerzlicher wird uns unsere Urversklavung in der Gottesdimension bewußt. Aus den „anderen großen Schanden und Lastern"[140] heben sich der vermessene Unglaube und die totale Verzweiflung als die Urgefährdungen alles Menschseins heraus.

Wie wir hierdurch immer tiefer versammelt werden im personalen Herzpunkt unseres Glaubenslebens vor Gott, so tritt auch der Widersacher als eine personhafte Macht ständig näher an uns heran. Der Spielraum des scheinbar freien Willens geht verloren; das Vertrauen auf unsere Eigenmacht erweist sich als Illusion[141]. Unsere Rettung liegt nicht in uns selber; allein das Gebet weist uns auf den rechten Helfer hin. Jeglicher

137 BSLK 686,26–28.

138 687,41–45. WA 40 I,524,9 (Gal.-Komm., 1535): „Iuvenibus est fortis libido; In Sancto viro fortes blasphemia, murmuratio"; vgl. auch WATR 3,215 f, Nr. 3190, (K. Cordatus, Mai 1532).

139 WA 1,515,19 (Decem praecepta, 1518): „Ideo oculos, aures omnesque sensus intus et foris cohibemus, ne regnet peccatum in nobis, sed concupiscentiam nullus cohibere potest".

140 BSLK 514,36 (KK).

141 Vgl. ADAM, Die Herkunft des Lutherwortes vom menschlichen Willen als Reittier Gottes.

Gedanke an ein gewisses Verdienst des mit der Gottesgnade mitwirkenden freien Willens ist völlig ausgeschlossen.[142].

Diese Vertiefung im Verständnis unserer Anfechtungen spiegelt sich zugleich wider in Luthers Überlegungen zum Kampf gegen dieselben. Die kirchlichen Ausleger bis hin zum Reformator verharren alle mehr oder weniger im Schema der aus der Antike überkommenen Seelenpyramide[143]. Unser geisthaftes Herzzentrum soll die sinnlichen Begierden, welche aus unserer Leibesexistenz heraus gegen es anbranden, niederzwingen, hierzu bedient es sich der muthaften Willenskräfte. Zur dritten Bitte hatte Luther sich noch weithin im traditionellen Bildhorizont bewegt[144]. Hier zur sechsten Bitte vertieft er die Sicht der Zusammenhänge. Die Sünde dringt nicht mehr lediglich aus den Außenwerken unseres Fleisches gegen das Herzzentrum unserer geistig-sittlichen Existenz vor; vielmehr schießt in den eigentlichen Anfechtungen der Feind seine Giftpfeile in dieses Innerste unseres geisthaft-sittlichen Menschen selber[145]. Gegenüber den mehr von außen herangetragenen Anfeindungen wird die im Herzinnersten aufbrechende Anfechtung also verstanden als ein Versuchtwerden im Zentrum unserer sittlichen Person.

4. Der bleibende Kampf gegen die Sünde

In dieser gleichsam verschärften Situation gibt der Reformator die überkommene Unterscheidung zwischen der Versuchung, welche in uns aufbricht, und unserem Einwilligen in dieselbe in Gedanken, Worten und Werken dennoch nicht preis. Auch für ihn ist und bleibt es „viel ein ander Ding, Anfechtung fühlen und darein verwilligen oder Ja dazu sagen“[146]. Solange wir hier auf Erden leben, will Gott uns nicht aus den Anfechtungen herausnehmen; im ständigen Flehen um den Beistand des Gottesgei-

142 Vgl. BSLK 688,29–32 und WA 30 I,17,25–28 (Kat.-Pred. vom 27. 5. 1528).

143 Siehe hierzu PETERS, Reformatorische Rechtfertigungsbotschaft, S. 98–102. Eine interessante Verknüpfung zwischen dem anthropologisch-psychologischen Aspekt und der universal- hamartiologischen Dimension findet sich in einem Schema Luthers, WATR 4,546,1–4, Nr. 4853 (Sammlung Khummer, Juli 1543):

„Sanctificetur nomen tuum		rationabili		Daemones
Adveniat regnum tuum etc.	in	irascibili	contra	mundum
Fiat voluntas etc.		concupiscibili		carnem“.

144 Siehe oben S. 100–103.

145 BSLK 686,37–41; 688,15–19. WA 30 I,17,13 (Kat.-Pred. vom 27. 5. 1528): „Ideo tentationes sind eitel bose, giftige Pfeil vel carnis, mundi, diaboli, tui vicini“.

146 687,36.

stes dürfen und sollen wir die Versuchungen aber ständig niederhalten[147]. Im Anschluß an Röm 6,12 hat Luther mit aller Schroffheit und Sorgfalt den tiefgreifenden Unterschied zwischen der beherrschten und der herrschenden Sünde herausgearbeitet, zwischen dem „peccatum regnatum" und dem „peccatum regnans"[148]. Es ist die Grenzscheide zwischen Leben und Tod, Heil und Verderben, Segen und Fluch, Gott und Satan. Wo wir nicht im Seufzen des Gottesgeistes die fleischlichen Lüste, weltlichen Verführungen und satanischen Einflüsterungen niederkämpfen und unter unsere Füße treten, da sind wir vom Glauben abgefallen, da ist Gottes guter Geist von uns gewichen[149]. Ein Christ gibt dem satanischen Schlangenkopf der Reizungen nicht den geringsten fingerbreit Raum, er drängt ihn ständig durch das Gebet zurück. Insofern bleibt jene messerscharfe Scheidelinie: „Wir müssen Anfechtung leiden, ja darin sticken. Aber da bitten wir fur, daß wir nicht hineinfallen und darin ersaufen"[150]. Bis in unsere Sterbestunde hinein werden die Anfechtungen Satans nicht von uns weichen; Gott will, daß sie uns unablässig hineintreiben in den Gebetskampf. Insofern scheut auch Luther sich nicht zu sagen: Gott selber ordne uns die Versuchungen zu, daß sie uns im Glaubensgehorsam üben[151]. Hierin rezipiert auch der Reformator die zwiefache Sicht der Anfechtungen, wie sie im Anschluß an Augustin unermüdlich formuliert wurde; auch er unterscheidet zwischen der göttlichen „tentatio ad probationem" und der satanischen „tentatio ad deceptionem et perditionem"[152]. Der Satan ficht uns an, um uns zu überlisten und ins ewige Verderben zu stürzen; Gott gibt ihm Raum und hält doch zugleich seine gnädige Hand über uns, um uns zu erproben und im Glaubensgehorsam zu festigen. Doch bleibt auch diese Gegenüberstellung zwischen Widergott und Gott

147 WA 2,123,8 (Auslegung dt. des Vaterunsers, 1519): „O Vater unser, hilf uns, daß wir nit hineinfahren, das ist, daß wir nit drein vorwilligen und also uberwunden untergedruckt werden. Dann wer drein vorwilligt, der sundiget und wird der Sunden Gefangner"; zum Unterschied zwischen dem Erleiden und dem Bejahen der Anfechtungen siehe WA 30 I,16,37–17,37 (Kat.-Pred. vom 27. 5. 1528) und BSLK 687,45–688,4.

148 Die Unterscheidung zwischen dem „peccatum regnans" und dem „peccatum regnatum" ist vorgeprägt bei Petrus Lomb., Sent. II, dist. 32,2; zu Luthers Verständnis siehe etwa Hermann, Luthers These „Gerecht und Sünder zugleich", S. 65–68; Joest, Paulus und das lutherische Simul Iustus et Peccator, S. 310–320; Peters, Glaube und Werk, S. 156 f; Kösters, Luthers These „Gerecht und Sünder zugleich", bes. 1964, S. 206, Anm. 17.

149 Dies ist ausgesprochen in AS III (BSLK 448,25–29).

150 BSLK 687,33 (GK).

151 WA 2,125,37 (Auslegung dt. des Vaterunsers, 1519, zu Jak 1,2): die Anfechtungen „uben den Menschen und machen ihn in der Demut und Geduld vollkommen und Gotte behäglich als die aller liebsten Kinder"; WA 30 I,17,20 (Kat.-Pred. vom 27. 5. 1528): „Pater noster ergo vult, ut omni momento expectes tentationem".

152 Pseudo-Alkuin, Liber de div. officiis 40 (MPL 101,1268C/D); vgl. oben S. 163 die Texte in Anm. 30 und S. 167 Anm. 63.

noch umgriffen von der abgründigen Widerspannung zwischen dem Deus absconditus in majestate sua und dem Deus in carne Christi involutus[153]; diese in den Katechismen nicht angesprochene Aporie ruft uns hinein in die eschatologische Zuflucht vor Gott hin zu Gott; gilt es doch, mit dem Kanaanäischen Weib „das tiefe heimliche Ja unter und uber dem Nein mit festem Glauben auf Gottes Wort" zu ergreifen und festzuhalten[154].

Luthers Beitrag zum Verständnis der siebten Bitte

1. Die Spannung in der überlieferten Auslegung

Die letzte Bitte, welche die Auslegungen durchgehend recht stiefmütterlich behandeln, blickte ursprünglich streng auf die eschatologische Errettung aus dem weltweiten Zugriff der Todesgewalten und Chaosmächte. Doch bezog die kirchliche Auslegung zunehmend in diese Bitte unseren Erdenalltag mit seinen mannigfaltigen Nöten und Plagen, Übeln und Sorgen ein. Schon bei Cyprian wird sie verstanden als eine Zusammenfassung, welche „alle unsere Bitten und Anliegen in gedrängter Kürze in sich begreift"[155]. Bereits in der alten Kirche wird bei der Eucharistiefeier der Beschluß des Vaterunsers betend aufgenommen und erweitert. In den östlichen Liturgien umspannt dieser sogenannte Embolismus (diese Einlage) die beiden letzten Bitten; er lautet etwa: „(Ja, Herr, unser Gott), führe uns nicht in eine Versuchung, die wir nicht zu ertragen vermöchten, (sondern gib mit der Versuchung auch den Ausgang, daß wir bestehen können, und) erlöse uns von dem Bösen"[156]. In den abendländischen Liturgien wird regelmäßig nur die letzte Bitte aufgegriffen. Die gallischen Formulare entfalten den

153 Vgl. WA 18,685,5–29 (De servo arbitrio, 1525); WA 39 I,216,21–218,3 (Promotionsdisp. von Palladius u. Tilemann, 1. 6. 1537); WA 39 I,484,5–22 (4. Antinomerdisp., 12. 1. 1538); WA 42,291,37–296,29 (Gen.-Vorl., 1535–45).

154 WA 17 II,203,32 (Fastenpost. über Mt 15,21 ff, 1525).

155 Cyprian, De dom. oratione 27 (CSEL III,1, S. 287,5): „Post ista omnia in consummatione orationis venit clausula universae petitiones et preces nostras collecta brevitate concludens". Vgl. etwa auch die Regula Magistri (MPL 88,949C); Rhabanus Maurus, Comment. in Matth., lib. II (MPL 107,821A); Walafried Strabo, Glossa ord. Ev. Matth. (MPL 114,102D). Von den Reformatoren insbes. Melanchthon, Loci von 1559 (St.A., Bd. II,2, S. 680,30): „Petitio generalis est, quae petit liberationem ab omnibus miseriis et aerumnis huius vitae, a peccatis, a tyrannide Diaboli, a scandalis, a calamitatibus publicis et privatis".

156 Nach der syrischen Jakobusanaphora, zit. bei Jungmann, Missarum Sollemnia, Bd. 2, S. 352. Die Klammern deuten evtl. spätere Zusätze an.

schlichten Grundwortlaut: „Libera nos a malo, omnipotens Deus, et custodi in bono“[157]. Die römische Form erfleht die Befreiung von allen Übeln, den vergangenen, gegenwärtigen und zukünftigen, wobei die sittliche Dimension der Vergebungsbitte mitschwingt; sie erbittet den irdischen Frieden „in unseren Tagen“ und verweist auf die Fürbitte der vollendeten Heiligen[158]. Im hohen Mittelalter fügt man hier spezielle Notrufe und Bittantiphonen ein, welche sich schließlich zu ganzen Litaneien und Muttergottesantiphonen ausweiten; diese werden zunehmend zur Elevation der konsekrierten Abendmahlselemente gesungen[159]. Durch diese ständigen Erweiterungen vergrößert sich die Spannung zwischen dem ursprünglichen Skopus der letzten Bitte und ihrem mittelalterlichen Verständnis. Dies bringt eine starke Unsicherheit in die Auslegungen hinein.

Thomas von Aquin schildert ausführlich die mannigfaltigen Nöte und Übel, welche diese „generalis petitio“ einbeschließt[160]. Meister Eckehart rückt die „mala praeterrita“ ins Zentrum und deutet sie auf die von uns begangenen Sünden[161]. Bonaventura unterscheidet zwischen unseren Verschuldungen, unseren Nöten und der ewigen Pein[162]. Die bei Dibelius abgedruckten deutschsprachigen Auslegungen akzentuieren dagegen erneut den eschatologischen Skopus[163]; nach ihnen erflehen wir ein Dreifaches: Zutiefst und zuinnerst bitten wir darum, daß Gott uns nicht der ewigen Verdammnis und Höllenqual preisgebe, sondern uns sein Gnadenantlitz schauen lasse[164]. Dies hat auch der Kusaner nahezu ausschließlich im Blick[165]. Sodann bitten wir um eine möglichst kurze Pein im Läuterungsfeuer[166]. Aus diesem beiden erwächst die dritte Seite der Bitte:

157 Missale Gothicum, S. 133.

158 Nach JUNGMANN, Missarum Sollemnia, Bd. 2, S. 352–354.

159 Vgl. ebd., S. 361–363 und H. B. MEYER, Luther und die Messe, S. 273. So kann Luther schreiben: „... wie dann die heilige Kirche tut in den Litaneien“ (WA 6,18,30 = WA 7,229,9 - Eine kurze Form ...).

160 Thomas, In orat. dom. expositio, § 1102–1106; § 1102: „Et haec petitio est generalis contra omnia malis, scilicet peccata, infirmitates et afflictiones“.

161 Eckehart, Super oratione dominica, S. 17,9: „Nunc oramus liberari a malo, id est peccato iam commisso“.

162 Bonaventura, Expos. orat. dominicae 12, Sp. 654bf: „malum culpae, miseriae, poenae aeternae“.

163 DIBELIUS, Das Vaterunser, S. 162 f.164.175 („Daz sibent glid pringt dich mit vorchten in ain nothaftigen begerung, daz du uberig bist dez aller iemerlichen und dez grosten ubels, daz ist: schaiden von got; wenn anders ist kain ubel“).

164 Die streng eschatologische Ausrichtung ist vorgeprägt bes. bei Beda, In Matth. Ev. expositio, lib. I (MPL 92,33B) und Pseudo-Alkuin, Liber de div. officiis 40 (MPL 101,1269A).

165 Cusanus-Texte I, Predigten 6, S. 22,2–10; 84,8–17; 88,20–90,11; 120,5–16.

166 Bes. DIBELIUS, Das Vaterunser, S. 162.155.

Gott möge uns hier auf Erden die Übel, welche er uns als Strafe sowohl um der allen von Adam her überkommenen Erbschuld als auch um unserer besonderen Übertretungen willen auferlegt, nicht zum Verderben ausschlagen, sondern zur Läuterung gereichen lassen, daß wir durch sie „verdienen zu kommen zu dem Leben der Glorie“[167]. Es wird also mithilfe des Verdienstgedankens das Durchstehen derjenigen Nöte, welche Gott uns in diesem Erdenleben auferlegt, ausgerichtet auf die eschatologische Errettung.

2. *Luthers Deutung der inneren Spannung dieser Bitte*

In seinen frühen Vaterunser-Auslegungen behält der Reformator die eschatologische Orientierung der Bitte bei[168], freilich streift er alles ab, was nach Leistung oder Verdienst klingen könnte. Das Fegfeuer erwähnt er nur noch in der Zusammenfassung[169]. In der ‚Kurzen Form‘ ist es lediglich zur fünften Bitte genannt[170]. Die Kernspannung der Erlösungsbitte zwischen unserer eschatologischen Errettung und unserer irdischen Bewahrung bleibt jedoch auch bei ihm bestehen. Wie in den spätmittelalterlichen Auslegungen liegt das eigentliche Gewicht der Bitte auf unserem eschatologischen Hindurchdringen vor das Angesicht des gnädigen Vaters: „Erlöse uns, o Vater, von Deinem ewigen Zorn und der hellischen Pein. Erlöse uns von Deinem gestrengen Urteil im Tod und am Jüngsten Tage“[171]. Daneben treten unsere irdisch-leiblichen Nöte, welche anhand der Fürbittlitaneien aufgezählt werden: Wasser und Feuer, Blitz und Hagel, Hunger und Teuerungen, Krieg und Blutvergießen, Pestilenz und andere Krankheiten[172]. Auch für Luther sind dies primär Sündenstrafen, welche uns Gott auferlegt hat[173]. Der Tod wird zum Bindeglied zwischen der irdisch-leiblichen und der eschatologisch-geistlichen Dimension dieser Bitte, er tritt genau zwischen die Errettung aus jeglicher leiblichen Not und unserem Herausgerissenwerden aus Gottes ewigem Zorngericht.

167 Ebd., S. 163; vgl. ebd., S. 155.164.

168 WA 9,158,24–28 (Auslegung und Deutung des Vaterunsers, 1517/18) bietet eine Zusammenfassung der spätmittelalterlichen Deutungen.

169 WA 2,126,8 (Auslegung dt. des Vaterunsers, 1519).

170 WA 6,17,11 f = WA 7,227,12 f.

171 WA 6,18,31 = WA 7,229,10.

172 Der Reformator hat 1529 die überkommene Allerheiligenlitanei in einer lateinischen und deutschen Fassung neugestaltet; vgl. WA 30 III,1–42 (EKG 138) und DREWS, Litanei; SCHMIDT-CLAUSING, Art. Litanei (RGG³); FISCHER/FELLERER, Art. Litanei (LThK²).

173 Vgl. WA 2,130,3–6 (Auslegung dt. des Vaterunsers, 1519); WA 30 III,35b,44 ff; 41,23 (dt. Litanei, 1529).

Deshalb bittet Luther mit der Litanei: „Erlöse uns von dem schnellen gehenden[174] Tode“[175].

Luther polemisiert gegen das Vorherrschen dieser letzten Bitte; sie soll und darf unsere Blicke nicht derart ausschließlich auf die irdischen Nöte lenken, wie dies die spätmittelalterlichen Gebetseinschübe tun[176]. Zwar will auch der Reformator demjenigen, was die Litaneien breit entfalten, sein gewisses Recht keineswegs bestreiten, doch solle es an den ihm gebührenden Platz gerückt werden. Alles Flehen um unser irdisch-leibliches Wohl darf sich nicht an die erste Stelle drängen, sondern hat hier zur letzten Bitte seinen angemessenen Ort. Wie wir zur Gebetsvermahnung zeigten[177], kommt für Luther zunächst Gottes Ehre, danach die Errettung unserer Seele, zuletzt unser leibliches Wohlergehen. Von seiner ersten bis zur letzten Vaterunser-Deutung schärft der Reformator diese Ordnung ein, welche der Herr selber festgelegt hat: „Zum ersten sall man bitten, daß Gott in und durch uns moge gelobet werden, zum andern, daß wir mugen ahne Sunde leben, zum dritten, daß wir van dem Bosen entlediget werden“[178].

Indem sich Luther streng an jene Reihenfolge hält, droht freilich auch sein Blick zuletzt wiederum an den leiblichen Nöten hängenzubleiben. Auch bei ihm macht sich der Druck unseres Alltags bemerkbar, welcher die mittelalterlichen Einschübe entstehen ließ. Die Bitte büßt ihre eschatologische Ausrichtung ein und verengt sich auf Gottes bewahrendes Wirken in unserem Erdenalltag[179]. Dieser Wandel läßt sich vor allem in den Katechismuspredigten von 1528 und im Großen Katechismus beobachten[180]. Im Anschluß an die Tradition, welche mit Cyprian einsetzt[181], faßt

174 Es handelt sich um das Partizip des Verbs ‚jaehen‘ = eilen, welches zuweilen vom „standrechtlichen Verfahren“ oder auch bei einer „summarischen Rechtsvollstreckung“ gebraucht wird (nach WA 7,229, Anm. 1). Dieser Beiklang dürfte auch hier mitschwingen. In seiner deutschen Litanei gibt er die lateinische Bitte um Bewahrung „ab subitanea et improvisa morte“ (WA 30 III,37,16) wieder mit: „Für bösem schnellen Tod . . . Behüt uns lieber Herre Gott“ (WA 30 III,30,16).

175 WA 6,19,2 = WA 7,229,12 (Kurze Form . . .).

176 Nach H. B. Meyer, Luther und die Messe, S. 273 bat man etwa um Frieden, um Schutz vor Seuchen und Todesgefahr, um Gottes Segen für die Felder, um Hilfe für die Seelen der Verstorbenen.

177 Siehe oben S. 18–22; zu BSLK 690,3–10.

178 WA 9,159,9 (Auslegung und Deutung des Vaterunsers, 1517/18)

179 BSLK 689,43–690,2.

180 Dieser Wandel verstärkt sich noch im folgenden Jahr, als Luther angesichts der Türkengefahr und des Augsburgischen Reichstages die Litaneien für das Gebet der Gemeinde zurechtmacht. Unermüdlich mahnt er in den Schriften und Predigten von 1529 und 1530 zum Gebet; vgl. etwa WA 29,517,7–16; 518,6 f (Pred. über Mk 7,31 ff vom 15. 8. 1529); WA 29,595,10–13 (Pred. über Mt 18,23 ff vom 24. 10. 1529); WA 30 II,250; 346,1 (Vermahnung an die Geistlichen auf dem Reichstag zu Augsburg, 1530); WA 32,26,18–28,5 (Pred.

Luther das ‚Übel' so weit wie irgend möglich; es umspannt „alles, was einem schadet und weh tut"[182]; zugleich jedoch wird es gegenüber der Sünde, welche der Versuchung entspringt, abgegrenzt. Hierdurch wird die letzte Bitte von der vorletzten abgehoben. Wie sich die sechste Bitte stärker der fünften zuordnete, so schlägt die siebte den Bogen zurück zur vierten. Dies unterstreicht die Wendung des Kleinen Katechismus, welche in den Katechismuspredigten von 1528 sowie im Großen Katechismus lediglich indirekt vorgeprägt ist: „daß uns der Vater im Himmel von allerlei Ubel Leibs und Seele, Guts und Ehre erlöse"[183]. Hatte der Reformator früher zwischen dem „malum corporale et spirituale"[184] unterschieden oder umfassender die Erlösung „von allem Übel, beide leiblich und geistlich, zeitlich und ewiglich"[185], erfleht, so klingen im Kleinen Katechismus stärker die Stichworte der vierten Bitte an: Leib, Gut und Ehre. Luther hatte diese Chiffren bereits mit Leben gefüllt in seiner Deutung des fünften, siebten und achten Gebotes. Mit dem fünften Gebot errichtet der Herr eine „Ringmauer, Feste und Freiheit"[186] um den Leib unseres Nächsten; im siebten Gebot schützt er dessen „zeitlich Gut"[187], und im achten Gebot umhegt er dessen „Ehr und gute Gerücht"[188]. In dieser Zusammenstellung fehlt freilich die Seele; sie wird vom geistlichen

über Joh 8,46 ff vom 3. 4. 1530); WA 32,209,13–18 (Pred. über Mt 21,1 ff vom 27. 11. 1530); WA 32,233,3–10 (Pred. über Lk 21,25 ff vom 4. 12. 1530). Im Anschluß an die Litanei werden die Übel aufgezählt in Melanchthons Catechismus puerilis von 1532 (Reu, Quellen, Bd. I,II,2, S. 14,1–4) und ausführlich beschrieben in den Nürnberger Kinderpredigten (Reu, Quellen, Bd. I,1, S. 543,24–545,47).

181 Siehe die Texte bei Dibelius, Das Vaterunser, S. 110 f.

182 WA 30 I,50,15 (Kat.-Pred. vom 23. 9. 1528). Vgl. ebd. 108,2 (Kat.-Pred. vom 15. 12. 1528) und BSLK 690,9.

183 515,3. Diese Formulierung ist aufgegriffen in den Nürnberger Kinderpredigten (Reu, Quellen, Bd. I,1, S. 543,27) sowie in Dietenbergers Katechismus (Moufang, Kath. Katechismen, S. 75 f).

184 WA 30 I,50,13 (Kat.-Pred. vom 23. 9. 1528) und WA 11,59,25 (Pred. über das Vaterunser vom 9./10. 3. 1523).

185 WA 19,96,15 (Dt. Messe, 1526). Diese Wendungen entwickeln sich aus den gottesdienstlichen Einschüben (Embolismen) zum Vaterunser und prägen auch die Auslegungen; Walafried Strabo, Glossa ord. Ev. Matth. (MPL 114,102D): „A malo, omni, visibili et invisibili. Haec liberatio quotidie necessaria est, dum sine malo animae et corporis non vivitur, sed in fine complebitur, quando immortales et impassibiles erimus"; Abaelard, Expos. orat. dominicae (MPL 178,617B–618A), unterscheidet zwischen dem „malum corporis et animae", zwischen der „culpa" und der „poena", sowie zwischen dem „malum praesentis saeculi" und dem „malum futuri saeculi".

186 BSLK 607,6 (GK zum 5. Gebot).

187 616,13 (GK zum 7. Gebot).

188 624,30 (GK zum 8. Gebot). Die Seele steht neben dem Leib im ersten Artikel des Credo: „mir Leib und Seel gegeben hat" (BSLK 510,34 – KK). Schon in der ‚Auslegung deutsch', 1519 heißt es mit der Tradition „alle peinlich Ubel an Leib und Seel" (WA 2,126,8). Vgl. Dibelius, Das Vaterunser, S. 171: „das uns schedlych sy an lib und an sel und an gut".

und ewigen Übel betroffen und kommt deshalb neben dem Leib vor allem dort in den Blick, wo der Tod hervortritt[189]. Dies bestätigt der Titel eines Büchleins, welches zur Ars-moriendi-Literatur gehört: „Versehung Leib, Seel, Gut und Ehr“[190].

Diese vierfache Stoßrichtung der satanischen Angriffe deutet sich auch im Großen Katechismus an. Dort tritt neben die Armut als Verlust unseres Gutes die Schande als Verlust unserer Ehre[191], und neben den „Unfall und Schaden am Leib“[192] tritt der Tod in einer eigenartigen Doppelgestalt. Satan trachtet uns nach unserem Leben, er bricht manchem den Hals, er ersäuft etliche im Wasser; hier trifft uns der Tod gleichsam von unserem Leibesleben her. Satan bringt aber auch manchen „von Sinnen“ und treibt „viel dahin . . ., daß sie sich selbs ümbbringen“; hier gibt sich die Seele selber preis und läßt den Tod die Oberhand gewinnen[193].

So zentrieren sich letztlich doch alle zeitlichen Übel erneut im „bösen schnellen Tod“[194]. Hierin zeigt sich eine weitere Eigenart der Interpretation Luthers, hinter welcher das Alte Testament steht. Auch für den Reformator ist die *še'ol*, das Totenreich, nicht einfach ein jenseitiger Ort, sondern es ist primär ein Machtzentrum mit unheimlicher Strahlkraft. Die *še'ol* hat „etwas Offensives; sie drängt sich allenthalben in den Bereich der Lebenden hinein . . . Schwachheit, Krankheit, Gefangenschaft, Feindesnot sind schon eine Art von Tod“[195]. Der Mensch ist hier unendlich gefährdeter als die übrige Kreatur, weil er den Angriff des Todes in seinen tausendfältigen Gestalten nicht allein mit dem Leibe, sondern auch in Herz und Gewissen durchzustehen hat[196].

So greift die letzte Bitte doch wieder hinaus über den engen Horizont unserer leiblich-zeitlichen Nöte. Sie faßt die sechs vorhergehenden Bitten zusammen und wendet sich gegen alles, was uns daran hindert, daß Gottes Name unter uns geheiligt werde, sein Reich zu uns komme, sein

189 Vgl. LOHSE, Gesetz, Tod und Sünde in Luthers Auslegung des 90. Psalms.

190 Nach PREUSS, Das Frömmigkeitsmotiv in Luthers Tessaradekas und seine Wurzeln, S. 240.

191 689,19.

192 689,26.

193 689,22–31.

194 In den Litaneien steht freilich beides nebeneinander, die Bitte um Bewahrung vor dem „bösen schnellen Tod“ sowie vor dem „ewigen Tod“ (WA 30 III,30,16; 31,5; 37,16.22).

195 v. RAD, Theologie des AT's, Bd. 1, S. 385.

196 WA 30 I,18,5 (Kat.-Pred. vom 27. 5. 1528): „Nullum animal obnoxium est tot et tantis periculis corporis ut homo. Nullum tot habet experientias contra infirmitates et mortem!“ WA 40 III,513,6 (Enarr. Ps 90, 1534; zu Ps 90,2): „Ideo hoc ipso versu ostendit calamitatem humani generis infinitis modis esse maiorem quam omnium aliorum animalium, quae etsi moriunter, tamen non irascente deo. Eorum calamitas corporalis. Sed humana miseria, mors, ira est infinita et aeterna, quia creatura ad hoc creata, ut esset ‚similis deo‘ et haberet aeternam vitam et viveret Deo“.

Wille unter uns geschehe und wir unser täglich Brot im Frieden und mit gutem Gewissen essen können[197]. In dieser Zusammenfassung wird das Übel nicht egozentrisch, sondern theozentrisch verstanden. Weil Luther jene übergreifende Sicht im Sinn hat, deshalb schreibt er auch im Kleinen Katechismus: „Wir bitten in diesem Gebet als in der Summa"[198].

Wo Luther diese theozentrische Orientierung vollzieht, da tritt zugleich hinter dem Todesgeschick der Teufel als unser eigentlicher „Häuptfeind"[199] hervor, gegen welchen wir im gesamten Vaterunser beten. Die exegetische Beobachtung: „In graeco est Poniros ... Es lautet schier auf den Teufel"[200] verändert zugleich die Beurteilung des Übels. In den Katechismen denkt Luther nicht mehr wie in seinen frühen Auslegungen zunächst an die von Gott auferlegten Strafleiden, sondern an Satans vernichtende Angriffe[201]. Erschien der Teufel zur sechsten Bitte als lügnerischer wie verführerischer Versucher, so tritt er jetzt als Verderber allen Lebens hervor, als der „Totschläger" von Uranfang an[202]. Er steht letztlich hinter aller Mannigfaltigkeit der Übel; gegen ihn richten sich alle einzelnen Bitten des Vaterunsers.

Damit orientiert sich die letzte Bitte schließlich doch streng futurisch-eschatologisch: „Lieber Vater, hilf doch, daß wir des Unglücks alles los werden!"[203]. Dies erfolgt erst dort, wo wir aus Satans letztem Zugriff herausgerissen und in die ewige Gottesherrschaft hineingerettet werden[204]. Greift uns der Feind an durch die vielfältige Todesgestalt des Übels, so rettet uns Gott gerade durch diesen selben Tod hindurch ins Eschaton hinein. In den Katechismuspredigten von 1528 sowie im Großen Katechismus ist Luthers Blick stark gefangen von unserem alltäglichen Ringen gegen die Anläufe Satans. Jene Angriffe konzentrieren sich jedoch

197 BSLK 689,11–13.

198 515,2. WA 30 I,108,8 (Kat.-Pred. vom 15. 12. 1528): „Summa Summarum: Erlose uns vom Teufel, dann wird der Name Gottes wohl heilig werden, etc".

199 689,11.33.

200 WA 30 I,108,2 (Kat.-Pred. vom 15. 12. 1528); BSLK 689,4–7. Vgl. auch Erasmus, Precatio dominica, Sp. 1227C–1228A.

201 Siehe oben S. 28–34. Auch in seinen beiden Litaneien hat Luther im Unterschied zur ‚Kurzen Form' unsere Errettung aus dem Gotteszorn („ab ira tua") aus den spätmittelalterlichen Texten nicht aufgenommen (siehe Drews, Litanei, S. 42.24).

202 Joh 8,44; BSLK 689,23. Beide Aspekte verknüpft Luther miteinander in seiner Schrift ‚Vom Kriege wider die Türken', 1529 (WA 30 II,124,9–126,20); sie sind ausführlich entfaltet bei H.-M. Barth, Der Teufel und Jesus Christus, S. 129–153.

203 689,15.

204 Nürnberger Kinderpredigten (Reu, Quellen, Bd. I,1, S. 543,35): „... dann der Satan tobet und wutet in diesen letzten Zeiten mit seinem großen Zorn je länger je greulicher wider Gottis Volk, dieweil er weiß, daß er wenig Zeit hat auf Gottis Gericht und sein ewige Verdammnus".

im „bösen schnellen Tod“, in welchem wir unmittelbar ins ewige Verderben gestürzt werden.

Gegen diese unheimliche Gefahr richtet sich die Bitte des Kleinen Katechismus um das „selige Ende“[205]. Im bösen Tod sowie im seligen Sterben geht es um „unser Stündlin“[206], auf welches der im Vaterunser ausgefochtene Gebetskampf hindrängt. Hier steht alles auf des Messers Schneide. Der weltumspannende eschatologische Einbruch des Gottesreiches, das Herausgerissenwerden aus der Tyrannei Satans, im „Stündlein“ vollzieht es sich für einen jeden von uns. In seinen späteren Deutungen legt Luther deshalb erneut starkes Gewicht auf jenes Hindurchgerissenwerden vor das Gnadenantlitz des himmlischen Vaters[207]. Weil er das Übel nicht mehr als göttliches Strafurteil, sondern als Angriff der Todesgewalten anvisierte, verweist er auch nicht mehr auf Gottes ewiges Zorngericht oder auf die höllischen Strafen. Allein die Bitte, daß wir im Tode nicht vor dessen ewiger Tiefe erschrecken mögen, vielmehr unsere Seele in Gottes gütige Vaterhände befehlen, deutet jene Abgründe an[208]. Die Zusage des himmlischen Vaters steht im Mittelpunkt. Gott möge uns aus Gnaden in sein ewiges Königtum hindurchretten und uns aus dem Tal unserer irdischen Pilgerschaft emporführen auf die Höhen seiner himmlischen Heimat. Mit diesen Wendungen greift die letzte Bitte auf die Anrede des Vaterunsers zurück[209]. Gott unser Vater ist im Himmel, wir hier unten auf Erden, ferne von ihm im Elend der Fremdlingschaft und unter der Tyrannei der Chaosmächte; er möchte uns, seine Kinder, zu sich heimholen in das himmlische Vaterhaus.

So bewahrt das Vaterunser auch in dieser seiner Schlußbitte die eschatologische Dynamik; das heiße Flehen um den „lieben Jüngsten Tag“

205 515,6.

206 515,5.

207 WA 32,421,16 (Wochenpredigten zu Mt 6,5–15, 1532): „Und zum letzten, daß er uns endlich aus allem Unglück ganz und gar helfe und wenn die Zeit kommpt, daß wir sollen aus diesem Leben treten, ein gnädig selig Stündlin beschere“.

208 WA 35,465,1 = EKG 241,8 (Vaterunser-Lied): „Von allem Übel uns erlös / es sind die Zeit und Tage bös. / Erlös uns vom ewigen Tod / und tröst uns in der letzten Not. / Bescher uns auch ein seligs End / nimm unser Seel in Deine Händ“. WA 38,362,26 (Eine einfältige Weise zu beten, 1535): „... und wenn die Zeit kommpt, gib uns ein gnädiges Stündlin und seligen Abschied von diesem Jammertal, daß wir vur dem Tod nicht erschrecken noch verzagen, sondern mit festem Glauben unser Seelen in Deine Hände befehlen“; vgl. auch WA 37,392,4 f = WA 52,301,26–28 (Pred. über Joh 16,23 ff vom 10. 5. 1534). In diesen Wendungen klingt das Nachtgebet des frommen Juden an (Ps 31,6), das Sterbegebet Jesu (Lk 23,46), das Responsorium der Komplet und Luthers Sterbegebet.

209 WA 2,83,30 (Auslegung dt. des Vaterunsers, 1519): „Ach Vater, Du bist im Himmel; ich, Dein elend Kind, auf Erden, im Elend, weit von Dir, in aller Fährlichkeit, im Jammer und Not, under den Teufelen und großten Feinden und mancherlei Fährlichkeiten“; Regula Magistri (MPL 88,949C): „Ut qui in principio hujus orationis ostendit nobis per gratiam, Dominum Patrem audere dicere, iterum ipse in fine orationis a malo dignetur nos liberare“.

bleibt in ihm virulent[210]. Hat der Reformator auch ähnlich wie bei den Geboten und zum ersten Artikel den handfesten Alltag des ackerbautreibenden wie handwerkenden Kleinbürgers sorgfältig eingezeichnet in das Gebet des Herrn, so büßt dieses hierüber seinen eschatologischen Kampfaspekt keineswegs ein. Sehr konkret schildert Luther die Selbstverherrlichung des Schöpfers und Erretters über seiner Kreatur, welche durch den Satan unter das Todesgeschick versklavt ist. Hierin folgt der Reformator der altkirchlichen und mittelalterlichen Tradition. Stärker freilich als die meisten Ausleger vor ihm gründet er das Gebet ein in die weltweite Heilsoffenbarung Gottes des Vaters durch den Sohn im Heiligen Geist. Das dreifache reformatorische Solus – Christus allein, allein aus Gnaden, allein durch den Glauben – entläßt aus sich ein viertes Solus, allein durch das Gebet, ‚sola oratione'. Das Herrengebet, welches mehr ist als die ganze Welt[211] und in jeder einzelnen Bitte unser verstehendes Nachbuchstabieren unendlich übersteigt[212], will "ohn Unterlaß" in unserem Herzen gesprochen sein[213]. Mit seinen so unterschiedlichen Bitten umkreist es unermüdlich den „Articulus stantis et cadentis Ecclesiae". Es bezeugt: „Alle unser Schirm und Schutz" steht „allein in dem Gebete"[214].

210 Gebete um den „lieben Jüngsten Tag" finden sich bei Luther immer wieder, siehe etwa WA 23,452,24–33 (Von Herrn Lenhard Keiser ..., 1527); WA 30 II,148,26–29 (Vom Kriege wider die Türken, 1529); WA 30 II,197,20–25 (Eine Heerpredigt wider den Türken, 1529); WA 40 II,183,28–184,5 (Gal.- Komm., 1535); WA 41,318,7–19 (Pred. über Röm 8,18 ff vom 20. 6. 1535); WATR 2,23,23 ff, Nr. 1282; BSLK 414,1–8 (Vorrede zu AS); vgl. auch die Sterbegebete bei Preuss, Luther, S. 233–236, sowie die sorgfältige Zusammenstellung von Schulz, Außerliturgische Luthergebete; vgl. ferner den Kommentar, Bd. 2, S. 169 f.241 ff.

211 WATR 4,386,19, Nr. 4579 (A. Lauterbach, Mai 1539): „Oremus igitur! Dann das Vaterunser ist mehr dann die ganze Welt; singula verba sua emphasi excellunt totum mundum".

212 WATR 4,324,27–31, Nr. 4461 (A. Lauterbach, März 1539).

213 WATR 4,497,30, Nr. 4782 (Sammlung Khummer, 30er Jahre): „Er (der Teufel) weiß, daß mein Herz ohn Unterlaß betet: Vater unser, et tamen me saepe vexat de omissa oratione".

214 BSLK 669,18.

Literaturverzeichnis

ADAM, ALFRED: Die Herkunft des Lutherwortes vom menschlichen Willen als Reittier Gottes, in: LuJ 29 (1962), S. 25–34.

ADAM, ALFRED: Art. Teufel III, in: RGG³ VI, Sp. 707–710.

ADAM, ALFRED: Der Teufel als Gottes Affe, in: LuJ 28 (1961), S. 104–109.

ALBRECHT, OTTO: Der Kleine Katechismus D. Martin Luthers nach der Ausgabe vom Jahre 1536, Halle 1905.

ALTHAUS, PAUL: Die Ethik Martin Luthers, Gütersloh 1965.

ALTHAUS, PAUL: Forschungen zur evangelischen Gebetsliteratur, Hildesheim 1966.

ANER, KARL: Das Vaterunser in der Geschichte der evangelischen Frömmigkeit, Tübingen 1924.

APPEL, HELMUT: Anfechtung und Trost im Spätmittelalter und bei Luther, Leipzig 1938 (SVRG 165).

ASENDORF, ULRICH: Die Funktion der publica doctrina nach den lutherischen Bekenntnisschriften in den gegenwärtigen Kirchenordnungen und in der kirchlichen Praxis, in: Publica doctrina heute, Berlin 1969 (FuH 19), S. 28–53.

AUER, ALFONS: Art. Welt, in: LThK² X, Sp. 1026 f.

BACHMANN, PHILIPP: Zu Luthers Auslegung der 4. Bitte, in: Korrespondenzblatt für Bayern 23 (1898), S. 175–177.

BARDENHEWER, OTTO: Patrologie, Freiburg i. Br. 1910³.

BARTH, HANS MARTIN: Der Teufel und Jesus Christus in der Theologie Martin Luthers, Göttingen 1967.

BARTH, KD = BARTH, KARL: Die Kirchliche Dogmatik, Zürich 1932 ff.

BARTH, KARL: Das Vaterunser nach den Katechismen der Reformation, Zürich 1965.

BAUMGÄRTEL, FRIEDRICH: Art. σάρξ, in: ThWNT VII, S. 105–108.

BEHM, JOHANNES: Art. ἄρτος, in: ThWNT I, S. 475f.

BEINTKER, HORST: Die Bedeutung des Gebetes für Theologie und Frömmigkeit unter Berücksichtigung von Luthers Gebetsverständnis, in: NZSTh 6 (1964), S. 126–153.

BEINTKER, HORST: Die Überwindung der Anfechtung bei Luther, Berlin 1954.

BEINTKER, Leben im Gebet = BEINTKER, HORST: Zu Luthers Verständnis vom geistlichen Leben des Christen im Gebet, in: LuJ 31 (1964), S. 47–68.

BERGER, KLAUS: Die Amen-Worte Jesu. Eine Untersuchung zum Problem der Legitimation in apokalyptischer Rede, Berlin 1970.

BERTHEAU, CARL: Noch einmal die Lutherische Erklärung der vierten Bitte im Vaterunser, in: ThStKr 64 (1891), S. 161–171.
BERTRAM, GEORG: Art. ἁμαρτάνω, in: ThWNT I, S. 288–290.
BIETENHARD, HANS: Art. ὄνομα, in: ThWNT V, S. 242–283.
BILLERBECK, Kommentar = BILLERBECK, PAUL; STRACK, HERMANN LEBERECHT: Kommentar zum Neuen Testament aus Talmud und Midrasch, München 1956².
BÖDECKER, KARL (Hg): Altenglische Dichtungen, Berlin 1878 (BFChTh 45,2).
Bonaventura: Commentarius in Evangelium S. Lucae, in: S. Bonaventurae Opera Omnia, ed. Studio et Cura PP. Collegii a S. Bonaventura, Tomus VII, S. 1–604.
BONHOEFFER, DIETRICH: Versuchung, München 1954².
BONHOEFFER, DIETRICH: Widerstand und Ergebung, München 1959.
BORNKAMM, HEINRICH: Luthers Lehre von den zwei Reichen im Zusammenhang seiner Theologie, Gütersloh 1958 (= ARG 49 (1958), S. 26–50).
BRANDENBURG, ALBERT: Martin Luther gegenwärtig, München 1969.
BRIGHTMAN, Liturgies = BRIGHTMAN, FRANK E.: Liturgies Eastern and Western, Bd. 1: Eastern liturgies, Oxford 1896 (Neudr. 1965).
BROWE, PETER: Die eucharistischen Wunder des Mittelalters, Breslau 1938.
BRUNSTÄD, Theol. d. BS = BRUNSTÄD, FRIEDRICH: Theologie der lutherischen Bekenntnisschriften, Gütersloh 1951.
BÜHLER, PAUL: Die Anfechtung bei M. Luther, Zürich 1942.
BULTMANN, RUDOLF: Art. ἀφίημι, in: ThWNT I, S. 506–509.
Calvin, OS = Calvin, Johannes: Opera selecta, hg. v. P. BARTH und W. NIESEL, München 1926–36.
Calvin, Johannes: Unterricht in der christlichen Religion (nach der letzten Ausg. übersetzt u. bearb. v. O. WEBER), Neukirchen 1986⁴.
CHASE, FREDERIC HENRY: The Lord's Prayer in the Early Church, Cambridge 1891 (TaS 1,3).
Constitutio de Sacra Liturgia des zweiten Vatikanischen Konzils, in: LThK² Suppl.-Bd. 1, S. 14–109.
CONZELMANN, HANS: Art. Reich Gottes, in: RGG³ V, Sp. 914–918.
CREMER, HERMANN: Die christliche Lehre von den Eigenschaften Gottes, hg. v. E. CREMER, Gütersloh 1917².
Cusanus-Texte I, Predigten 6: Die Auslegung des Vaterunsers in vier Predigten, hg. v. J. KOCH und H. TESKE, Heidelberg 1940 (SHAW.PH 1938/39, 4. Abhandlung).
DALMAN, GUSTAF: Jesus-Jeschua, Leipzig 1922.
DALMAN, GUSTAF: Die Worte Jesu, Bd. 1, Leipzig 1898 (1930²).
DELLING, GERHARD: Art. ἡμέρα, in: ThWNT II, S. 949–956.
DIBELIUS, OTTO: Das Vaterunser. Umrisse einer Geschichte des Gebets in der alten und mittleren Kirche, Gießen 1903.
DINGERMANN, FRIEDRICH: Art. Übel, in: LThK² X, Sp. 429 f.
DÖRRIES, HERMANN: Mönchtum und Arbeit, in: DERS., Wort und Stunde, Bd. 1, Göttingen 1966, S. 277–301.
DÖRRIES, HERMANN: Die Vita Antonii als Geschichtsquelle, in: DERS., Wort und Stunde, Bd. 1, Göttingen 1966, S. 145–224.
DREWS, Litanei = DREWS, PAUL: Beiträge zu Luthers liturgischen Reformen I:

Luthers lateinische und deutsche Litanei von 1529, Tübingen 1910 (Stud. zur Geschichte des Gottesdienstes und des gottesdienstlichen Lebens 4).
DS = DENZINGER, HENRICUS; SCHÖNMETZER, ADOLFUS (Hg.): Enchiridion Symbolorum, Freiburg i. Br. 1976³⁶.
DUCHROW, ULRICH: Christentum und Weltverantwortung. Traditionsgeschichte und systematische Struktur der Zwei-Reiche-Lehre, Stuttgart 1970.
DÜSTERDIECK, FR.: Sprachliches zu der Lutherischen Erklärung der vierten Bitte, in: ThStKr 63 (1890), S. 592–596.
EBELING, AUGUST: Die vierte Bitte des Vaterunsers in Luthers Kleinem Katechismus, in: ThStKr 71 (1898), S. 171–182.
EBELING, GERHARD: Jesus und Glaube, in: ZThK 55 (1958), S. 64–110.
EBELING, GERHARD: Luther. Einführung in sein Denken, Tübingen 1964.
Eckehart: Super oratione Dominica, hg. v. R. KLIBANSKY, Leipzig 1934.
Erasmus: Precatio dominica, in: ders.: Opera Omnia, Tom. 5, Leiden 1704, Sp. 1219–1228.
FAGERBERG, HOLSTEN: Die Theologie der lutherischen Bekenntnisschriften von 1529–1537, Göttingen 1965.
FICHTNER, JOHANNES: Art. Fleisch und Geist, in: RGG³ II, Sp. 974–976.
FIEBIG, PAUL: Das Vaterunser, Gütersloh 1927.
FISCHER, BALTHASAR; FELLERER, KARL GUSTAV: Art. Litanei, in: LThK² VI, Sp. 1075–1078.
FISCHER, E.: Luther und das Vaterunser, in: DEBl 30 (1905), S. 35–65.
FOERSTER, WERNER: Art. διάβολος, in: ThWNT II, S. 70–71.74–80.
FOERSTER, WERNER: Art. ἐπιούσιος, in: ThWNT II, S. 587–595.
FOERSTER, WERNER: Art. σατανᾶς, in: ThWNT VII, S. 151–164.
FRIES, HEINRICH: Art. Reich Gottes, in: LThK² VIII, Sp. 1115–1117.
FUCHS, ERNST: Art. σήμερον, in: ThWNT VII, S. 269–274.
GAECHTER, PAUL: Das Matthäus-Evangelium. Ein Kommentar, Innsbruck, Wien, München 1962.
GALLING, KURT: Art. Reich Gottes, in: RGG³ V, Sp. 912–914.
GENSICHEN, HANS-WERNER: Art. Luthertum IV (Mission im Luthertum), in: RGG³ IV, Sp. 546–548.
GIRGENSOHN, HERBERT: Katechismus-Auslegung Bd. 1, Witten 1956.
GLOEGE, GERHARD: Art. Heilsratschluß, in: RGG³ III, Sp. 190–192.
GLOEGE, GERHARD: Art. Reich Gottes, in: RGG³ V, Sp. 924–929.
GLOEGE, GERHARD: Art. Welt, in: RGG³ VI, Sp. 1595–1603.
GLOEGE, GERHARD: Mythologie und Luthertum. Recht und Grenze der Entmythologisierung, Göttingen 1963³.
GLOEGE, GERHARD: Zur Rechtfertigungslehre der Augsburgischen Apologie, in: MPTh 45 (1956), S. 205–214 = DERS.: Verkündigung und Verantwortung. Theologische Traktate, Bd. 2, Göttingen 1967, S. 27–39.
GOLDAMMER, KURT: Aus den Anfängen evangelischen Missionsdenkens: Kirche, Amt und Mission bei Parazelsus, in: EMZ 4 (1943), S. 42–71.
VON DER GOLTZ, EDUARD Frhr.: Das Gebet in der ältesten Christenheit, Leipzig 1901.
GREEVEN, HEINRICH: Gebet und Eschatologie im Neuen Testament, Gütersloh 1931.

GRUNDMANN, WALTER: Art. ἁμαρτάνω, in: ThWNT I, S. 290–295.299–320.
GRUNDMANN, WALTER: Das Evangelium nach Lukas, Berlin 1961² (ThHK 3).
GRUNDMANN, WALTER: Das Evangelium nach Matthäus, Berlin 1968 (ThHK 1).
HARDELAND, Katechismusgedanken = HARDELAND, AUGUST: Luthers Katechismusgedanken in ihrer Entwicklung bis zum Jahre 1529, Gütersloh 1913.
HARDER, GÜNTHER: Art. πονηρός, in: ThWNT VI, S. 546–566.
HASAK, VINCENZ (Hg.): Die Himmelstrasse, oder: Die Evangelien des Jahres in Erklärungen für das christliche Volk nach deutschen Plenarien aus der Zeit 1500, Regensburg 1882.
HASLER, VICTOR: Amen. Redaktionsgeschichtliche Untersuchungen zur Einführungsformel der Herrenworte: „Wahrlich ich sage euch", Zürich 1969.
HAUCK, FRIEDRICH: Art. ὀφείλω, in: ThWNT V, S. 559–565.
HECKEL, JOHANNES: Im Irrgarten der Zwei-Reiche-Lehre. Zwei Abhandlungen zum Reichs- und Kirchenbegriff Martin Luthers, München 1957 (TEH NF 55).
HEILER, FRIEDRICH: Das Gebet, München 1923⁵.
HERMANN, FERDINAND: Symbolik in den Religionen der Naturvölker, Stuttgart 1961.
HERMANN, RUDOLF: Luthers These „Gerecht und Sünder zugleich", Neudr. Darmstadt 1960.
HERMANN, RUDOLF: Das Verhältnis von Rechtfertigung und Gebet nach Luthers Auslegung von Röm 3 in der Römerbriefvorlesung, in: ZSTh 3 (1926), S. 603–647 (= DERS.: Ges. Stud. zur Theologie Luthers und der Reformation, Göttingen 1960, S. 11–43).
HERMANN, JOHANNES: Der alttestamentliche Urgrund des Vaterunsers, in: Festschrift Otto Procksch, hg. v. A. ALT u. a., Leipzig 1934, S. 71–98.
HOFMANN, RUDOLF: Art. Versuchung, in: LThK² X, Sp. 745–747.
HOLL, KARL: Luther und die Mission, in: DERS., Ges. Aufs. zur Kirchengeschichte, Bd. 3, Tübingen 1928, S. 234–243.
HOLL, KARL: Luther und die Schwärmer, in: DERS., Ges. Aufs. zur Kirchengeschichte, Bd. I: Luther, Tübingen 1923^2/3, S. 420–467.
HOLSTEN, WALTER: Reformation und Mission, in: ARG 44 (1953), S. 1–32.
HOLTZ, GOTTFRIED: D. M. Luthers Großer Katechismus, Berlin 1962⁴.
HORST, FRIEDRICH: Art. Teufel II, in: RGG³ VI, Sp. 705–707.
JACOB, GÜNTER: Die Übung der Meditation bei Luther, in: DERS., Kirche auf Wegen der Erneuerung, Ges. Aufs. aus drei Jahrzehnten, Berlin 1966, S. 153–161.
JASPERS, KARL: Einführung in die Philosophie, München 1953.
JASPERS, KARL: Erwiderung auf Rudolf Bultmanns Antwort, in: K. JASPERS/R. BULTMANN, Die Frage der Entmythologisierung, München 1954, S. 77–117.
JEREMIAS, JOACHIM: Abba, in: DERS., Abba. Studien zur neutestamentlichen Theologie und Zeitgeschichte, Göttingen 1966, S. 15–67.
JEREMIAS, JOACHIM: Kennzeichen der ipsissima vox Jesu, in: DERS.: Abba. Studien zur neutestamentlichen Theologie und Zeitgeschichte, Göttingen 1966, S. 145–152.
JEREMIAS, JOACHIM: Das tägliche Gebet im Leben Jesu und in der ältesten Kirche, in: DERS., Abba. Studien zur neutestamentlichen Theologie und Zeitgeschichte, Göttingen 1966, S. 67–80.
JEREMIAS, JOACHIM: Unbekannte Jesusworte, Gütersloh 1963³.

Jeremias, Joachim: Das Vater-unser im Lichte der neueren Forschung, Stuttgart 1962 (1965³) (CwH 50) (wieder abgedr. in: Ders., Abba. Studien zur neutestamentlichen Theologie und Zeitgeschichte, Göttingen 1966, S. 152–171).
Joest, Wilfried: Paulus und das lutherische Simul Iustus et Peccator, in: KuD 1 (1955), S. 269–320.
Jordahn, Bruno: Luther und das gottesdienstliche Gebet, in: Luther 33 (1962), S. 116–127.
Jungmann, Josef Andreas: Christliches Beten in Wandel und Bestand, München 1969.
Jungmann, Josef Andreas: Missarum sollemnia. Eine genetische Erklärung der römischen Messe, 2 Bde., Freiburg 1958⁴.
Jungmann, Josef Andreas: Die Stellung Christi im liturgischen Gebet, Münster 1962².
Kamlah, Wilhelm: Christentum und Geschichtlichkeit, Stuttgart 1951².
Kant, Immanuel: Die Religion innerhalb der Grenzen der bloßen Vernunft, hg. v. K. Vorländer, Hamburg 1956⁶.
Kasch, Wilhelm F.: Art. ῥύομαι, in: ThWNT VI, S. 999–1004.
Kelber, Karl: Das Vaterunser nach Luthers Auslegung, in: KatZs 6 (1903), S. 20 f.83–86.131–135.194–199.224–228.255–259.304–308.357–361.394–397.
Kern, Walter: Art. Übel, in: LThK² X, Sp. 430–435.
Kinder, Ernst: Der evangelische Glaube und die Kirche, Berlin 1958.
Kleinknecht, Hermann Martin: Art. βασιλεία, in: ThWNT I, S. 562 f.
Knoke, Karl: Die katechetische Einleitung in Luthers Kleinen Katechismus und die katechetische Überleitung vom 2. zum 3. Hauptstück in ihm, in: Päd. Blätter 26 (1897), S. 692–710.
Knolle, Theodor: Luthers Reform der Abendmahlsfeier in ihrer konstitutiven Bedeutung, in: Schrift und Bekenntnis. FS für S. Schöffel, hg. v. V. Herntrich u. a., Hamburg 1950, S. 88–105.
Köberle, Adolf: Art. Versuchung, in: RGG³ VI, Sp. 1385 f.
Köberle, Adolf: Die Stunde der Versuchung. Von der Gefährdung des Menschen durch das Geheimnis des Bösen, Hamburg 1958.
Koch, Klaus: Sdq im Alten Testament. Eine traditionsgeschichtliche Untersuchung, Diss. Heidelberg 1953.
Kolde, Dietrich: Der Christenspiegel des Dietrich Kolde von Münster, hg. v. C. Drees, Werl (Westph.) 1954 (FrFor T. IX).
Kösters, Reinhard: Luthers These „Gerecht und Sünder zugleich“. Zu dem gleichnamigen Buch von R. Hermann, in: Cath(M) 18 (1964), S. 48–77.193–217; 19 (1965), S. 136–160.210–224.
Krebs, Engelbert: Art. Teufel, in: LThK² X, Sp. 4 f.
Kuhn, Karl Georg: Achtzehngebet und Vaterunser und der Reim, Tübingen 1950 (WUNT 1).
Kuhn, Karl Georg: Art. ἅγιος, in: ThWNT I, S. 97–101.
Kuhn, Karl Georg: Art. βασιλεία, in: ThWNT I, S. 570–573.
Kuhn, Karl Georg: πειρασμός-ἁμαρτία – σάρξ im Neuen Testament und die damit zusammenhängenden Vorstellungen, in: ZThK 49 (1952), S. 200–222.
Lackmann, Max: Zur reformatorischen Rechtfertigungslehre, Stuttgart 1953.
Lerfeldt, Svend: Den kristnes kamp. Mortificatio carnis, Kopenhagen 1949.

LIEBERG, HELLMUT: Amt und Ordination bei Luther und Melanchthon, Göttingen 1962.
LOCHER, GOTTFRIED W.: „Das vornehmste Stück der Dankbarkeit", in: EvTh 17 (1957), S. 563–578 (= Handbuch zum Heidelberger Katechismus, hg. v. L. COENEN, Neukirchen 1963, S. 171–185).
v. LOEWENICH, WALTHER: Gebet und Kreuz, in: Luther 9 (1927), S. 3–13.
LOHMEYER, ERNST: Das Abendmahl in der Urgemeinde, in: JBL 56 (1937), S. 217–252.
LOHMEYER, ERNST: Das Vater-unser, Göttingen 1946 (1962^5).
LOHMEYER, ERNST: Das Vaterunser als Ganzheit, in: ThBl 17 (1938), S. 217–227.
LOHSE, BERNHARD: Gesetz, Tod und Sünde in Luthers Auslegung des 90. Psalms, in: Leben angesichts des Todes, FS für H. Thielicke, Tübingen 1968, S. 138–155.
LOHSE, BERNHARD: Lutherdeutung heute, Göttingen 1968.
LUDOLPHY, INGETRAUT: Luther als Beter, in: Luther 33 (1962), S. 128–141 (= DIES., Was Gott an uns gewendet hat. Lutherstudien, Berlin 1965, S. 63–80).
MANSON, THOMAS WALTER: The Lord's Prayer, in: BJRL 38 (1955/56), S. 99–113.436–488.
MAURER, Lehre von den drei Hierarchien = MAURER, WILHELM: Luthers Lehre von den drei Hierarchien und ihr mittelalterlicher Hintergrund, München 1970.
MAURER, WILHELM: Luther und die Schwärmer, in: DERS., Kirche und Geschichte, Ges. Aufs. Bd. 1: Luther und das evangelische Bekenntnis, hg. v. E.-W. KOHLS; G. MÜLLER, Göttingen 1970, S. 103–133.
MAURER, WILHELM: Reformation und Mission, in: DERS., Kirche und Geschichte, Ges. Aufs. Bd. 1: Luther und das evangelische Bekenntnis, hg. v. E.-W. KOHLS; G. MÜLLER, Göttingen 1970, S. 159–176.
MCSORLEY, HARRY J.: Luthers Lehre vom unfreien Willen, München 1967.
Melanchthon, St.A. = Melanchthons Werke (Studienausgabe), Gütersloh 1951–75.
MENSCHING, GUSTAV: Art. Teufel I, in: RGG^3 VI, Sp. 704 f.
METZ, JOHANNES B.: Art. Welt, in: $LThK^2$ X, Sp. 1023–1026.
MEYER, HANS BERNHARD: Die Elevation im deutschen Mittelalter und bei Luther, in: ZKTh 85 (1963), S. 162–217.
MEYER, HANS BERNHARD: Luther und die Messe, Paderborn 1965.
MEYER, Hist. Komm. = MEYER, JOHANNES: Historischer Kommentar zu Luthers Kleinem Katechismus, Gütersloh 1929.
MEYER, RUDOLF: Art. σάρξ, in: ThWNT VII, S. 109–118.
MGP XX–XXIII = COHRS, FERDINAND (Hg.): Die evangelischen Katechismusversuche vor Luthers Enchiridion, Bd. 1–4, Berlin 1900 f (= Monumenta Germaniae Paedagogica, hg. v. K. KEHRBACH, Bd. XX–XXIII).
Missale Gothicum. A Gallican sacramentary., ed. by H. M. BANNISTER, Bd. 1, London 1917.
MODALSLI, OLE: Das Gericht nach den Werken, Göttingen 1963.
MORIN, Sermones = MORIN, GERMANUS (Hg.): S. Augustini Sermones post Maurinos reperti, Rom 1930.
MOUFANG, CHRISTOPH (Hg.): Katholische Katechismen des sechzehnten Jahrhunderts in deutscher Sprache, Mainz 1881, Neudr. Hildesheim 1964.

MPG = Patrologie cursus completus. Accurante J.-P. MIGNE. Series Graeca, Paris 1857–1866.
MPL = Patrologie cursus completus. Accurante J.-P. MIGNE. Series Latina, Paris 1841–1855.
MÜLHAUPT, Ev.-Auslegung = MÜLHAUPT, ERWIN (Hg.): D. M. Luthers Evangelien-Auslegung, Göttingen 1954².
MÜLHAUPT, Ps.-Auslegung = MÜLHAUPT, ERWIN (Hg.): D. M. Luthers Psalmen-Auslegung, Göttingen 1959–65.
MÜLLER, HUGO L.: Art. Teufel, in: LThK² X, Sp. 1.
MUSSNER, FRANZ: Art. Welt, in: LThK² X, Sp. 1021–1023.
NEUDECKER, CHRISTIAN GOTTHOLD: Die handschriftliche Geschichte Ratzebergers über Luther und seine Zeit, Jena 1850.
NILSSON, KJELL OVE: Simul. Das Miteinander von Göttlichem und Menschlichem in Luthers Theologie, Göttingen 1966.
OBENDIEK, HARMANNUS: Der Teufel bei M. Luther, Berlin 1931.
PAX, ELPIDIUS: Art. Reich Gottes, in: LThK² VIII, Sp. 1109 f.
PESCH, OTTO HERMANN: Existentielle und sapientiale Theologie, in: ThLZ 92 (1967), Sp. 731–742.
PESCH, OTTO HERMANN: Der hermeneutische Ort der Theologie bei Thomas von Aquin und M. Luther und die Frage nach dem Verhältnis von Philosophie und Theologie, in: ThQ 146 (1966), S. 159–212.
PESCH, Rechtf. bei Luther u. Thomas = PESCH, OTTO HERMANN: Die Theologie der Rechtfertigung bei M. Luther und Thomas von Aquin, Mainz 1967.
PETERS, ALBRECHT: Glaube und Werk. Luthers Rechtfertigungslehre im Lichte der Heiligen Schrift, Berlin 1967².
PETERS, ALBRECHT: Luther und die existentiale Interpretation, in: LM 4 (1965), S. 466–473.
PETERS, ALBRECHT: Reformatorische Rechtfertigungsbotschaft zwischen tridentinischer Rechtfertigungslehre und gegenwärtigem evangelischen Verständnis der Rechtfertigung, in: LuJ 31 (1964), S. 77–128.
PETERS, ALBRECHT: Sakrament und Ethos nach Luther, in: LuJ 36 (1969), S. 41–79.
PETTAZONI, RAFFAELE: The allknowing God, London 1956; deutsch: Der allwissende Gott. Zur Geschichte der Gottesidee, Frankfurt a. M., Hamburg 1960.
PFÜRTNER, STEPHANUS: Luther und Thomas im Gespräch, Heidelberg 1961.
PHILIPP, WOLFGANG: Art. Teufel IV, in: RGG³ VI, Sp. 710–712.
PINOMAA, LENNART: Der existentielle Charakter der Theologie Luthers, Helsinki 1950.
PINOMAA, LENNART: Der Zorn Gottes in der Theologie Luthers, Helsinki 1938.
PRENTER, REGIN: Spiritus Creator, München 1954.
PREUSS, HANS: Das Frömmigkeitsmotiv in Luthers Tessaradekas und seine Wurzeln, in: NKZ 26 (1915), S. 217–243.
PREUSS, HANS: M. Luther, der Christenmensch, Gütersloh 1942.
PROCKSCH, OTTO: Art. ἅγιος, in: ThWNT I, S. 87–97.101–116.
QUELL, GOTTFRIED: Art. ἁμαρτάνω, in: ThWNT I, S. 267–288.
QUELL, GOTTFRIED: Art. πατήρ, in: ThWNT V, S. 959–974

v. RAD, GERHARD: Art. βασιλεία, in: ThWNT I, S. 563–569.
v. RAD, GERHARD: Art. διάβολος, in: ThWNT II, S. 71–74.
v. RAD, GERHARD: Art. ἡμέρα, in: ThWNT II, S. 945–949.
v. RAD, GERHARD: Art. οὐρανός, in: ThWNT V, S. 501–509.
v. RAD, GERHARD: Theologie des Alten Testaments, München 1958².
RAHNER, KARL: Art. Heilswille Gottes, in: LThK² V, Sp. 165–168.
RAHNER, KARL: Art. Teufel, in: LThK² X, Sp. 4.
RENGSTORF, KARL HEINRICH: Art. ἁμαρτωλός, in: ThWNT I, S. 320–339.
REU, Quellen = REU, Johann Michael (Hg.): Quellen zur Geschichte des kirchlichen Unterrichts in der evangelischen Kirche Deutschlands zwischen 1530 und 1600, Gütersloh 1904 ff.
RITSCHL, Rechtfertigung = RITSCHL, ALBRECHT: Die christliche Lehre von der Rechtfertigung und Versöhnung, Bonn 1889³.
RITSCHL, Unterricht = RITSCHL, ALBRECHT: Unterricht in der christlichen Religion, Bonn 1903⁶.
ROST, GERHARD: Der Prädestinationsgedanke in der Theologie M. Luthers, Berlin 1966.
SASSE, HERMANN: Art. γῆ, in: ThWNT I, S. 676–680.
SASSE, HERMANN: Art. κόσμος, in: ThWNT III, S. 867–896.
SCHÄFERDIEK, KNUT: Art. σατανᾶς, in: ThWNT VII, S. 164 f.
SCHLATTER, ADOLF: Der Evangelist Matthäus, Stuttgart 1948³ (1963⁶).
SCHLEIERMACHER, FRIEDRICH: Predigten, Bd. IV, Berlin 1844.
SCHLEIERMACHER, Glaubenslehre = SCHLEIERMACHER, FRIEDRICH: Der christliche Glaube nach den Grundsätzen der Evangelischen Kirche im Zusammenhang dargestellt, hg. v. M. REDEKER, 2 Bde., Berlin 1960⁷.
SCHLIER, HEINRICH: Art. ἀμήν, in: ThWNT I, S. 339–342.
SCHLIER, HEINRICH: Art. παρρησία, in: ThWNT V, S. 869–884.
SCHLIER, HEINRICH: Art. Übel, in: LThK² X, Sp. 430.
SCHLINK, EDMUND: Die Struktur der dogmatischen Aussage als ökumenisches Problem, in: KuD 3 (1957), S. 251–306 (wieder abgedr. in: DERS., Der kommende Christus und die kirchlichen Traditionen. Beiträge zum Gespräch zwischen den getrennten Kirchen, Göttingen 1961, S. 24–79).
SCHLINK, Theol. d. BS = SCHLINK, EDMUND: Theologie der lutherischen Bekenntnisschriften, München 1948.
SCHMID, JOSEF: Art. Sarx, in: LThK² IX, Sp. 335–339.
SCHMIDT, ERNST WALTER: Luther und das Bittgebet, in: Luther 40 (1969), S. 1–12.
SCHMIDT, KARL LUDWIG: Art. βασιλεία, in: ThWNT I, S. 573–595.
SCHMIDT, KARL LUDWIG: Luzifer als gefallene Engelsmacht, in: ThZ 7 (1951), S. 261–279.
SCHMIDT, KURT-DIETRICH: Luther lehrt beten, in: Luther 34 (1963), S. 31–41.
SCHMIDT, MARTIN: Pura doctrina – publica doctrina. Eine Lehrbetrachtung, in: Publica doctrina heute, Berlin 1969 (FuH 19), S. 113–130.
SCHMIDT-CLAUSING, FRITZ: Art. Litanei, in: RGG³ IV, Sp. 387 f.
SCHNACKENBURG, RUDOLF: Art. Teufel, in: LThK² X, Sp. 1–4.
SCHNACKENBURG, RUDOLF: Art. Versuchung, in: LThK² X, Sp. 743–745.
SCHNEIDER, JOHANNES: Art. ἔρχομαι, in: ThWNT II, S. 662–682.
SCHRENK, GOTTLOB: Art. θέλημα, in: ThWNT III, S. 43–63.

SCHRENK, GOTTLOB: Art. πατήρ, in: ThWNT V, S. 946–959.974–1016.
SCHULZ, FRIEDER: Außerliturgische Luthergebete, in: JLH 10 (1965), S. 115–127.
SCHÜRMANN, HEINZ: Das Gebet des Herrn, Freiburg 1957.
SCHWEIZER, EDUARD: Art. Fleisch und Geist, in: RGG³ II, Sp. 976 f.
SCHWEIZER, EDUARD: Art. σάρξ, in: ThWNT VII, S. 98–104.108–109.118–151.
SEDERHOLM, KARL; NITZSCH, CARL IMMANUEL: Über eine Ketzerei in Luthers Katechismus, in: ThStKr 12 (1839), S. 967–1002.
SEESEMANN, HEINRICH: Art. πεῖρα, in: ThWNT VI, S. 23–37.
SÖDERBLOM, NATHAN: Das Werden des Gottesglaubens, Leipzig 1926².
STADLHUBER, JOSEF: Das Laienstundengebet vom Leiden Christi in seinem mittelalterlichen Fortleben, in: ZKTh 72 (1950), S. 282–325.
STADLHUBER, JOSEF: Das Stundengebet des Laien im christlichen Altertum, in: ZKTh 71 (1949), S. 129–183.
STÄHLIN, GUSTAV: Art. ἁμαρτάνω, in: ThWNT I, S. 290–305.
STÄHLIN, WILHELM: Von der „reinen Lehre des Evangeliums", in: Publica doctrina heute, Berlin 1969 (FuH 19), S. 64–93.
STEINLEIN, D.: Wandlungen in Luthers Auslegung der dritten Bitte, in: Luther 9 (1927), S. 13–23.
Stephan von Landskron: Die Hymelstrasz, hg. v. G. H. JASPERS, Amsterdam 1979 (Quellen u. Forschungen zur Erbauungslit. d. späten Mittelalters u. der frühen Neuzeit 13).
STUHLMACHER, PETER: Gerechtigkeit Gottes bei Paulus, Göttingen 1965.
THIEME, KARL: Art. Reich Gottes, in: LThK² VIII, Sp. 1110–1115.
Thomas von Aquin: In Orationem Dominicam videlicet ‚Pater noster' expositio, in: ders., Opuscula Theologica, Bd. 2, hg. v. R. M. SPIAZZI, Turin, Rom 1954, S. 219–235.
TRAUB, HELLMUT: Art. οὐρανός, in: ThWNT V, S. 496–501.509–543.
VILLER, MARCEL; RAHNER, KARL: Aszese und Mystik in der Väterzeit, Freiburg 1939.
VORGRIMLER, HERBERT: Art. Jesusgebet, in: LThK² V, Sp. 964–966.
VORWERK, DIETRICH: Gebet und Gebetserziehung, Teil 1, Schwerin 1913.
WA = D. Martin Luthers Werke. Kritische Gesamtausgabe, Weimar 1883 ff.
WABibel = D. Martin Luthers Werke. Kritische Gesamtausgabe. Deutsche Bibel, Weimar 1906 ff.
WABr = D. Martin Luthers Werke. Kritische Gesamtausgabe. Briefwechsel, Weimar 1930 ff.
WATR = D. Martin Luthers Werke. Kritische Gesamtausgabe. Tischreden, Weimar 1912 ff.
WAGNER, RUDOLF: Luthers Gedanken über das Gebet, in: Luther 20 (1938), S. 7–14.46–64.
WALTHER, Untersuchungen = WALTHER, GEORG: Untersuchungen zur Geschichte der griechischen Vaterunser-Exegese, Leipzig 1914 (TU 40,3).
WEIDENHILLER, Untersuchungen = WEIDENHILLER, EGINO: Untersuchungen zur deutschsprachigen katechetischen Literatur des späten Mittelalters, München 1965.
WENDLAND, HEINZ-DIETRICH: Die Kirche in der modernen Gesellschaft, Hamburg 1958².

WENDLAND, HEINZ-DIETRICH: Die Kirche in der revolutionären Gesellschaft, Gütersloh 1967.
WERDERMANN, HERMANN: Luthers Wittenberger Gemeinde, Gütersloh 1929.
WERTELIUS, GUNNAR: Oratio continua. Das Verhältnis zwischen Glaube und Gebet in der Theologie Martin Luthers, Lund 1970 (STL 32).
WESTERMANN, CLAUS: Genesis, Neukirchen 1974 (BK I/1).
WINDISCH, HANS: Die Sprüche vom Eingehen in das Reich Gottes, in: ZNW 27 (1928), S. 163–192.
WOLF, ERNST: Art. Reich Gottes, in: RGG^3 V, Sp. 918–924.